걸어서
성경속으로

걸어서 !' 성경 속으로

초판 1쇄 발행일 2015년 5월 20일
초판 2쇄 발행일 2015년 12월 7일

지은이 백일학
펴낸이 양옥매
디자인 이윤경 최원용
교 정 조준경

펴낸곳 도서출판 책과나무
출판등록 제2012-000376
주소 서울특별시 마포구 월드컵북로 44길 37 천지빌딩 3층
대표전화 02.372.1537 팩스 02.372.1538
이메일 booknamu2007@naver.com
홈페이지 www.booknamu.com
ISBN 979-11-5776-042-8(03230)

이 도서의 국립중앙도서관 출판시도서목록(CIP)은 서지정보유통지원 시스템
홈페이지(http://seoji.nl.go.kr)와 국가자료공동목록시스템
(http://www.nl.go.kr/kolisnet)에서 이용하실 수 있습니다.
(CIP제어번호 : CIP2015013665)

「 성경 속 지명 찾아 떠나는 여행 」

걸어서
성경 속으로

글 · 사진　백일학

책나무과

주님을 따라 걷는
걸음

지식에는 두 가지 종류가 있습니다. 하나는 책에서 배운 지식이고, 다른 하나는 경험으로 배운 지식입니다. 많은 사람들은 경험에서 나온 지식을 지혜라고 부르기도 합니다. 저자의 글을 보면, 그 글은 경험에서 나온 지식입니다. 그러기에 지혜에 더 가깝습니다. 쉽게 읽을 수 있고 모두가 공감할 수 있는 글입니다. 일찍이 휴스턴 지역 신문 칼럼에 기고된 글이기에 모든 사람들의 사랑과 검증을 거친 글이기도 합니다. 또한 전문적인 신학자나 여행가의 글이 아니기에 더욱 읽기 편하고 이해도 쉬운 글입니다. 그렇다고 해서 내용을 너무 가볍게 다루지도 않았습니다.

저는 이 책을 이런 분들이 읽기 원합니다. 앞으로 성지 순례를 가기 원하시는 분에게 필요한 책이며, 다녀오신 분들 또한 그때의 은혜와 기억을 유지하기 위해서 읽어 보시기를 권합니다. 또한 성지 순례를 가고 싶으나 못 가시는 분이나, 성경을 입체적으로 읽기를 원하시는 분들에게도 꼭 일독을 권합니다.

우리의 일생은 광야입니다. 길도 없는 그곳에서 주님이 인도하시는 불기둥과 구름기둥을 따라 걸어가는 곳이 길이 됩니다. 저자도 그 일생이 주님의 인도하심 속에서 한국에서 미국으로, 미국에서 전 세계로, 주님이 그 발길을 인도하였습니다. 그리고 그 인도하심 가운데 이처럼 귀한 글이 나오게 되었습니다. 저자의 인생길은 그리 쉽지만은 않았습니다. 그러나 그 길은 주님이 함께하신 길이었고, 주님이 인도하신 길이었습니다. 그 길의 발자취를 뒤로 돌아보고 특별하게 기도하며 정리한 이 귀한 책이 많은 사람들에게 사랑받기를 바랍니다.

휴스턴 한빛 장로교회 담임목사 정영락

나의 지경을
넓혀 주신 하나님

　매주 발간되는 미국 휴스턴의 교포신문 〈코리아월드〉에 2013년
에 이어 2014년에 걸쳐 2년간 나의 여행기 칼럼이 실렸었다. 당시
집중적으로 세계 각처의 출장지들을 다니면서 틈틈이 기록하여 매
주 고정적으로 두 면으로 실렸던 당시의 여행기 원고만을 모아 보
니 책 세 권 정도의 분량이다. 이 원고에서 성경 유적지를 탐방한
내용만 추려 〈걸어서 성경 속으로〉를 출간하게 되었다. 신문에 원
고를 기고하고는 있지만, 이것이 개인적으로 나의 첫 책이어서 매
우 감격스럽다. 게다가 한국에서 받은 정규 국어교육은 중학교 3학
년까지인 내가 한글로 책을 내다니 감동은 배가된다.

나는 중학교 3학년 때 미국으로 이민을 "당했다". "당했다"라는 표현은 미국 이민이 내 뜻이 아니라 부모님의 의지였기 때문이다. 책 읽기를 좋아해서 학교 도서실 책 인출기록 1위를 달리던 나는 1973년 책에 대한 아쉬움을 뒤로하고 미국으로 떠나야 했다. 우리 가족이 미국에 도착하여 처음으로 정착한 곳은 필라델피아 주변의 조그만 시골 도시로 당시에 한국 사람이라곤 우리 가족밖에 없었다. 사춘기에 들어서 생각이 많아진 내게는 이주해 간 주변에 내 속마음을 털어놓을 친구가 없었다. 이민 초기 들어간 미국 학교에서는 자기표현도 제대로 못 하는 나를 거들떠보지도 않았고, 내게 유치하게 집적거리는 애들은 내가 오히려 멀리했다. 갑자기 바뀐 환경에 많이 동요되면서 사춘기 시절을 외톨이로 보냈다.

　주말이면 가족들은 왕복 두 시간이 넘는 필라델피아에 있던 교포교회를 다녔다. 그러나 이민생활의 스트레스를 정제되지 아니한 언어로 큰 목소리를 내던 어른들이 설치던 당시의 교포교회가 나는 체질적으로 싫었다. 삶과 환경에 비판적 시각이 강했던 내 속에 신앙이 비집고 들어설 틈이 없었던 것이다. 주변에 멘토(Mentor)를 삼아 나의 고민을 나눌 사람도 없었다. 가족들과도 필요한 대화 이외에는 내 스스로를 고립하였다. 내가 심각한 신앙적 갈등을 겪고 있을 시기에 동생은 오히려 신학을 공부하고 선교사가 되겠다고 헌신한다. 나는 동생과 가족에게 더욱 이질감이 들었고, 동생의 결단을 지지하는 가족들과의 대화는 더욱 단절되었다. 철이 없었다. 아니, 교만이었다.

주변에 대화 상대가 없던 내게 당시의 돌파구는 책이었다. 그러
나 성경책은 나의 관심 밖이었고 이민 초기의 영어책은 여전히 읽
기 힘들었다. 그래서 이민 갈 때 가져간 문학전집 포켓판 20여 권
을 읽고 또 읽었다. 3종 우편물로 일주일 치가 한꺼번에 배달되던
뉴욕판 동아일보를 첫 장부터 마지막 장까지 한 글자도 빼놓지 않
고 읽곤 했다. 누군가가 한국을 가면서 우리 집 다락에 맡겨 놓았
던 짐 속에서 발견된 20권짜리 역사소설 〈대망(大望)〉은 내게 있어
서 사막의 오아시스와도 같았다. 당시에 이것을 대여섯 번도 넘게
통독을 했던 것 같다.

친구가 없이 외톨이였던 미국 고등학교 시절에는 혼자서 머릿속
으로 수많은 수필들을 썼다 지우곤 했다. 예전에 읽었던 한국 소설
의 글귀들이 머릿속에서 되살아날 때면, 생각나는 대로 상상의 날
개를 펴며 반복적인 글쓰기의 훈련을 하였다. 미국 대학에서 엔지
니어링을 전공했지만, 정작 정성을 들이던 과목은 비전공 영문학
이었다. 머릿속에 떠오르는 생각들을 글로 옮기는 것이 즐거웠다.
당시에 여전히 익숙지 않았던 영문법 때문에 페이퍼에 빨간 줄이
죽죽 그어져도 글의 구성과 내용이 탄탄하다고 영문학 교수님의 사
랑을 받았던 기억이 난다.

대학을 졸업하고 엔지니어로 사회생활을 시작했지만, 몇 년 후 한국기업인 삼성중공업 피츠버그 지사로 직장을 옮긴 나는 상관을 도와 미국시장 영업을 했다. 여기서도 나의 업무의 대부분은 보고서 작성과 고객과의 업무 미팅 후 영문 협약서 작성이었다. 이후 접하게 된 동남아 프로젝트 개발에서도 업무의 핵심은 문서 작성으로 개발팀의 사업계획들을 문서로 만드는 것은 나의 직무였다. 수많은 관계자 미팅에서 합의한 내용들도 문서로 만들어 사인을 받아야 했고, 그 문서에 따라서 계약서 초안이 만들어지고, 변호사에게 넘겨졌다. '아' 다르고 '어' 다른 내용의 글을 가려 쓰는 훈련의 반복이었다. 수많은 한글과 영어 문서들을 작성해야 했다. 이것이 내가 지금도 글을 쓰는 밑천이 되었다. 그리고 이 밑천이 하나님께서 내게 주신 나의 은사(Gift)이고 나의 사역(Ministry)이다.

나의 원래 한국 이름은 '백운학(白雲鶴)'이다. 학(鶴)이 하얀(白) 구름(雲)을 탄다는 의미로 부모님에게서 받은 이름이다. 한국에서 교복에 이름표 달고 다닐 때는 어른들에게서 점쳐 달라고 놀림도 많이 받았다. 지금은 타계한 한국의 유명한 운명철학자와 동명이인이기 때문이다. '구름 타는 새'라는 의미의 이름값을 하는지 1990년 대에는 비행기를 타고 무수한 해외출장을 다녔다. 한국기업의 동남아 프로젝트 개발팀의 일원으로 미국 피츠버그에 거주하면서 지구 반대편의 필리핀 · 태국 · 싱가포르 · 미얀마 · 인도 등 여러 국가에 장 · 단기 출장을 다닌 것이다. 무언가 이룩해 보겠다고 젊은 혈기에 한창 들떠 있던 시기였다. 그러다가 IMF 경제위기로 인해 개발팀이 해체되면서 그만 직장을 잃고 말았다.

이후 미국에서 프로젝트 개발이나 엔지니어링 포지션으로 무수한 미국 기업들에 원서를 냈지만, 한국 기업에서의 어정쩡한 10년 경력은 전문지식이나 전문경험을 원하는 미국 기업 구직에는 아무런 도움이 되질 않았다. 최종면담까지 가서 아무리 나를 어필해도 결국에 나를 고용해 주는 기업은 없었다. 이대로 손을 놓고 놀고 있을 수는 없었다. 뒤늦게 주변의 교포들이 하는 자영업이라도 해보자고 손을 대 보았지만, 장사도 아무나 하는 것이 아니었다. 결과는 실패이고 경제적 파산이었다.

미국 시장에 진출하려는 한국 기업의 마케팅을 도와 달라는 지인의 요청에 16년을 살던 피츠버그를 떠나 새로운 도시 애틀랜타로 이사를 했다. 익숙했던 직장과 교회와 도시를 떠나야 함에도 아내는 군말 없이 나의 꿈을 따라 주었다. 그러나 껄끄러웠던 첫째 아들과의 관계도 힘들었지만, 순종적이던 둘째 아들마저 이때 처음으로 내게 강하게 반발했다. 그리고 정성을 쏟았던 미국 업체와 협상의 결과는 실패였다. 아내에게나 가족에게 면목이 없었다. 그래도 여전히 나를 다독여 주고 용기를 주던 아내가 눈물이 나도록 고마웠다. 내가 의지하고 붙잡았던 실력, 인맥, 경험이 삶에서 실질적인 도움이 안 된다는 것을 인생의 밑바닥에 떨어지면서 확인할 수 있었다.

　모자라는 생활비는 카드 돌려막기로 카드빚은 점점 쌓여만 갔다. 당시의 경제적 능력으로는 자녀들의 미국 대학 학비를 감당할 수가 없었다. 차라리 극빈자의 수입이라면 자녀들이 미국 정부의 학자금 보조라도 받을 텐데, 아내의 간호사 수입으로 그 길마저도 막혔다. 아직도 살아가야 할 나날들이 많은데 벌써 자녀들에게 고개 숙인 초라한 아버지가 되었다. 사방이 다 막히니, 비로소 간절하게 하나님을 찾았다. 모태에서부터 이미 교회문화에 익숙해져 습관처럼 교회의 테두리를 떠나지 못했던 나는 인생의 바닥에 내려가서야 진솔하게 능력의 하나님을 찾은 것이다.

　야베스의 기도가 눈에 들어왔다. "원컨대 주께서 나에게 복에 복을 더하사 나의 지경을 넓히시고, 주의 손으로 나를 도우사 나로 환난을 벗어나 근심이 없게 하옵소서." 야베스의 기도는 당시 근심으로 가득 찼던 나의 마음을 대변했다. 애틀랜타에서 2년간 트럭을 몰고 건축용 툴(Tool)을 팔러 다니는 와중에도 이 기도를 수시로 외우고 노래하며 웅얼거리고 다녔다. 성경은 하나님이 야베스가 구하는 것을 허락하셨더라고 기록되어 있다. 야베스에게 허락한 그것을, 내게도 허락해 달라고 간구했다.

　글을 배우고부터 내 손에는 잡다한 온갖 종류의 책이 끊이지 않았다. 그러나 창피하게도 나는 그때까지 온전하게 성경 일독을 하지 못했다. 하나님의 말씀을 제대로 알아야겠다는 도전을 받고 성경을 읽기 시작했다. 성경의 전후좌우가 잘 꿰어지지 않았지만, 이해될 때까지 진지하게 읽고 또 읽었다. 말씀을 읽을수록 살아 계시고 세상을 주관하시는 하나님을 내 삶에서 경험되기를 절실히 원했다. 나를 위해 십자가에서 전인격을 내어주신 예수님이 비로소 가슴으로 이해되었다. 나도 전인격으로 하나님을 찾았다. 깨어 있는 모든 시간은 하나님을 생각했고, 하나님께 기도했고, 말씀을 묵상했다.

내가 신실하게 하나님을 사모하며 가까이하니 하나님이 나의 소원을 들어주셨다. 휴스턴의 미국업체와 기술이전 계약으로 길을 열어 주신 것이다. 나는 또다시 가족을 데리고 휴스턴으로 이주를 했다. 이번에는 계약되고서야 움직였다. 드디어 하나님께서 내게 원하는 일을 주셨다. 국내 업체에서 '이사'의 직함도 받았다. 한국에서 한 달, 휴스턴에서 한 달 등 두 나라를 오가며 생활하기를 2년 반, 중년의 나이에 다시 주어진 기회에 열심히 일했다. 유럽의 다국적 기업과도 공급계약을 맺었고, 미국과 유럽 두 개의 대형 계약의 공로로 사업을 총괄하는 부사장 자리에까지 올랐다. 오너사장 다음으로 2인자 자리였다.

그러나 한국의 영업환경은 내게 여전히 낯설었다. 고객 접대와 불법이 아니고는 계약을 성사시키기 힘들었다. 접대비를 허용해 달라는 결재가 내게 계속 올라왔다. 영적 싸움이었다. 하나님 앞에 약속한 바가 있어 접대비 결재를 놓고 갈등했다. 그리고 더 이상 흔들리지 않기 위해 내가 영업총괄로 있는 한 정상적인 영업만을 허락하고, 그 결과에 대한 책임은 내가 지겠다고 선언했다. 영업부 사람들은 반발했고 나도 결과가 두려웠지만 굽히지 않고 기도하면서 기적을 바랐다. 그러나 현실은 가혹했고 결과는 참담했다. 실적 부진을 책임으로, 부사장직에서 해고된 것이다. 나는 그렇게 또다시 어렵게 잡은 직장을 잃었다.

그런데 기적은 다른 곳에서 일어났다. 기술이전을 했던 휴스턴의 미국 업체가 해외시장 개척을 위해 직장을 잃은 나를 고용한 것이다. 가족과 더 이상 떨어져 생활하지 않아도 되었다. 그리고 2년 후부터는 해외 판매와 시장개척을 위해 나를 스카우트한 또 다른 한국 기업의 영업대행 1인 기업으로, 휴스턴에 거주하면서 지금도 계속 세계를 누비며 시장을 개척하고 있다. 하나님께서 나의 기도대로 내게서 근심을 물리쳐 주셨다. 그런데 야베스의 기도대로 나의 지경까지 넓혀 주셨다. 그것도 전 세계를 향해서 넓혀 주셨다. 유럽, 중동, 아프리카, 인도, 아시아, 호주 등 대리점 구축을 위해서 지구촌 안 가는 곳이 없이 다닌다.

세계를 무대로 다니지만 나는 지극히 평범한 사람이다. 내가 남들보다 뛰어난 것은 없다. 해외시장 개척을 위한 언어나 경험도 내가 십 대의 나이에 미국에 왔기에 얻어진 것이다. 나를 향한 부모님들의 평생의 기도가 나를 살렸음을 나는 안다. 인생의 밑바닥에서 절실했을 때 하나님 앞에 신실하게 무릎 꿇었고 내 생각과 의지를 내려놓았더니 하나님이 내게 다시 기회를 주셨다. 빡빡한 출장을 무리 없이 소화할 수 있는 건강도 내게 다시 주어진 일의 기회도 모든 것이 다 하나님의 은혜이다.

은혜를 받고 나서 생각한 바가 있어 한국 이름을 '일학(一鶴)'으로 바꾸었다. 백일학(白一鶴) · 군계일학(群鷄一鶴)에서 따온 이름이다. 한 마리 학, 결코 튀려고 하는 이름이 아니다. 교만한 의도는 더욱 아니다. 하나님께 은혜를 받은 내가 이제는 군계일학과 같이 하나님의 눈에 띄는 하나님의 사람으로 구별되게 살아가겠다고 나에게 수시로 다짐하려는 이름이다.

어려웠던 시기에 우리 부부의 간절한 기도에 포함되었던 자녀들에게도 하나님이 역사하셨다. 단절되었던 두 아들과 나의 관계도 회복되었다. 의사가 된 큰아들은 이제 의료 선교사를 꿈꾼다. 그리고 둘째 아들은 아랍권에 1년간 선교를 다녀온 후, 전문인 선교사로 평생을 아랍권에서 사역하겠다고 훈련받으며 파송을 준비 중이다. 대학 다니는 막내딸도 선교적인 삶을 살기를 소원한다. 3대를 이어 기도를 받아먹은 자녀들이 신앙의 길에서 벗어나지 않는 것에 감사하다.

나는 여전히 하나님께 진 빚이 있다. 지구촌 온갖 지역을 다니면서 만나는 사람들에게 물 위에 떡을 던져야 하는 사명이다. 나의 쌍둥이 동생은 25년간 인도네시아 선교사로 사역하고, 현재 300명 선교사의 GP선교회 국제대표로 있는 백운영 선교사이다. 동생도 국제대표가 된 후에 나 이상으로 세계 선교지들을 누비며 다닌다. 쌍둥이 형제가 인생의 여정도 다르고 하나님께 부름을 받은 시기도 다르지만, 복음 전도를 위해서는 같은 사명을 받았다. 이 선교적 사명은 목사나 선교사나 나 같은 평신도에게까지 주어진 동일한 사명이다. 아마도 이 사명을 위해서 하나님께서 내게 세계로 지경을 넓혀 주신 것 같다.

그러나 아직도 고집스럽고, 타인의 방해를 받기 싫어하고 혼자서 생각하고 글쓰기를 좋아하는 나는 이웃에게 선뜻 먼저 다가가기 힘들어한다. 그러나 하나님께서는 이런 내게 이웃에 대해서 긍휼의 마음을 가지고 먼저 행동하라고 도전하신다. 여행 중에 만나는 자들에게 비행기 옆자리의 승객에게 먼저 말을 걸어 주고, 기회가 되건 안 되건 복음에의 초대를 하라는 도전이다. 이 책의 출판도 그 도전의 응답이자 행동의 작은 첫걸음이다.

백일학(harrypaek@gmail.com)

Contents

PART

01

.
.
.

첫번째
이스라엘 방문기

· · ·

이스라엘에 가기까지의 여정

지난 25년간 해외영업을 하면서 기계판매와 프로젝트 개발을 위해 웬만한 국가나 시장이 형성된 도시들은 많이 다녀 봤지만, 유독 중동의 이스라엘만은 좀처럼 가 볼 기회가 없었다. 국토가 충청도만 한 크기에 인구 700만 명의 소국이지만, 국민소득이 높아 무시할 만큼 작은 시장은 아니다. 오히려 시장 상황이 맞지 않아 기회가 없었을 뿐이다.

그러다 2013년 초, 우리 제품의 대리점을 원하는 이스라엘의 후보 업체가 인터넷 검색을 통해 접촉되었고, 우리 쪽의 방문을 간절히 요청하였다. 이스라엘에서 판매 기회를 만들어 주겠다는데 마다할 이유가 없었다.

지금도 서너 달에 한 번씩은 꾸준히 인도(India)의 뭄바이(Mumbai)를 찾는다. 당시에 뭄바이에 가기 위해선 필자의 거주지인 미국 휴스턴(Houston)에서 에미레이트항공(Air Emirates)으로 두바이(Dubai)를 경유하는 노선이 가장 편리했다. 따라서 두바이에서 우회하여 가까운 이스라엘을 방문하면 굳이 다른 날에 가지 않아도 됐다.

나는 이스라엘에 간 김에 주말을 끼고 예루살렘 순례를 계획하였다. 이스라엘 방문은 또 다른 설렘이었다. 성경말씀 속에서 마음으로만 그려 오던 예루살렘과 이스라엘을 직접 보게 되리라는 기대에 잔뜩 부푼 나는 마치 소풍 가는 소년마냥 흥분되는 마음을 감출 수 없었다.

두바이는 전 세계 주요 도시들과의 직항이 연결되는 세계적인 대규모 국제공항이다. 그리고 중동의 가장 대표적인 도시이며, 아랍권 국가들로 들어가는 관문이다. 그러나 불행히도 두바이에서 지리적으로 가까운 이스라엘까지는 아무리 찾아도 비행기 연결편이 없었다. 설마 민간항공기 연결마저 없을 줄이야.

원인은 아랍권 국가들과 이스라엘 간의 관계에 있었다. 그들은 여전히 긴장관계에 있는 중동의 화약고였고 이스라엘은 아랍권에서 출발하는 항공기를, 아랍권은 이스라엘에서 출발하는 항공기를 허락하지 않았던 것이다. 보안상의 문제인지 자존심의 문제인지는 잘 모르겠다.

하지만 다행히도 아랍권에서는 이스라엘과 국경을 이웃하여 지금은 공생관계를 유지하는 요르단(Jordan)을 통해서는 연결편이 존재했다. 암만(Amman)에서 텔아비브(Tel Aviv)로 향하는 요르단(Royal Jordan) 항공이었다. 요르단 암만에서 이스라엘 텔아비브까지는 30분도 채 걸리지 않는다. 50인승 정도 좌석이 구비된 요르단 항공소속의 소형비행기인데, 비행고도가 높지 않아 아래가 잘 내려다보이는 장점이 있다.

비행기에서 바라본 요르단과 이스라엘은 요단강 동편에서 국경이 갈리는데, 한쪽은 푸르른 산들로 가득했고 다른 한쪽은 누런 광야로 뚜렷한 대조를 이루었다. 산줄기가 감람산에서 북쪽으로 뻗은 줄기인지, 지중해 습기를 머금은 동풍을 마주하는 산맥의 서쪽은 남북으로 푸르렀고 동쪽은 누렇게 황폐했다. 관개시설의 있고 없음의 차이일까, 아니면 이스라엘과 요르단의 국격의 차이일까? 하늘에서 내려다보는 것만으로 국경이 가늠되는 것이 신기했다.

비행기는 만 피트 정도의 고도에 다다르자 빠른 음료 서빙을 끝마친 뒤 곧바로 착륙을 위한 하강을 시작했다. 잠시라도 놓칠세라

걸어서 성경속으로

원형 창문에 몸을 바짝 밀착하여 바깥을 내다보았는데 순식간에 눈부시게 새파란 지중해가 눈앞으로 펼쳐졌고, 고도가 급격히 곤두박질치면서 보이는 광경이 아찔할 정도로 황홀했다. 지중해를 끼고 있는 해안도시는 항상 아름답구나 싶었다. 비행기는 점점이 보이는 텔아비브 시내를 지나 지중해 상공에서 기수를 180도 돌렸고 마지막 비행을 준비하고 있었다. 위에서 바라본 텔아비브의 잘 정돈된 모습은 미국의 여느 중소도시와 다를 바 없었다.

텔아비브의 벤규리온(Ben Gurion) 공항에 도착하니, 또 하나의 관문이 기다리고 있었다. 이스라엘 방문자들을 대상으로 빈틈없는

입국심사실로 들어서기 전, 영어와 히브리어로 적힌 'WELCOME'이라는 표지판이 이스라엘에 들어오는 방문객을 반긴다.

입국심사가 이루어진 것이다. 그런데 의외로 나를 담당한 입국심사관은 까만 피부의 흑인이었다. 에티오피아에서 솔로몬 왕을 찾아왔던 시바 여왕의 후예 중에 흑인 유대인들이 있다는 말은 들어보았는데, 정작 이스라엘 입국심사에서 흑인이 심사관으로 나를 마주하자 매우 어색했다.

곧바로 심사가 시작되었고, 예상대로 나의 여권에 찍혀 있는 5년짜리 사우디아라비아 복수비자와 지난 2년간 다녀온 세 번의 사우디 입국이 문제가 되었다. 무슨 이유로 사우디에 입국을 하였는지, 사우디에서 무슨 활동을 하였는지를 꽤 집요하게 물어보고는 나를 초청한 이스라엘 업체에 직접 통화까지 하고 나서야 입국을 허락해 주었다. 심사관은 업무를 처리하는데 빈틈이 없었다. 그때는 경황이 없어 미처 요청을 못 했는데도 여권에 입국도장 대신 별도로 입국 스탬프를 찍은 종이를 끼워 준 것이다. 내 여권에 이스라엘 입국도장이 찍히면 추후 아랍국가들의 입국에 장애가 된다.

벤규리온 공항청사의 일곱 개 대형 금 촛대가 이스라엘에 온 여행객들을 맞이한다.

로비를 벗어나 바깥으로 나오니 밝은 햇빛 아래 장엄하게 빛나는 대형 일곱 금 촛대 형상이 나를 맞이했다. 그제야 이스라엘에 온 것이 실감이 났다. 방문시기가 1월 중순이었는데도 지중해 연안에 위치한 텔아비브의 겨울은 온화한 휴스턴 기후와 비슷하였다.

· · ·

이스라엘의 수도 텔아비브

공항에서 수도 텔아비브시내까지는 10킬로미터 남짓, 눈에 보이는 텔아비브의 거리풍경은 미국이나 유럽의 중소도시와 다른 점이 없었다. 깨끗하고 넓은 도로에 우뚝 솟은 현대식 건물들……. 다만 다른 점이 있다면, 도로의 모든 안내판이 히브리어, 아랍어, 영어로 쓰여 있다는 것이었다. 아쉽게도 내 눈에 들어오는 건 영어뿐이었지만, 히브리어와 아랍어를 글자모양으로 구분하는 건 가능했다.

수도 텔아비브는 1948년 이스라엘 건국 후 욥바(Jaffa) 북쪽의 지중해 연안에 새로 세워진 도시다. 텔아비브는 남북으로 온화한 지중해를 끼고서 모래사장과 보드워크가 20킬로미터 이상 계속되어, 겨울에 따뜻한 곳을 찾는 유럽의 관광객들을 불러 모으는 관광지로 각광받고 있다.

텔아비브 남북으로 20킬로미터나 연결되는 보드워크. 오른편이 지중해이고, 왼편으로는 식당들이다. 실제로는 멀리 욥바항이 눈으로는 보이지만, 사진으로는 나오지 않아 아쉽다.

대리점 사장에 의하면, 남쪽으로는 성경에 나오는 욥바(Jaffa)항이 멀리 눈에 보인다고 한다. 자세히 바라보니 멀리 남쪽 해안으로 뾰족한 무슬림 사원과 하얀 타워가 어슴푸레 보였다. 욥바는 구약성서의 요나(Jona)가 배를 타고 다시스로 도망하였던 항구이나, 이스라엘의 가나안 정복 이전부터 거주하던 팔레스타인(블레셋)이 여전히 몇 천 년 동안 대를 이어 살아가면서 무슬림화 되었고, 현재는 이슬람사원과 무슬림 거주지로 자리 잡고 있다.

이곳에 머물면서 한 가지 놀라웠던 건 식당에서 대리점 사장과

걸어서 성경속으로

함께 저녁을 먹고 나오는 길에 본 전단지였다. 강남의 밤거리에 뿌려져 있는 성매매 전단지를 이스라엘의 수도에서도 보게 될 줄이야. 대리점사장이 치부를 들켰다는 듯 슬쩍 외면하는 바람에 나도 같이 못 본 척해 주었지만, 솔직히 전혀 예상치 못했던 이스라엘의 문화충격이었다.

. . .

예루살렘의 금요일

수요일 오후에 도착하여 목요일과 금요일 오전까지 공적인 업무를 끝내고, 금요일 12시 텔아비브에서 예루살렘을 향하여 출발하였다. 출장지라 해도 나의 개인적 관심을 충족시키는 개인여행 경비는 전면 나의 부담이므로 최대한 아껴야 한다. 주말의 짧은 시간 동안 될 수 있는 대로 많은 곳을 들르고 싶었던 터라 내 마음은 점점 조급해졌다.

이번 여행이 이스라엘 첫 방문이었기에 열심히 인터넷을 뒤져서 준비를 미리 했지만, 정보는 여전히 부족하였다. 유대인인 대리점 사장에 의하면, 금요일 해 질 때부터는 안식일(Sabbath)의 시작이기에 예루살렘 시내의 대중교통편이 끊어진다고 한다. 따라서 해가 지기 전에 예루살렘에 도착해서 택시로 호텔까지 들어가지 않으면, 낯선 도시를 혼자 헤매야 할지도 모른다는 말에 마음이 더 조급해졌다.

예루살렘성 북쪽으로 걸어서 10분 거리에 있는 호텔은 출장 전에 미리 온라인으로 예약한 곳이었다. 그러나 대리점 사장은 이 호텔 주변이 무슬림 슬럼가 지역이라며 호텔을 바꾸라고 했다. 그러나 이미 온라인으로 2박 3일의 방값 지불까지 끝난 상태이기에 되돌릴 수 없었다. 온라인상의 리뷰도 꼼꼼히 읽은 터라 괜찮을 거라 판단했는데, 순간 갈등에 휩싸이고 말았다.

그러나 미국에 이민 간 나의 부모님은 더 험악한 흑인 슬럼가에서도 장사를 하셨다. 적어도 이스라엘은 총기를 제한하고 있으니, 미국 슬럼가보다 치안상태가 좋지 않겠는가? 사장의 우려와는 달리 나는 슬럼가에 대한 거부감은 전혀 없었다. 다만 한 가지, 그 지역에 들어가겠다는 택시를 구하지 못했을 경우를 대비해 예루살렘성의 욥바 성문에서 호텔까지 걸어갈 수 있도록 상세지도를 따로 챙겼다.

예루살렘은 텔아비브에서 버스로 한 시간 정도 걸리는 짧은 거리지만, 예루살렘은 해발 780미터에 위치해 있기에 완만한 상승세로 산을 오른다. 올라가면서 좌우로 보이는 감람(olive tree)나무들과 고도가 높아지면서 모습을 드러내는 소나무와 도로를 내기 위해 깎은 바위벽들을 보고 있자면, 이것은 내가 상상하지 못했던 이스라엘의 본 모습이 아닐까 하는 감상에 사로잡힌다. 그러다 보면 눈 깜짝할 새 예루살렘 신도시 버스정류장에 도착해 있다.

금요일 오후 두 시경 도착한 예루살렘의 신시가지에는 유대인 특유의 까만 의복을 입고 까만 모자를 쓴 수많은 유대인들로 붐볐다. 금요일 오후 안식일을 준비하는 음식물 등을 미리 사가느라 길거리는 혼잡을 빚었다. 미국에서도 유대인 구역에서는 특유의 까만 복장을 한 유대인들을 볼 수 있었지만, 같은 복장의 수많은 무리들이 거리를 가득 메우고 있는 모습은 흡사 펭귄 떼 같아 우스꽝스러웠다.

다행히 버스정류장에서 호텔까지 가겠다는 택시를 쉽게 잡을 수 있었다. 금요일 해 질 때부터 토요일 해 질 때까지인 유대인의 안식일에는 24시간 동안 모든 대중교통이 끊어진다고 한다. 식당과 식품점도 모두 문을 닫는다. 예루살렘에 거하는 수만 명의 무슬림들도 금요일은 안식일로 지키기에, 무슬림 식당도 금요일엔 문을 닫는다고 한다. 따라서 금요일 저녁은 거의 온 예루살렘이 마비된다고 보아야 한다.

호텔에 식당이 없거나 문을 닫는 경우, 금요일 저녁에는 굶어야 한다. 그러나 다행히도 내가 찾아간 호텔식당은 정상영업을 했다. 호텔의 주변 환경도 대리점 사장이 우려한 만큼 나쁘지는 않았다. 인상 좋은 무슬림 호텔매니저와 종업원들도 내 질문에 성의껏 답변하며 마음을 편안하게 해 주었다. 그런 데다 이곳은 버스로 온 단체 관광객들도 이용하는 정상적인 호텔이었다. 한마디로 무슬림을 두려워하는 유대인 대리점 사장의 과한 우려였던 것이다. '아무렴, 이곳도 사람 사는 곳인데…….' 하는 생각이 들었다. 이스라엘군이 치안을 담당하는 예루살렘 무슬림 지역은 생각보다 안전한 곳이었다.

호텔서 나와 바라본 무슬림 지역의 골목 풍경

• • •

유대인과 무슬림의 율법

텔아비브와 달리 예루살렘에 거주하는 유대인들은 대부분 근본적(fundamental) 유대인들이다. 유대교 전통을 지키는 데 목숨을 거는 사람들이 많다는 의미다. 그들은 율법과 규율을 충실히 따르기 때문에 안식일이 되면 운전을 하지 않는 건 물론이고, 회당에 가는 일 외에는 외출도 삼간다.

음식도 레위기에서 금한 음식을 제외한 코셔(kosher)만을 고집한다. 또한, 코셔를 공식으로 인정해 주는 사람들은 레위 제사장의 일부인 성직이다. 식당에도 'kosher'를 취급하는 식당인지 'non-kosher' 식당인지를 구별하여 간판에 적어 놓는다. 하나님의 선택을 받은 선민들은 코셔 음식을 먹으면서 부정하지 말아야 한다는 것이다. 심한 사람들은 non-kosher 음식에 한번 사용된 그릇조차 부정하다 하여 다시는 사용하지 않는다고 한다. 철저히 모세의 율법에 따라 안식일을 지키며 옷을 구별되게 입고 스스로 얽매여 생활하는 유대인들이다.

이곳 예루살렘은 또 다른 속박인 꾸란의 이슬람 율법을 따르는 무슬림들이 뒤섞여 산다. 예루살렘 성내에서도 하루 다섯 번씩 기도시간만 되면 만사를 제쳐놓고 메카를 향하여 엎드려 엉덩이를 치켜들고 기도하는 무슬림들을 많이 목격하였다. 이들은 하루에 다섯 번씩 기도한다. 기도를 통해 세상에서 짓는 죄를 완화(offset)시켜야 비로소 천국에 들어갈 수 있다는 믿음에서다. 죽을 때 저울추에서 죄의 무게보다 기도의 무게가 더 무거워야 천국에 가는데, 언제 죽을지 모르기에 항상 기도로 자신의 죄를 완화하여 기도의 무게쪽을 더 무겁게 해 놓아야 한다.

무슬림들도 금요일 하루를 역시 안식일로 지킨다. 또 무슬림들도 유대인들 못지않게 음식 율법에 철저하다. 무슬림은 할렐(Halal) 음식을 먹는다. 할렐 음식 역시 무슬림 종교지도자인 이맘이 율법에 의한 방식으로 도살하고 피를 제거한 후 공식으로 할렐로 인정한 후에 판매된다.

이를 보면 두 종교의 음식에 대한 율법이 꽤 유사하다는 사실을 알 수 있다. 당연하게도 코셔나 할렐이나 구약성서 레위기에서 금지한 음식을 기반으로 정한 율법이기에 서로 암묵적으로 통용하여 먹어도 될 듯한데, 서로 상대의 음식은 입에도 대지 않는다. 서로에 대한 뿌리 깊은 반감이 배어 있다. 유대인과 무슬림이 한 도시에서 서로 자기들의 음식만을 신이 인정한 최고의 음식이라 주장하며 살아가는 모습은 예루살렘에서만 볼 수 있는 진풍경이 아닐까 싶다.

· · · ·

이스라엘의 예루살렘 쟁탈

예루살렘의 어원은 'IR'는 도시, 'SHALOM'은 평화로, '평화의 도시'를 뜻한다. 하지만 이와는 모순적이게도 3천 년 전 다윗이 유다 민족의 근거지인 헤브론에서 이스라엘의 통일왕국의 왕이 되어 이곳으로 수도를 옮긴 이후, 예루살렘은 바벨론과 로마 및 무슬림 등 수많은 침략자들에 의해 침략당하고 수탈당해 왔다. 거주민들은 죽거나 쫓겨나고 성벽은 무너졌다가 다시 세워지는 치욕적인 악순환을 거듭하며 험난한 역사로 점철되어 왔다.

무슬림들에게도 이곳은 성지이다. 이슬람교 창시자 모하메드가 승천을 하였다고 믿어지는 곳이기 때문이다. 아니, 팔레스타인 무슬림들에게는 3천 년 전 다윗에 의해 이스라엘의 수도가 되기 이전부터 그들이 거주하던 땅으로, 원주인이라는 의식이 강하다. 그래서 예루살렘은 무슬림들도 중요하게 여기는 성지이다. 현재는 우리가 '팔레스타인(Palestine)'이라고 부르는 이 민족은 우리가 읽는 성서 속에서는 당시에 '블레셋'이라 불리었다. 민족의 이름이 달라진 것이 아니고, 같은 이름에 대한 한글 성경의 발음기호가 다른 것이다. 가나안 정복전쟁 때도 이스라엘을 대적했던 족속이고, 우리가 익히 아는 다윗과 골리앗의 싸움의 배경도 이스라엘과 블레셋의 전쟁이었다. 이 두 민족의 3천5백 년이 넘는 시간 동안의 악연을 보면 역사는 계속 돌고 도는가 보다.

2천 년간 디아스포라(Diaspora)로 세계 각지로 흩어져서 방황하면서도 민족의 정체성을 잃지 않은 유대인들이 1948년, 꿈에도 그리던 옛 가나안 땅에 다시 건국하게 된다. 제2차 세계대전이 끝난 후, 유엔 총회에서 영국의 위임통치를 받고 있던 팔레스타인 땅의 절반을 유대인에게 되돌려 주는 팔레스타인 분할을 결의한 것이다.

전 아랍권이 들고 일어나 이를 거부했지만, 서구 열강인 UN과 강력한 세계의 리더가 된 미국의 후원으로 가능해졌다. 더 정확히 말하자면, 미국의 월스트리트에서 미국의 경제권을 잡고 있는 유대인들이 정치권을 압박한 결과이다. 결국, 유대인들은 1948년 전격적으로 이스라엘 건국을 선포했고, 세계 각처에 흩어져 있던 유대인들이 팔레스타인 땅으로 모여들었다. 유대인들의 시오니즘(Zionism) 승리이자 제2의 이스라엘 민족의 가나안 정복사건이다.

1948년 건국 당시 이스라엘은 팔레스타인 땅의 반을 차지했지만, 예루살렘만은 유엔 통치하에 두었다. 그러나 이스라엘의 독립 선포에 불만을 품은 이집트, 요르단, 시리아, 레바논, 이라크로 구성된 아랍연합군은 하루 만에 예루살렘을 침공하면서 점령해 버린다. 이슬람 종교의 창시자 모하메드가 승천했다고 알려진 예루살렘은 아랍권의 무슬림들에게도 절대 포기할 수 없는 성지였기 때문이다. 그 후 1차 중동전쟁의 결과로 예루살렘은 동예루살렘과 서예루살렘으로 분할되었다. '서예루살렘'은 이스라엘, '예루살렘 성'이 있는 '동예루살렘'은 요르단의 땅이 되었다.

하지만 우리에게 6일 전쟁으로 잘 알려진 1967년 제3차 중동전쟁 때, 이스라엘은 무력으로 '팔레스타인 전역'을 장악한다. 그리고 팔레스타인 보호구역이라는 명분으로 가자지구(Gaza Strip)와 서안지구(West Bank)를 둘러싼 장벽을 설치했고, 이스라엘과 팔레스타인을 차단시키는 자치구를 허용하여 팔레스타인 주민들의 출입을 감시한다. 우리가 익히 아는 베들레헴, 사마리아가 팔레스타인 거주지역인 서안지구에 속하며, 이스라엘군에 의해 출입이 통제되었다.

· · ·

예루살렘 성(Old Jerusalem)

현재 예루살렘은 구도시(Old City)와 신도시(New City)로 나누어져 있다. 구도시(예루살렘 성)의 서쪽에 위치한 신도시가 구도시의 100배가 넘는 신시가지로 발달한 반면, 구도시는 1평방킬로미터에 불과한 성벽 안의 도시이다. 그러나 이곳은 세계 3대 종교의 성지이기도 했다. 유대교에게는 이스라엘의 조상 아브라함이 아들 이삭을 바치려던 제단이 있는 곳, 즉 모리아산이라 믿어지는 곳에 다윗이 수도를 정하고 그 아들인 솔로몬에 의해 성전(제1성전)이 세워진 곳이었다. 이후 바벨론 침공으로 무너진 곳에 포로귀환 후 다시 성전과 성벽을 세우고(제2성전), 헤롯왕 때에 들어서는 확장공사를 했지만(제3성전), 결국 로마에 의해 돌 위에 돌 하나도 남김없이 파괴되고 말았다.

　기독교(구교와 개신교) 입장에서는 예루살렘은 예수님이 붙잡혀 고난받다 십자가에 못 박혀 돌아가신 곳이자 부활하신 곳이다. 장차 재림하여 회복하실 곳이기도 하다. 이슬람교에서도 자부심 그 자체이다. 이슬람의 창시자 모하메드가 승천한 곳으로 믿어지는 옛 유대인 솔로몬 성전 자리에는 현재 이슬람의 웅장한 금빛 모스크가 자리 잡고 서 있다.

성전산에 올라서 본 바위돔의 모습. 저기 보이는 황금색이 전부 24K 황금 plate이다.

이곳은 무슬림의 성지중 하나이자 전 세계 무슬림의 자존심이기에 이스라엘에서도 현재의 모스크를 어찌할 수 없는 입장이다. 잘못 건드렸다가는 그 즉시 아랍국가들과 전쟁이 일어날 수 있으니 말이다. 따라서 예루살렘은 그 어느 종교도 쉽사리 양보할 수 없는 구원의 성지가 되어 지금까지도 세계인의 이목을 집중시키고 있다.

· · · ·

예루살렘의 역사

이스라엘 초대 왕이던 사울 왕이 죽은 후 유대 왕에서 이스라엘 12지파 통일왕국의 왕으로 등극한 다윗이 이스라엘의 수도를 헤브론(Hebron)에서 현재의 예루살렘으로 옮겼다. 다윗은 이곳에 법궤(Arc of Covenant)를 안치할 성전을 건축하려 했으나, 하나님은 손에 피를 많이 묻힌 다윗의 손을 통해 성전이 건축되기를 허락하지 않으셨고, 그 아들인 솔로몬에 의해 비로소 건축되기에 이른다(제1성전). 솔로몬 성전은 BC 959년에 준공되었다.

그러나 솔로몬 사후 이스라엘은 예루살렘을 근거지로 하는 남 유다와 사마리아를 근거지로 하는 북이스라엘 10지파 등 두 나라로 나뉘어서 서로 별도의 시기에 각각 멸망의 길을 걷는다. 북이스라엘은 앗수르(현재의 시리아)에 의해서 먼저 멸망하고 점령자 앗수르인들과 피가 섞여 버린다. 남 유다는 BC 586년에 바벨론의 느부갓네살의 제3차 침공 때 성전이 파괴되고 남은 자들은 바벨론에 포로로 끌려가게 된다.

포로로 끌려간 70년 후에 바벨론을 점령한 페르시아의 왕 '고레스'는 포로들에게 귀향의 권한을 부여하는 '고레스 칙령'을 발표했다. 1차 귀환은 총독이었던 '스룹바벨', 2차 귀환은 학자이던 '에스라', 3차 귀환은 '느헤미야'의 지도하에 이루어졌다. '스룹바벨'은 무너진 성전을 재건하였고(제2성전), 에스라는 무너진 백성들의 마음을 회복시켰으며, 느헤미야는 무너진 성벽을 재건하였다.

그로부터 500년 후 예수님 활동 당시 이방인 에돔 출신인 헤롯왕은 유대인에 대한 '유화정책'으로 '제2성전'을 확장하였다. 정치적 필요에 의한 공사였던 것이다. 그러나 80년에 걸쳐 확장된 이 헤롯성전은 완공된 지 불과 수년 후인 AD 70년에 예수님의 예언처럼 로마군에 의해 돌 위에 돌 하나 남지 않고 완전히 파괴되고 말았다. 성전에 있던 금들이 화재로 녹아 돌 사이사이에 스며들었고, 로마군이 이 금을 찾기 위해 모든 돌을 다 헤치는 통에 돌 위에 돌이 하나도 제자리에 남지 않았던 것이다.

이후 예루살렘은 오랜 시간 동안 폐허로 남았다가 이곳에 정착한 무슬림들과 16세기 지중해를 호령하던 오스만 제국의 술레이만 술탄에 의해 비로소 재건되었다. 옛 성전의 플랫폼을 주춧돌 삼아 이슬람 모스크를 건설하여 오늘날에 이른 것이다.

PART

02

예루살렘 ‼

. . .

예루살렘성의 성벽과 성문

금요일 오후, 아직도 해가 지려면 두어 시간이 남았기에 간편한 차림으로 예루살렘 성을 향해 길을 나섰다. 호텔이 있는 무슬림 구역에서 걸어서 10분 거리인 헤롯문(Herrod Gate)을 지나 관광안내소가 있는 욥바문(Jeffa Gate) 광장까지 걸어갔다. 헤롯문과 다메섹문 주변은 무슬림들의 안식일임에도 불구하고 온통 장사치들의 좌판이 널려 어수선하고 시끌벅적했다. 그러나 욥바문이 가까워져 오자 주변이 깨끗해지면서 질서정연한 분위기를 되찾았다. 욥바문 광장에서 성안에 잠시 들어갔다가 다시 나와 시계 반대방향으로 성벽을 따라 걸었는데, 사진을 찍고 주변을 둘러보느라 시간을 지체해서 다시 욥바문 광장까지 되돌아오기까지 두어 시간이 넘게 걸었다.

욥바문이 보이는 예루살렘 성 밖 풍경.
한 바퀴 돌고서 되돌아와서 찍었기에, 해가 넘어가기 직전이다.

　예루살렘성에는 현재 총 8개의 문이 있다. 욥바문(서쪽 Jeffa방향으로
연결되는 도로가 있는 문)에서 시계 반대방향으로 시온문(Zion Gate-유대
인의 주거지역으로 들어가는 문), 분뇨문(Dung Gate-이 문을 통해 성 밖으로 똥
을 버리곤 해서 붙여진 이름), 미문(Beautiful Gate-예수님이 이 문을 통해 예루살
렘성에 입성하시고, 베드로가 지나가다 앉은뱅이를 고쳤다 하여 붙여진 이름. 현재
는 돌로 막혀 있다), 사자문(Lion Gate-초대교회 스데반이 순교를 당한 장소라서
'스데반 문' 또는 성전의 제물로 사용될 양들이 이곳을 통과했기에 '양의 문'으로 부르
기도 한다), 헤롯문(Herrod Gate), 다메섹문(Damascus로 가는 도로가 시작되
는 문), 새문(New Gate) 등이 있다.

예루살렘 성벽을 따라서 8개의 문과 안쪽의 네모가 성전자리
이다. 성벽 안에는 네 개의 주거구역으로 나뉘었다.

첫 방문 당시에는 초기와 현재의 성벽의 차이점을 알지 못했다. 휴스턴 코리안월드에 나의 첫 여행기가 실린 후, 그 글을 읽으신 휴스턴 서울침례교회 이수관 목사님께서 예루살렘성이 파괴되고 폐허 위에 재건되면서 바닥의 높이가 전보다 10여 미터 정도 높아졌고, 당시의 성벽도 지금의 성벽이 아니라는 중요한 역사적 사실을 일깨워 주셨다.

이후 다시 여러 문건을 뒤져서 확인해 보니, 현재 8개의 문들이 예수님 당시에 존재했던 성벽의 문들은 아니었다. 지금의 성벽은 성경 속에 언급된 성내보다도 몇 배는 넓어졌다. 초기의 솔로몬 성전 이후 바벨론에서 귀향한 유대인들이 재건한 제2성전을 후세에 헤롯왕이 헐고서 새롭게 제3성전으로 확장한다. 제3성전 마저 로마에 의해서 완전히 무너지고 현재는 서쪽 벽의 축대 부분만 남아 있다. 바로 이것이 통곡의 벽이다. 이후 16세기에 오스만투르크제국의 술래이만 술탄이 성전 자리에 모스크를 건설하면서 성벽을 확장하여 성내가 몇 배는 커지고 성문들도 새로 만들어진 것이다.

  따라서 오늘날의 예루살렘성은 솔로몬이 건축했던 본래의 예루살렘성의 구조와는 큰 차이가 있다. 현재 예루살렘 성의 8개 성문의 이름 역시 옛 성문의 이름들과는 다르다. 남쪽의 '분뇨문'과 동쪽에 '미문'과 '사자문'만이 옛 이름 그대로 남아 있다. 8개의 문 중에서 예전의 성벽 위치 그대로 남아 있는 문은 돌로 막혀 있는 '미문'이 유일하다. 그리고 지금은 '사자문'이 동쪽 감람산을 바라보지만, 옛 '사자문'(또는 양문)은 북쪽으로 난 문이었다. 따라서 첫 방문에서 양문 곁의 베데스다 연못을 못 찾았던 것도 무리가 아니었다.

돌로 막혀 있는 미문. 미문 주변의 성 밖으로 무슬림들의 돌무덤들이 즐비하다. 개신교에서는 이 문을 열고서 예수가 재림할 것이라고 믿고 있으며, 유대인들은 이 문을 통해 메시아가 올 것이라고 믿고 있다.

베데스다 연못의 위치는 현재의 성벽 안쪽이 된 것이다. 아마도 지금은 연못 자 체가 말라서 막혀 있을 것이다.

성벽을 따라 걸으면서 욥바문 광장에 돌아오니, 이제야 해가 뉘엿뉘엿 서쪽으로 넘어간다. 그런데 저 멀리서 까만 의복을 입은 유대인 무리들이 부지런히 남쪽 시온문 방향으로 몰려가는 것이 보였다. 여자들도 긴 치마 정장 차림이었다. 가족들끼리 혹은 친구들끼리, 하물며 총구를 아래로 한 채 무기를 어깨에 메고 있는 군인들까지 모두 한 방향으로 몰려가고 있었다. 대체 무슨 일인가 궁금한 마음에 따라가 보기로 했다.

성벽을 따라 걷다가 주변 사람에게 부탁하여 찍었다. 금요일 저녁 해가 넘어가기 직전이다.

그들은 시온문을 통과하여 계속 성안으로 들어갔다. 금요일 저녁 해가 지는 시간이니, 아마도 회당에 가는 것이리라는 생각에 뒤따라 들어갔다. 그러나 어느새 앞뒤로 무수한 유대인들에 둘러싸여 오로지 앞을 향해 전진하는 유대인들의 행렬 속에 꼼짝없이 갇히고 말았다. 움직이는 무리 속에서 뒤돌아 가지도 못하고 같이 한 방향으로밖에 움직일 수 없는 처지가 된 것이다.

그래, 어차피 따라가던 길이니 끝까지 한번 가 보자 싶어 같이 계단을 타고 내려갔다. 그런데 검색대 앞에 다다르자 무장한 군인들이 삼엄하게 늘어서 있는 게 아닌가? 유대인이 아닌 사람은 출입을 통제하나 싶어 마음을 비우고 있었는데, 간단한 수색 후에 의외로 쉽게 통과되었다. 그리고 내 눈앞에 나타난 것은 그 유명한 '통곡의 벽'이었다. 통곡의 벽을 이렇게 일찍, 그것도 유대인들의 예배 풍습과 함께 보게 되리라고는 예상치 못했기에 실로 감격스러운 순간이었다.

· · · ·

통곡의 벽(Wailing Wall)

헤롯 성전의 서쪽 외벽 일부에는 약 450미터 정도의 터전이 아직까지 남아 있는데, 이 위에 벽을 재건하여 만든 것이 바로 '통곡의

통곡의 벽에 붙어 서거나 통곡의 벽을 바라보
며 기도하는 유대인. 바위 틈에는 무수한 기도
문들이 끼어져 있다.

벽(The Wailing Wall)'이다. 이것은 원래 헤롯 성전의 서쪽 경계에 있던 벽인데 유대인들이 이곳에 와서 성전이 파괴된 것과 나라를 잃은 자신들의 처지를 슬퍼하여 통곡하였다 하여 붙여진 이름이라고 한다.

'통곡의 벽'은 유대인들이 기도하는 거룩한 장소이다. 옛 성전이 있던 플랫폼 자리에 지금은 무슬림 모스크가 세워졌지만, 유대인들에게는 옛 성전의 성소와 지성소가 있던 자리다. 성소와 지성소의 자리가 정확히 어디였는지 모르는 유대인들은 혹 부지불식간에 성소나 지성소 자리를 자신들의 부정한 발로 밟을까 봐 성전자리에는 오르지 않는다. 대신 이방인들인 무슬림들과 순례자들에게는 오르도록 허용하고는, 성전자리에서 가장 가까운 통곡의 벽에 와서 기도하며 우는 것이다. 이스라엘은 물론 전 세계에 흩어진 유대인들은 순례 차 이곳을 찾아와 소원이 적힌 쪽지를 벽의 돌 틈에 끼워 넣어 기도를 드린다. 그리고 안식일의 첫 시간에 예배를 해야 하기에 금요일 해 질 녘에는 예루살렘에 사는 유대인들 모두가 이곳으로 몰려드는 진풍경을 볼 수 있다.

통곡의 벽 광장에 들어서니, 광장을 펜스로 나눈 안쪽에서 눈짐작으로만 만여 명이 넘는 까만 예복의 유대인들이 통곡의 벽을 바라보고 빽빽이 서서 기도문을 외우거나 허리를 흔들어 가며 열성적으로 기도 중이었다. 펜스 뒤로 보이는 광장에서는 젊은이들이 손을 잡은 채 동그란 원을 그리고 서서 점프를 하면서 찬양을 하고 있었다. 그런 원들은 숱하게 만들어졌다가 흩어지기를 반복했다. 그야말로 감격스러운 축제의 분위기였다.

다소 엄격하게만 여겨졌던 유대인들의 예배 모습이 예상과 달라 놀라웠는데, 가만히 지켜보다 보면 그 속에서도 암묵적인 규칙이 존재한다는 사실을 알 수 있다. 손을 잡고 원을 그리되 여자는 여자들끼리, 남자는 남자들끼리 만나 찬양한다. 통곡의 벽도 여자와 남자의 구역이 따로 정해져 있었고(,) 그 사이에 펜스를 만들어 놓았다. 성전에 가까운 쪽은 남자, 더 먼 쪽은 여자 구역이었다. 실로 대단한 광경이었다. 펜스 뒤에서 넋을 놓고 바라보다가 사진을 서너 장 찍었는데, 누군가 다가와 제지했다. 순간 머쓱해진 나는 얼른 사진기를 주머니에 넣고 사람들의 기도에 동참하였다. 어차피 방식은 달라도 대상은 같은 하나님이 아니던가?

2천 년 간 디아스포라(Diaspora)에서 끈질기게 살아남은 유대인들의 열정적인 예배 광경에 눈물이 났다. 이러한 열정이 있었기에 홀로코스트(Holocaust)와 같은 고난에서도 살아남아 다시 국가를 이룬 것이 아닐까?

금요일 저녁 안식일 첫 시간 통곡의 벽에 모인 유대인들의 예배 모습. 이 사진을 찍고서 사진 찍기를 금지 당했다.

・ ・ ・

예루살렘 성내

다음 날 아침 일찍 호텔에서 주는 아침을 든든히 먹고 가벼운 옷 차림으로 운동화 끈을 질끈 동여매었다. 예루살렘성과 감람산을 오르려면 오늘도 많이 걸어야 한다. 투어 가이드와 함께 걸어서 두 곳을 돌아보기로 했다. 예루살렘의 1월은 고지라서 아침저녁으로는 꽤 쌀쌀했다. 그러나 사막기후라서 따뜻한 오후가 되면 따로 외

예루살렘 성 내는 지붕이 콘트리트 슬랩(concrete slab)이라서 지붕 위로 걸어서 한쪽에서 다른 쪽 끝까지 갈 수 있다.

투가 필요 없었기에 그냥 가볍게 입고 많이 움직이기로 했다. 내가 방문하기 일주일 전에는 예루살렘에도 눈이 쌓였다고 하는데, 지금은 파란 하늘의 화창한 날씨가 나를 반겼다.

'나오미'라는 이름의 투어 가이드는 히브리대학에서 역사와 언

어를 공부하는 유대인 대학원생이다. 유대인이 중하게 여기는 안식일 아침인데도 불구하고 투어 가이드를 하기 위해 나온 것이다. 투어를 위해 모인 여행자는 중년의 일본인 여자, 젊은 독일인 부부, 영국인 노부부, 호주인 그리고 나까지 총 7명이었다. 궁금해서 물어보니 일본인도 혼자서 성지순례 중인 기독교인이다. 일본의 기독교인은 인구의 채 1%도 되지 않는다. 그러나 일본의 기독교인들은 정말 진국이다. 영어는 어눌했고 말은 많이 안 했지만, 진리를 탐구하는 자세는 매우 진지했고 무척 예의 바르게 행동했다. 일부러 예수님의 발자취를 순례하기 위해 이 먼 길을 온 것이다. 아무튼 책에도 웹사이트에도 존재하지 않는 구전으로만 전해지는 귀한 이야기들을 투어 가이드의 입으로 직접 전해 들으니 이곳 예루살렘에서 투어 가이드는 필수라는 생각이 들었다.

· · ·

알메니언 쿼터(Armanian Quarter)

예루살렘성은 성벽 안에 '알메니언 쿼터', '유대인 쿼터', '크리스천 쿼터' 그리고 '무슬림 쿼터' 총 4개 지역으로 구분되어 있다. 왜 뜻하지 않게 알메니언들이 한 쿼터를 차지하고 있느냐고 나오미에게 물었더니 AD 313년 로마가 기독교를 국교화할 당시 이를 처음으로 받아들인 나라가 '알메니아'였다고 한다. 이들 중 일부는 13세기 십자군의 예루살렘 회복전쟁 때 들어와 이곳에 뿌리를 내렸고, 나머지는 20세기 초 국경을 이웃하던 이슬람 국가인 터키의 기독교말살정책 즉, '알메니아 대학살'을 피해 이곳으로 대거 이민하여 살게 된 것이라 했다. 그러니까 거주자의 권리에 의해 이스라엘로부터 예루살렘성의 4분의 1을 할당받은 것이다.

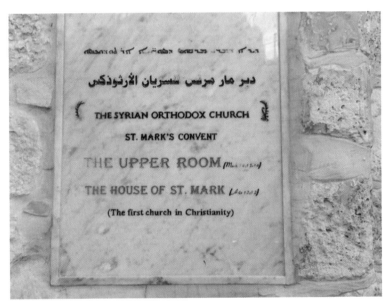

알메니언 지역에서 찾아낸 마가의 다락방 사인. 다만 이곳이 성경에서 언급된 마가의 다락방 그대로인지, 아니면 나중에 다시 지은 곳인지는 확실치 않다.

알메니안 구역의 '성 야고보' 교회는 사도행전 15장에 기록된 최초의 '예루살렘 교회 공의회'가 열린 곳이라고 한다. 이곳은 두 명의 야고보를 기념하는 교회다. 하나는 예수님의 동생으로 초대 주교였던 성 야고보와 예수님의 제자 요한의 형인 야고보로 이들 두 명의 시신이 이 교회에 묻혀 있다. 오순절 역사가 일어난 '마가의 다락방'도 이곳에 있다. 물론 두 개의 건물은 당시에 지어진 건물이 아니라 후에 재건된 것이다.

· · ·

유대인 쿼터(Jewish Quarter)

유대인 쿼터는 시온문 주변으로부터 통곡의 벽까지 동남쪽 지역에 분포되어 있다. 1948년 예루살렘을 점령했던 아랍연합군에 의해 철저히 파괴된 후 재건되었기에 새 건물들이 깨끗한 인상을 준다.

성안에 거주하는 유대인은 그리 많지 않고, 대부분의 유대인들은 신도시에 거주한다. 그러나 성안에 거주하는 유대인들을 위한 학교도 있었다. 유대인들의 집은 쉽게 구별할 수 있었다. 출입구 문지방에는 마치 출애굽 당시인 유월절에 이스라엘 집들의 문지방에만 어린양의 피를 발랐던 것처럼 하나님의 말씀을 뜻하는 두루마리(scroll) 형상을 박아 놓았기 때문이다.

유대인 쿼터의 유대인 회당. 1967년에 발생한 7일 전쟁 이후에 지어진 건물들이라서 네 개의 지역 중 가장 깔끔하다.

성벽에서 바라본 동남쪽 골짜기 저 아래 골짜기의 가장 낮은 곳이 실로암 연못자리 였다고한다. 지금은 말라서 풀만 파릇하게 나 있다.

투어 가이드가 시온문 쪽의 성벽에서 동남쪽 방향으로 200여 미터 아래로 멀리 내려다보이는 골짜기를 가리키며, 지금은 말라서 풀이 파릇파릇하게 돋아 있지만 저기가 바로 당시의 물이 고여 있던 '실로암'이라고 했다. 성 동북쪽의 기혼샘이 성전산과 감람산의 골짜기로 흘러 동남쪽의 실로암으로 흘러들어 갔고, 기혼샘을 이용해 성안으로 수로를 만들어 물이 성안으로 흐르도록 했다고 한다.

· · ·

크리스천 쿼터(Christian Quarter)

성내 서북쪽 지역이 '크리스천 쿼터'이다. 그러나 이들은 전부 구교도들이다. 로마가톨릭(Roman Catholic), 동방정교(Eastern Orthodox), 러시아정교(Russian Orthodox), 그리고 이집트 콥틱(Egyptian Coptic) 등 약 3천 명의 구교 주민들이 이곳에 살고 있다. 각자의 종파를 따르는 교회당들도 이곳에 있다. 교회 주변에는 수많은 장사치들이 여행객들을 상대로 장사를 한다.

'성 분묘교회(Church of the Holy Sepulchre)'는 예수님이 십자가에 못 박혔던 골고다 언덕과 그의 무덤을 보존하기 위하여 335년 콘스탄티누스 대제의 어머니 '헬레나 황후'의 지시로 건립한 세계에서 가장 오래된 교회건물이다. 각각의 기독교 종파가 골고다 언덕에 세워

크리스천 구역의 여행상품 가게들과 장사꾼들. 지나다니는 사람들에게 호객을 하며 불러 세운다.

진 '성 분묘교회' 내부를 나누어 관리하는데, 종파끼리의 알력이 하도 심하여 이스라엘 정부에서 교회의 열쇠를 특정 종파에게 맡기지 못하고 중립적인 무슬림에게 맡기는 바람에, 교회의 문을 무슬림이 열고 닫아야 하는 웃지 못할 광경이 벌어지는 곳이다.

• • •

무슬림 쿼터(Muslim Quarter)

동북쪽 성내에 옛 솔로몬 성전 터에 세워진 바위돔(Dome of the

Rock) 주변으로는 무슬림 쿼터가 있다. 성내에는 약 2만 5천 명이 다메섹문과 헤롯문을 통한 성 밖에는 십만 명의 무슬림들이 좁고 지저분한 게토지역에서 집단을 이루며 살고 있다.

예루살렘 성 주변은 경찰이 아닌 중무장한 이스라엘 군인들이 도처에서 경비를 선다. 특히나 무슬림 쿼터 주변은 군인들이 더 많이 눈에 띈다. 이 나라에서는 일반 국민들이 절대로 개인 총기를 소유할 수 없기 때문에 슬럼화된 무슬림 지역이라도 치안을 걱정할 필요가 없다. 게다가 팔레스타인 지역을 걸어 다니며 가게에

다메섹 문 밖에서 상품을 펼쳐 놓고 장사하는 무슬림들. 무척이나 무질서하다.

서 물건도 흥정하는 등 무슬림 지역을 직접 경험하는 재미 또한 쏠쏠하다.

이들은 이스라엘이 로마에 멸망한 후부터 이곳에 터전을 잡고 거의 2천 년을 살고 있는 터줏대감들이다. 7세기 이곳을 통치했던 아랍인들은 성전산의 큰 바위 위에서 자신들의 최고의 선지자 모하메드가 승천했다는 전설에 따라 그의 발자국이 남아 있다는 바위를 종교적으로 기념하고 보존하기 위해 대사원 모스크를 건축했다. 이 모스크는 AD 709년부터 715에 걸쳐 칼리프카 세운 사원이다. 최초로 '황금돔(Dome of the Rock)' 사원을 건축하라는 명령을 내린 사람은 초대 칼리프였던 오마르로 그의 이름을 따서 '오마르 사원'이라고도 한다. 후에 터키가 된 오스만제국에 의해 재건되어 현재 예루살렘의 대표적 건축물이 되고 있는 '황금 돔'은 위에 솟아오른 돔(dome)만 지름이 78피트, 높이가 108피트에 이르는 대형 건축물이다.

최근에 요르단의 후세인 왕의 헌금으로 24K 순금판으로 덧씌워져서 태양빛이 비칠 때는 황금빛으로 화려하게 반사되어 '황금사원'이라고도 불린다. 이슬람권에서는 메카, 메디나와 함께 예루살렘을 3대 성지로 꼽고 있다. 이 황금돔은 예루살렘 어느 곳에서든지 눈에 띄게 잘 보였다. 그런데 나는 이것을 볼 때마다 예수님께서 하신 말씀이 생각났다. "거룩한 곳에 가증한 것이 선 것을 보거

든." 황금빛 이슬람 모스크가 예루살렘의 가장 높은 중앙에 자리 잡은 것이 잠시 방문한 내게도 불편하게 느껴지는데, 유대인들에게는 목에 걸린 가시 같은 것이라는 것을 말해 무엇하랴.

- - -

바위돔이라 불리는 황금사원(Dome of Rock -Golden Mosk)

여행객들이 바위돔이 있는 성전산에 오르려면 이스라엘 군인들이 지키는 중앙검색대를 통과하여야 한다. 이 중앙검색대는 통곡의 벽 광장에서부터 올라간다. 앞서 언급하였듯이 유대인들은 성전산에 오르다가 혹 성소나 지성소 자리를 밟아서 율법을 범할까봐 절대 오르지 않는다. 검색대를 보면, 유대인들에게는 오르지 않기를 권고하는 팻말도 서 있을 정도다. 그러나 무슬림들은 이곳에 그들의 예배처소인 모스크가 있기에 그들의 주거지에서 직접 이스라엘군이 지키는 몇 개의 초소들을 통과하여 해가 뜨면 아무 때나 올라가곤 한다.

이스라엘 군인들은 초소에서 거주하는 무슬림과 여행객을 신기할 정도로 잘 구별해 낸다. 여행객인 순례자들은 정해진 시간에만 중앙검색대를 통과하는 것이 가능하다. 통곡의 벽에 들어가는 광장 옆의 검색대에는 성전산에 오르는 순례자들을 위한 검색대가 따로 있다. 군인들은 무기뿐 아니라 성경이나 십자가를 지니고 있지 않은지에 대해서도 모든 가방을 뒤져 철저하게 검색한다. 혹 순례자들이 이슬람의 성지인 바위돔에서 무슬림이 꺼려 하는 십자가나 성경을 꺼내 들어 아랍권을 자극할까 봐 사전에 검열하는 것이었다. 사소한 실수로 아랍권의 화약고를 터뜨리지 않기 위한 세밀한 노력이다.

가까이 올라가서 본 황금사원은 24K로 만들어진 황금빛 지붕에 눈이 부실 지경이었다. 모스크 주변으로는 새하얀 대리석 바닥으로 이루어진 광장이 펼쳐져 있어, 멀리서 볼 때보다 훨씬 더 웅장해 보였다. 가히 무슬림들의 3대 보물로 지정할 만했다. 광장을 벗어난 멀리 풀밭에서는 대여섯 살 정도의 무슬림 아이들이 공을 차고 있었고, 주변 벤치에는 앉거나 누워서 쉬는 무슬림들이 많았다. 그래, 바로 이곳이 슬럼가 게토에서 거주하는 무슬림 아이들이 방해받지 않고 놀 수 있는 유일한 자유공간이구나 싶었다.

더 살펴보려 커다란 초록색 나무문 안의 모스크 안에도 들어가려 했으나 지키고 있던 무슬림 문지기가 나를 제지하는 바람에 멋쩍게 돌아서야 했다. 그때 문득 동편을 바라보니, 골짜기 사이로 건너편 감람산과 산을 뒤덮은 검푸른 감람나무숲이 한층 가깝게 느껴졌다. 그리고 문득 이 거룩한 곳이야말로 찬양하기에 더없이 좋은 장소로 여겨졌다. 나는 투어그룹과 합류하기까지 주어진 30

분의 자유시간 동안 들릴 듯 말 듯한 목소리로 찬양하면서 황금돔 주변 광장을 돌고 또 돌았다. "예루~살렘, 예루~살렘 그 찬란한 성아, 호산나 노래하~자 호산나 부르자", "나 가난복지 귀한 성에 들어가려고", "새 예루살렘에서……." 주변의 무슬림들을 자극하지 않으려 최대한 목소리를 낮추어야 했기에 생각보다 훨씬 힘들었지만, 3천 년 역사의 세월을 이겨 낸 예루살렘의 가장 높은 곳에서 역사의 주인 되신 하나님을 찬양하는 감격은 그 무엇과도 바꿀수 없었다.

· · ·

고난의 길(via Dolorosa)

황금돔에서 서편 계단으로 바로 내려오면, 군인 초소를 지나 무슬림 쿼터에서 예수님이 십자가를 지고 골고다 언덕까지 걸으셨던 '고난의 길(via Dolorosa)'이 시작되는 지점으로 연결된다. 고난의 길은 이곳 사거리에서 시작되어 크리스천 쿼터의 골고다 언덕이었다는 '성 무덤교회' 앞 광장에서 끝난다. 지금은 거리의 장사치들로 인해 흔적을 찾을 수 없지만, 예수님 당시 십자가형을 언도받으셨던 빌라도의 법정자리가 바로 지금의 'via Dolorosa'가 시작되는 지점이다. 세계 각국에서 그룹으로 오는 성지순례자들 중에는 실제 사이즈의 나무 십자가를 메고 고난의 길을 뒤따라가는 행렬들

유대인들에게는 성전자리가 있어 거룩한 산으로 불리어 오르지 않는 바위돔에 올라, 황금사원을 배경으로 찍은 사진이다.

도 있다. 그런데 이 고난의 길 좌우로 거주민들과 관광객들을 위한 상점들이 즐비하여, 무슬림들이 왁자지껄하게 고객을 불러대는 소리가 조용히 그 순간을 상기하려는 순례자들을 거슬리게 만든다.

나도 "십자가의 길, 거친 언덕길, 외롭고 무서웠던 길"이라는 복음송을 조용히 부르면서 걷기를 소원했지만, 주변 소음과 상인들의 호객행위로 인해 영 집중하기가 힘들었다. 좁디좁은 길에 지나다니는 사람들은 어찌 그리도 많은지, 참 다른 의미로 고난의 길이

고난의 길(via Dolorosa)이 시작되는 시작점. 여기서 성분묘교회 까지는 장사꾼들을 상대해야 하는 고난이 시작된다.

필리핀에서 온 가톨릭 순례자들. 이들은 나무십자가를 들고서 이 고난의 길을 오른다.

라는 생각이 들었다. 그래도 수많은 순례자들은 아랑곳없이 벽에 새겨진 via Dolorosa의 숫자를 확인하며 약 500미터 정도 되는 길을 열심히 묵도하면서 올라간다. 이 길의 끝엔 예수님이 십자가에 못 박히신 골고다 언덕에 세워진 '성 분묘교회'가 있다.

사실 '성 분묘교회'를 처음 보고 나서 든 소감은 '이곳이 진짜 골고다 언덕이 맞나?' 하는 것이었다. 영화 속에서 보아 왔던 침침하고 으스스한 모습은 전혀 찾아볼 수 없고, 활기찬 크리스천 쿼터의 가게들이 즐비한 건물들 사이로 호객하는 장사꾼들을 지나치고 나면 작은 광장이 나온다. 그 건너편 덩치 큰 비잔틴시대의 교회건물이 떡하니 서 있었다. 바로 그 교회건물 내부에 골고다 언덕이 있다.

예수님 당시에 성 밖으로 언급됐던 처형장소가 이제는 예루살렘 성벽 안에 들어와 있고, 심지어 교회건물 안에 갇혀 있단다. 내 속에서 의심이 고개를 들기 시작했다. 성경에서 언급된 언덕은 어디에 있는가? 유대인들의 관습으로 보면 시체를 성내에 두지 않는 것이 맞을 터인데……. 그러나 현재의 성 분묘교회 자리가 지금은 성내에 들어왔지만, 당시에는 성벽 밖이었다는 사실은 먼저도 언

성분묘교회 앞의 광장. 이 교회건물 2층에는 골고다 언덕이 있고, 지하에는 예수가 묻혔던 무덤이 있다고 한다.

급한 바이다.

하지만 여전히 다른 의문은 남아 있었다. 로마가 기독교화 된 후에 가톨릭이 성지순례자들을 위한 보여 주기 식 건물들을 많이 지었는데, 이 건물 역시 그때 만들어진 허구가 아닌가 하는 것이었다. 현재의 예루살렘이 점령자의 폐허 위에 다시 재건되면서 2천 년 전의 예루살렘은 10미터 발아래로 감추어졌기에 골고다 언덕도 더 이상 높은 언덕이 아닐 수 있다는 사실은 뒤에 확인되었다. 그러나 여전히 마음속에서 그리던 골고다 언덕을 보지 못한 개운치 않은 감정은 어찌할 길이 없었다.

· · ·

성분묘교회(Church of the Holy Sepulchre)

골고다 언덕과 무덤이 있다고 믿어지는 성분묘교회 건물은 무척이나 크다. 4세기 콘스탄티누스 황제에 의해 지어진 성당건물이 1700년이 지난 지금까지 보존되었을 리 만무하니, 아마 그 자리에 새로 지어진 건물이 아닐까 짐작했다. 내부에 들어서면 조명 대신 촛불로 불을 밝혀 놓았기 때문에 갑자기 눈앞이 컴컴해진다. 한참을 지나야 사물을 구별할 수 있었다. 각 종파가 교회 4개의 구석마다 각자의 특성대로 예배처소를 만들어 놓았다. 중앙 2층에 올

성분묘교회 2층의 골고다 언덕 십자가 자리. 줄 서서 참배를 원하는 사람들의 반대편에서 찍은 사진이다. 왼쪽으로 보이는 예수의 십자가 형상이 십자가가 서 있던 자리다.

라가면 각종 종교적인 장식품들로 인해 가려져서 잘 안 보이는데, 그곳이 골고다 언덕이 있던 자리였단다.

이 골고다에 엎드려 기도하고 사제들에게 준비한 기도문을 주고 나오는 줄이었다. 그 긴 줄을 보고서 차마 기다릴 엄두가 안 나서 그 반대편으로 가 보았다. 그런데 자세히 보니, 기도하고 나오는 사람들이 사제들에게 건네는 기도문에 화폐를 끼워서 주는 것이 아닌가? 아마도 바쳐지는 수많은 기도문들 중에 헌금(뇌물)을 끼워서 주어야 사제가 특별히 기도해 줄 것이라는 생각 때문인지도 모르겠다. 어쩌면 주어진 돈의 액수와 비례해서 응답받을 것이라는 헛된 기대가 깃들어 있는 건 아닐까?

계단 아래로 내려가면, 돌아가신 예수님의 시체를 수의로 갈아입히기 위해 잠시 누우셨다는 바위가 보인다. 하도 많은 사람들이 문지른 탓에, 윤이 날 만큼 반질반질하였다. 이곳에서도 이 층에서 내려온 사람들이 자신의 윗도리, 가방, 지갑 등 개인 소지품들을 그 바위에다 대고 문지르고 있었다. 마치 비벼대는 물건에 예수님의 권능이 옮겨 온다고 믿는 것처럼……. 수많은 사람들이 서로 바위로 더 가까이 가지 못해 한바탕 아수라장이었다. 이곳에서도 여전히 종교개혁이 일어나야 할 것 같았다. 이건 미신에 가까웠다. 복을 받으려는 미신, 복을 받기 위한 복채. 자유를 선포하러 오신 예수님의 사역의 장소인 예루살렘은 지금도 여전히 이런저런 율법과 미신에 눌린 땅인 것이다.

· · ·

동산무덤(Garden Tomb)

최근에 발견된 또 다른 골고다 언덕으로 알려진 동산무덤(Garden Tomb)에 가 보았다. 이곳은 혼자서라도 반드시 들러 보아야 할 곳으로 미리 메모해 놓은 곳이기도 하다. 다메섹문으로 성을 빠져나간 후, 도로를 건너서 200미터쯤 가면 무슬림 주거지역에 동산무덤이 나온다. 내가 묵는 호텔에서 불과 10여 분 거리이다.

내가 보아도 해골모양으로 생긴 언덕 주변에 2천 년 전 당시의 묘와 같은 매장지가 발견되어, 성서학자들 가운데 몇몇은 이곳이 예수가 십자가에 못 박혀 돌아가신 '갈보리 언덕'과 예수님의 무덤 자리라고 주장하고 있다. 그러고 보면 예루살렘에는 '골고다 언덕'이라 주장하는 데가 두 군데 있다. 이곳은 구교에서 이미 1700년 동안이나 성지로 여겼던 '성분묘교회'와 정면으로 반하는 주장이

동산무덤의 골고다 언덕. 무슬림들이 펜스로 막아 놓아서 더 이상은 가지 못한다. 저 언덕 위에 십자가 세 개를 세웠다고 한다.

나, 개신교에서는 근래에 발견된 이곳이 골고다 언덕과 예수님의 매장지로 인정하는 추세라고 한다.

이곳은 사람들의 왕래가 잦은 다메섹과 예루살렘을 연결하는 길이었다. 구교의 순례행렬과 같은 번잡함이 없을 뿐만 아니라 찾는 이도 많지 않아 조용하다. 게다가 아리마대 요셉의 동산으로 여겨지는 화원도 있어, 번잡한 예루살렘 성을 벗어나 기도하며 사색에 잠기기에 더없이 좋은 곳이다. 다만 골고다 언덕이란 곳을 무슬림들이 펜스로 막아 놓아 오르지는 못하고 눈으로 바라보기만 해야하는 안타까움이 있다.

동산무덤 내의 동굴무덤 입구. 문에는 "그는 살아나셔서 여기 계시지 않는다."라고 적혀 있다. 동산무덤은 미국의 기독교계에서 관리한다고 한다.

성 밖에서 새로 발견된 동산무덤에 대한 기억과 느낌이 너무 생생하여 해골과 같은 모습을 한 골고다 언덕을 바라보면서 눈물지었다. 방해받지 않고 기도와 찬양을 하였다. 고고학적 지식의 근거가 모자란 나는 둘 중에 어느 것이 당시의 실지 골고다 언덕이었는지에 대한 판단을 유보하기로 한다. 그러나 뒤에 예루살렘을 찾는 분들은 이곳에도 들러 보기를 강력하게 권한다.

PART

03

· · ·

הוריה
הרה"ח אהרן דוד ב"ר יוסף
ומרת רייזל לאה ב"ר ברוך
אחיה
הר"ר אברהם חיים אשתו ושׁשׁת ילדיהם
הר"ר יעקב, הב' ברוך, הב' ירוא צבי
הב' יוסף, והב' שמואל
ואחיותיה
מרת בושׁ בעלה ושׁלושׁת ילדיהם
מרת חנה בעלה ושׁמונת ילדיהם
ובתית זיילע ושׁלושׁת ילדית

감람산
(Mt Olives)

. . .

예루살렘 사역의 베이스캠프, 감람산

성분묘교회를 나와 욥바문 광장에서 출발한 버스를 타고 20분 후에 감람산 정상에 올랐다. 그곳에서부터 걸어 내려오면서 예수님의 사역지를 하나씩 둘러보기 위해서다. 감람산(Mountain of Olives)은 예루살렘의 동쪽에 있는 산으로, 감람나무가 많아 감람산으로 불렸다. 예루살렘 성전산보다는 약 80미터가 더 높은 해발 860미터라 정상에서 바라보면 예루살렘성이 한눈에 보인다. 감람산을 넘어 동편으로는 누런 광야지대가 펼쳐져 있다. 지중해 습기를 머금은 바람이 감람산 서편으로만 비를 뿌리기 때문에 동편으로는 바로 광야가 시작된다. 예루살렘을 방문한 예수님은 사역 중 수시로 이 산에 와서 기도하셨고, 쉬셨고, 제자들을 가르치셨다. 따라서 감람산은 예수

감람산 정상에서 내려다본 예루살렘 성. 바위돔이 가장 먼저 눈에 띈다. 성벽 아래로는 전부 무슬림들의 돌무덤들이 펼쳐져 있다.

님에게 있어 예루살렘 사역의 베이스캠프라 할 수 있다.

감람산 정상은 예수님이 승천하신 곳이고, 길을 따라 10여 분 내려오면 제자들에게 '주기도문'을 가르쳤던 곳이 나온다. 중턱에 가서는 예수님이 예루살렘의 멸망을 예언하며 눈물을 흘리셨던 장소에 다다르며 조금 더 내려오면 로마군에게 잡히시던 밤에 예수님이 제자들과 함께 기도를 했던 '겟세마네 동산'을 만난다. 이다음은 예루살렘성의 미문으로 연결되는데 아쉽게도 지금 그 미문은 굳게 닫혀 있다.

• • •

승천교회(Church of Ascension)

사도행전 1장 9절~12절에는 부활하신 예수께서 제자들을 이끌고 감람산 정상에 가셔서 축복을 하시고 승천하심을 기록하고 있다. 그 감람산 정상에는 작은 승천교회(Church of Ascension)가 있다.

그런데 특이하게도 이곳을 관리하는 주체는 무슬림이다. 예수님은 무슬림들에게도 선지자들 중 하나로 인정받는다. 입장료를 받

감람산 정상의 예수승천교회. 원래는 지붕이 없는 교회였는데, 지금은 회교사원으로 바뀌어 돈을 내고 들어가면 움푹 패인 바위밖에 없다.

는 무슬림들에게 5세겔을 내고 안으로 들어가면, 작은 교회 안에는 아무것도 없고 승천하신 예수님의 발자국이 찍혀 있다는 '승천 바윗돌'만 덩그러니 놓여 있다. 내 눈에는 발자국은커녕 그저 움푹 파인 바위에 불과했다. 당연히 예수님이 승천 추진력이 필요하여 바위에 어떤 자국을 남기시지는 않으셨을 것이다. 그저 후세 사람들이 만들어 낸 얘기일 뿐. 수많은 순례자들을 상대로 무슬림들의 돈벌이로 전락한 모습에 안타까울 따름이다.

십자군 원정 당시 이곳에 8각형의 작은 교회가 지어졌는데, 예수님의 승천을 상징하여 천장을 만들지 않았었다고 한다. 후에 무슬림들이 이 교회 천장에 둥근 지붕(Dome)을 만들어 씌우고 메카를 향한 제단을 만들어 이것을 회교 사원으로 변경시키는 바람에 지금은 지붕으로 막혀 있다. 그리고는 이곳을 둘러보기를 원하는 순례자들을 상대로 돈벌이로 이용을 하는 것이다. 이곳을 나오면서 속은 기분에 본전이 생각났다. 그러나 만일 들어가서 내 눈으로 직접 확인해 보지 않았다면 안에 무엇이 있을까 너무 궁금했을 것이다. 아마 그러한 마음을 노린 것이리라.

・・・

주기도문 교회(Church of Pater Noster)

승천교회에서 한 10여 분 걸어 내려오면, 교회가 또 하나 보인다. 바로 '주기도문 교회(Church of Pater Noster)'이다. 'Pater Noster'라는 말은 '우리 아버지'라는 뜻의 라틴어로 주기도문이 시작되는 이러한 라틴어를 따서 교회 이름을 지었다고 한다.

이곳은 예수님께서 제자들에게 주기도문을 비롯하여 제자들을 훈련시키셨던 곳이라고 전해진다. 초대교회의 전승에 의하면, 이 교회는 콘스탄티누스 황제의 어머니 헬레나가 4세기에 주기도문 장소를 기념해서 세웠다고 한다. 그 후 점령자가 바뀔 때마다 몇 번의 파괴와 재건축이 이루어졌다가 19세기 프랑스 건축가가 다시 설계·건축한 것이 오늘날에 이른 것이다. 교회를 둘러싼 예쁜 정원과 기둥과 벽이 인상적인 멋진 안식 장소이다.

교회의 벽면에는 히브리어로 시작된 최초의 주기도문이 십자군 당시 새겨진 이후 한글을 비롯해 현재 약 120여 개의 언어로 쓰인 세계 각국의 주기도문이 새겨져 있다. 들어가면서 한글로 새겨진 주기도문을 하나 보았는데, 나오면서 또 다른 하나의 한글 주기도문 판이 있어 비교해 보았다. 한국의 가톨릭 교계와 개신교계가 각각 하나씩 기증한 것을 따로 전시해 놓은 것이었다. 이곳은 입장료가 7세겔이다.

· · ·

감람산 무덤

거기서 조금 더 걸어 내려오면, 좌우로 돌무덤들이 골짜기 밑과 성전 벽까지 이어져 있다. 직사각형 석판으로 관(coffin)을 만들어 놓은 것이다. 그런데 이 돌무덤들 위에는 한국에서 산행을 하다 보면 흔히 산길에서 볼 수 있는 조그만 불교식 돌탑이 만들어져 있다. 궁금하여 투어 가이드에게 물었더니, 여기서는 생화가 귀하기 때문에 가족 친지들이 무덤을 방문할 때는 꽃 대신 돌을 놔두고 간단다. 즉, 망자에 대한 예의를 중동식으로 표현한 것이었다.

이 무덤 터는 예루살렘 성 동쪽의 미문(Beautiful Gate)을 바라보고 있는데, 그곳은 현재 돌로 막혀 있

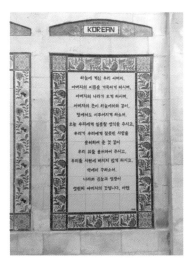

주기도문 교회의 한글 주기도문.
넓이가 1미터, 높이가 2미터쯤 된다.

감람산 기슭에 있는 돌무덤들. 이것이 자리 하나에 50만 불이라고 한다. 중동의 관습대로 꽃 대신 돌들이 놓여져 있는 것을 볼 수 있다.

다. 유대인들은 에스겔 44장 1절~4절의 말씀대로 장차 메시야가 닫혀 있는 미문을 열고 올 거라 믿는다. 반면 기독교에서는 장차 예수님이 미문으로 예루살렘에 재림하실 때 이 문이 열리며, 이곳에 누워 있던 망자들이 가장 먼저 부활할 것이라 믿는다. 이슬람도 장차 모하메드가 재림할 때 미문을 통과하여 예루살렘에 들어가면서 죽은 자들이 부활한다고 믿는다.

이처럼 유대인이나 기독교인들이나 무슬림들에게 죽어서 가장 묻히고 싶은 장지이다 보니 수요가 많아 이곳은 세계에서 가장 비싼 장지가 되었다고 한다. 한 사람 누울 자리의 가격이 자그마치 미화 50만 불로 웬만한 집 한 채보다 더 비싼 셈이다.

• • •

눈물교회(Church of Dominus Flevit)

그 장지의 길 건너편에는 '눈물교회'가 있다. 교회명은 라틴어로 'Dominus Flevit'인데, 'Jesus Wept' 즉 '주께서 우셨다'는 뜻이라고 한다. 이곳은 예수님이 예루살렘 성 파괴와 유대인들의 멸망을 예언하며 "예루살렘아! 예루살렘아!" 하고 눈물을 흘리셨던 장소로 원래는 5세기경 수도원이 있던 자리에 1955년 이탈리아의 건축가 안토니오 발루치(Antonio Barluzzi)가 재건하였다고 전해진다. 교회의 지붕은 예수님의 눈물을 상징하기 위해 눈물 모양을 하고 있다.

특히 이곳에서 눈여겨봐야 할 것은 내부에 있는 십자가 창문이다. 바닥에 장식된 십자가 머리맡에 서서 서쪽 십자가 모양의 유리창에 십자가 중앙을 겹쳐서 바라보면 예루살렘의 어느 건물로 초점이 모이는데, 그곳이 바로 골고다 '성 분묘교회'이다. '안토니오 발루치'는 십자가를 통해 예수님의 고난과 죽음을 기린다는 의미로 골고다를 볼 수 있는 교회를 설계했다고 한다. 건축과 종교의 합작품인 동시에 십자가 모양의 유리창을 통해 예수님의 고난과 죽음을

감람산의 눈물교회에서 십자가를 통해 바라본 예루살렘과 성 분묘교회.

생각나게 만드는 숙연한 시간이다. 마침 필리핀 교회단체에서 방문한 무리들이 둥그렇게 모여 앉아 조용히 찬양을 시작했다. 그 멜로디가 귀에 익어 나도 같이 찬양에 동참하였다.

· · · ·

겟세마네 동산(garden of olive trees)

거기서 계속 골짜기까지 내려오면 기드론 골짜기가 되고, 겟세

겟세마네 동산의 감람나무들. 저 나무는 약 천 년가량 되었다고 한다. 옆으로는 어린 나무들이 많다. 아마 예수님이 십자가에 달리시기 전에 저 붉은 흙 위에서 기도하셨을 것이다.

마네 동산 교회'가 있다. '겟세마네'는 히브리어로, "garden of olive trees"를 뜻한다. 예수님께서 로마 병사들에게 끌려가시기 전날 밤, 이곳에서 땀방울이 핏방울이 되도록 기도하셨다고 성경에 기록되어 있다. 그리고 요한복음에는 이곳은 가끔 제자들과 함께 모이시는 곳이므로 유다도 알고 있다고 기록되어 있다.

교회 정원에는 100여 그루가 넘는 오래된 감람나무들이 울창하게 들어차 있고 나무 사이에는 붉은 흙이 드러나 있다. 그중에는 천 년이 넘은 나무도 있다고 한다. 감람산과 예루살렘성의 골짜기에 미문에서 가장 가까운 곳에 감람나무들이 동산처럼 모여 있는 곳은 이곳뿐이라서 성경에서 언급된 겟세마네 동산은 이곳이 맞을 것이다. 2천 년 전 예수님이 기도하러 오시느라 밟으셨던 저 감람나무들 사이의 붉은 땅을 나도 똑같이 밟는다고 생각하니 새삼 감격스러웠다.

　교회 건물은 세계 16개국의 모금으로 건축되었기 때문에 '만국 교회(Church of All Nations)'라고도 불린다. 천장이 유달리 높고 넓은 교회당 안으로 들어가면 아름답게 수놓아진 모자이크 벽화에 전등불이 조명을 비추며 한층 더 화사하게 빛난다. 교회당 전면에는 예수님이 엎드려 기도하셨다는 넓은 바위가 원형 그대로 보전되어 있고, 순례자들은 그 바위에 엎드려 눈물짓는다. 그 뒤쪽 벽면에는 우리가 많이 보아 온 예수님이 바위 위에 엎드려 기도하는 모습이 모자이크 벽화로 그려져 있다.

　그러나 의문이 남았던 나는 그날 밤 호텔방에 돌아와서 겟세마네 동산에서 예수님이 기도하셨다는 성경기록을 찾아보았다. 마태와 마가복음에 '바위'라는 단어는 없고 흙 위에 엎드리셨다고 기록되어 있었다. 바위가 아니라 감람나무들 사이의 붉은 흙 위에서 기도하신 것이다. 결국, 오늘 내가 본 바위 역시 눈에 보이는 것으로 기념물을 삼으려는 후세 인간들이 만들어 낸 창작물이었고, 그러한 그림에 우리가 속아 넘어간 것이었다. 한낱 돌덩이에 불과했던 바위가 이제는 근거 없이 거룩한 바위가 되어, 순례자들이 붙잡고 눈물을 흘리는 곳이 되어 버렸다.

PART

04

.
.
.

갈릴리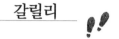

· · ·

갈릴리를 향하여

아침 일찍 차를 빌렸다. 오늘은 차를 몰고 북부 갈릴리까지 가서 디베랴 바닷가에서 일박을 할 계획이기 때문이다. 사실 다른 여행지에서는 직접 운전 하기가 겁이 나서 되도록이면 직접 운전하지 않는다. 좌우 도로가 바뀌는 곳도 많지만, 그 나라 교통법규에 익숙지도 않고 길도 모르기 때문이다. 그러나 이스라엘은 미국과 운전환경이 비슷해 용기를 내서 직접 운전하기로 했다. 갈릴리의 나사렛, 디베랴 및 가버나움 등, 가고 싶은 곳을 짧은 시간에 다 돌아보려면 버스로는 행동이 제약되기 때문이다.

AAA에서 만든 국제면허증을 제시했더니, 들쳐도 안 보고 다시 돌려준다. 미국 면허증만으로도 충분하다는 것이다. 소형차를 렌트하는데, 예루살렘에서 렌트하여 텔아비브의 벤규리온 공항으로 돌려주는 가격이 세금과 보험까지 포함하여 이틀간 미화 126불. 길을 찾는 내비게이션이 있는 ipad까지 포함해서 150불이다. 기름값까지 포함해도 버스로 행동과 시간에 제약을 받는 것보다 나았다. 가벼운 마음으로 나사렛을 내비게이션에 찍어 넣고 힘차게 출발하였다.

　나사렛은 예루살렘에서 직선거리로 사마리아 산간 지방을 거쳐, 북쪽으로 약 120킬로미터 정도 떨어진 곳에 있다. 그러나 사마리아는 현재 팔레스타인 West Bank 지역으로 담이 가로막혀서 들어가지도 못하고 지나가지도 못한다. 예수님이 예루살렘에서 갈리리로 사마리아를 거쳐서 걸어가신 길을 되짚어 보려던 희망은 단지 이룰 수 없는 꿈에 불과했다. 요한복음 4장의 예수님이 수가성에 들러서 여인에게 물을 달라던 그 우물물을 마셔 보려던 작은 소망도 씁쓸히 날아갔다.

　내비게이션이 가리키는 나사렛의 길은 다시 텔아비브로 들어가서 지중해 연안을 따라 만들어진 고속도로로 북쪽으로 가다가 하이파 항구 전에 다시 동쪽으로 길을 바꾼다. 그렇게 돌아 약 180킬로미터를 달려야 했다. 텔아비브까지 가는 도로 표지판에는 '브엘세바', '길리앗', '아스돗' 등 성경에서만 보던 눈에 익은 지명들이 적혀 있었다. 그러나 미리 목적하지 않았기에 안타깝지만 그냥 지나쳐야 했다.

　지중해에 위치한 이스라엘의 가장 큰 항구인 '하이파'가 나오기 바로 전에 동쪽으로 길을 틀었을 때에는 이미 'Mt Camel'이라는 팻말을 흘낏 눈으로만 봤을 뿐, 깊게 생각하지 못하고 지나친 후였다. Mt Camel이라면 낙타산? 아니면 케멜산? 아차, '갈멜산'이로구나. 엘리야 선지자가 바알과 아세라 선지자들 700명을 대적하여 영적 대결을 벌였던 무대인 갈멜산이다. 그리고 보니 엘리야 선지자가 활동한 무대가 이곳 북이스라엘이다. 지중해 연안에서 바로 바라다보이는 그리 높지 않은 언덕 같은 산이라고는 미처 생각을 못했었던 것이다. 미리 인지하지 못한 탓에 갈멜산을 그냥 지나칠 수밖에 없는 진한 아쉬움에 괜히 애꿎은 도로만 탓했다.

· · ·

나사렛(Nazareth)

　한 40~50분을 더 달리니 저 멀리 산중턱에 나사렛이 나타났다. 산간 지방, 해발 약 400미터의 분지 위에 위치한 나사렛은 예수님이 유년기에서 성년이 되기까지 일생을 보낸 고향이다. 멀리서 산을 바라보면서 나사렛에 도착하면 예쁜 카페에서 산 밑을 내려다보

나사렛 예수님이 자라시던 곳으로, 지금은 무슬림들의 거주지. 오른편에 마리아 수태교회라서 깨끗해 보이지, 실제로는 온 시내가 지저분하다.

며 커피 한 잔을 하겠다는 욕심은 가까이 다가가면서 한낮 꿈이 되어 버렸다. 주변에 여유롭게 커피를 마실 만한 곳이 전혀 없었기 때문이다. 이제 나사렛은 수많은 무슬림들이 거주하는 도시로 변모해 있었다.

산등성에 오밀조밀 그리고 언덕을 따라서 구불구불 몇백 년간 걸쳐 자유스럽게 만들어진 거주지는 변한 점이 별로 없어 보였다. 현대적 시설이나 커피를 마실 만한 깨끗한 식당은 없었다. 덕분에 차를 몰고서 지저분한 골목길을 지나 예수님의 살던 곳을 찾아가느라 많이 헤매야 했다.

예수의 행적을 찾아서 밀려오는 순례자들을 상대로 장사를 하는 팔레스타인 무슬림들은 '부르는 게 값'이었다. 차를 주차할 곳을 찾다가 허름한 주차장에 들어갔더니 한 시간 주차요금으로 30세겔을 달란다. 정해진 가격 없이 사람을 보고 가격을 부르는 것 같았지만, 좁은 골목에 주차할 공간은 없고 다른 방법이 없었다.

주차를 하고 나오는데 길에 아랍어와 영어로 보이는 커다란 간판이 있다. 아랍어는 못 읽지만 영어는 읽을 수 있었다. "And whoever seeks a religion other than Islam, it will never be accepted of him and in the hereafter, he will be one of the losers. – holy Quran (누구든지 이슬람이 아닌 다른 종교를 찾으면 그에게서 받아들여지지 아니하고 지금부터는 실패자의 하나가 된다. – 꾸란)" 섬뜩한 표지판이었다. 이슬람 종교가 아니면 다 가짜라는 경고판이다. 여기는 이슬람 국가가 아니다. 이곳은 이스라엘 땅이 아닌가? 그런데도 예수의 거주지를 찾아오는 수많은 관광객들이 보도록 커다랗게 게시되어 있는 이러한 표지판을 허용해 준 이스라엘 정부의 생각이 궁금했다.

이곳에는 수태고지 교회(Basilica of the Annunciation)가 있다. 천사 가브리엘이 마리아에게 수태를 알린 장소로, 성모 마리아가 어린 시절을 보낸 집이라고 알려져 있어 마리아를 신성시하는 구교의 발

나사렛 무슬림 동네에 예수의 흔적을 찾아오는 순례자들을 향해 붙어 있는 표지판. 해석하면, "누구든지 이슬람 이외의 종교를 찾으면 신에게 인정받지 못하고 사후에는 실패자가된다."라는 뜻이다.

걸음이 끊이질 않는다. 그곳에 누가복음 4장에 기록된 예수님이 회당에 들어가 이사야의 글을 읽으시고 가르치셨다는 '회당교회 (Synagogue Church)' 등의 유적이 남아 있다는 정보에, 시장 한복판에서 물어물어 찾아갔다. 그러나 가서 보니 옛 회당자리에 최근에 교회로 다시 지어진 건물이었다. 별 의미가 없다고 생각되어 다시 나오려는데 교회지기가 헌금을 강요한다. 모금함이 있는 것도 아니고, 그냥 바구니를 들이미는 것이었다. 잔돈이 없어 그냥 나오려니 인상을 쓴다. 무시하고 나오면서 그 헌금이 과연 누구 주머니로 들어갈지 사뭇 궁금해 졌다.

2천 년 전의 집터를 발굴하여 보존한 곳을 가 보니 이곳이 산간 지방인 탓에 물이 귀했던 흔적이 보였다. 예수님 당시 구차하게 살았던 모습이 지금의 모습과 교차되면서 머릿속으로 그려졌다. "나사렛에서 무슨 선한 것이 날 수 있겠느냐(요 1:46)." 나사렛은 그때나 지금이나 보잘것없고 초라한 작은 마을에 불과했다.

· · ·

갈릴리 바다(Sea of Galilee)

나사렛을 떠나 '디베랴(Tiberias)' 방면으로 약 40분 동안 좁을 길을 따라서 좌우로 나타나는 마을들은 모두 무슬림 마을이다. 이 지역이 이스라엘에서 무슬림 인구비율이 가장 높은 지역이다. 이곳이 정말 이스라엘이 맞나 싶을 정도로 높이 깎아 놓은 연필 같은 무슬림 타워들이 마을마다 모습을 드러낸다.

계속해서 동쪽을 향해 달려가다 보면, 갑자기 시선이 탁 트이는 지점이 나타난다. 산에서 내려다보이는 '갈릴리 바다(The Sea of Galilee)'가 한눈에 들어오는 것이다. 갈릴리 바다는 성경에 '바다'로 표현되어 있지만, 사실은 길이 20킬로미터, 가장 넓은 폭이 12킬로미터인 호수이다. 갈릴리 바다를 눈 아래로 내려다보면서 실망스러운 마음을 감출 길이 없었다. 어려서부터 상상했던 갈릴리 바다는 수평선 끝이 보이지 않을 만큼 널따란 오대호 같은 큰 바다였다. 그런데 내 눈앞에 펼쳐진 갈릴리 바다는 호수 건너편이 뻔히 바라보이는 싱겁기 짝이 없는 호수에 불과했다. 어찌 이리도 작은 호수 같은 바다에서 광풍이 불고 큰물이 뛰놀아서 배가 뒤집히고 제자들이 죽게 되었다고 아우성치며 예수님을 깨우는 일이 일어났을까? 성경에 기록된 사실이지만, 직접 눈으로 보고 나니 믿기 힘들 정도였다.

그러나 나중에야 의문이 풀렸다. 이곳은 해수면(Sea Level)보다 210미터나 더 낮은 곳에 있어서 호숫물이 증발하여 종종 주변의 대기를 뜨겁게 한다. 그러다가 가끔 산에서 아래로 내려 부는 차가운 공기와 만나 갑작스런 큰 폭풍을 만드는 것이다. 충분히 있을 수 있는 자연 현상인 셈이다.

• • •

디베랴(Tiberias)

'디베랴(Tiberias)'는 AD 20년경에 '헤롯 안티파스'가 갈릴리 호수 서쪽 해변에 건설하여 로마 황제인 '티베리우스'에게 헌정한 휴양도시라는 의미에서 '디베랴'로 부르게 되었다. AD 70년 예루살렘이 철저하게 파괴된 후, 이곳에 예루살렘을 피난 나온 유대인들이 정착하면서 갈릴리 지방의 정치와 경제, 그리고 문화의 중심 도시로 발전하기 시작했다. 현재 갈릴리 지방에서 가장 큰 도시로 성장한 디베랴에는 약 10만여 명의 인구가 거주하고 있다. 이 도시에는 갈릴리 바다를 배경으로 관광 산업이 이루어지고 있어 이스라엘 사람들이 휴가철에 많이 찾아 수많은 호텔들이 펼쳐져 있었다. 전형적인 관광도시인 셈이다.

나사렛에서 디베랴까지 오는 동안 수많은 작은 마을들마다 무슬림들이 거주한다는 표식인 모스크의 뾰족한 탑들을 볼 수 있었는

갈릴리 호수의 디베랴 바닷가. 건너편의 산이 바로 보인다. 이곳의 해수면은 마이너스 210미터로, 보이는 것은 고기잡이 배이다.

데, 정작 디베랴에는 무슬림보다는 유대인들이 많이 거주하고 있었다. 디베랴 바닷가 보드워크에서 장사하는 사람들도 대부분 유대인이었다. 이곳 호텔에서 짐을 풀고 간단히 점심을 해결했다. 그리고 해가 지기 전 북쪽 호숫가 도시인 가버나움까지 차를 몰고 가보기로 하였다.

· · ·

가버나움(Capernaum)

디베랴에서 북쪽으로 갈릴리 바다 서편 해안선을 따라서 가버나움까지는 약 12킬로미터이다. 오른편에 물가를 끼고 왼편은 푸르른 산을 바라보며 달리는 길은 지나다니는 차도 거의 없어 참 편안하고 아름다웠다. 완만한 언덕들이 해변가로 이어진 이곳에 당시의 갈릴리 무리들이 모여서 아래를 향하여 앉았고, 예수님은 그들을 바라보며 "마음이 가난한 자는 복이 있나니"를 외치셨겠지?

가버나움 입구 철문에 'Capharnum The Town of Jesus'라고 적힌 큰 팻말이 눈길을 끈다. 이곳은 '예수의 마을'이라 언급할 정도로 예수님의 제2의 고향과 같은 곳이다. 가버나움은 갈릴리의 베이스캠프로서 예수님 3년 공생애 활동의 거점 도시이기 때문이다.

가버나움. '예수의 동네'라는 글이 보인다. 예수님은 이곳에서 사역을 시작하셨다.

가버나움에 있는 예수님과 베드로 동상. "내 양을 먹이라!"

그래서인지 가버나움 주변은 온통 예수님의 발자취로 가득하다. 예수님께서는 그의 공생애 사역의 3분의 2의 기간인 약 2년간 갈릴리 해변과 가버나움에서 많은 활동과 가르침과 이적을 행하셨다. 갈릴리 해변에서는 베드로, 안드레, 야고보, 요한 등 12제자를 부르셨고, 베드로의 배에 올라 군중을 가르치셨으며 많은 병자들을 고치셨다. 오병이어의 기적을 행하신 곳도 바로 이곳 갈릴리 해변이다.

그러나 산은 같은 산이고 물은 같은 물이되 현재의 가버나움의 진면목은 많이 바뀌어 있었다. 지금은 오병이어의 기적을 행하셨다는 곳에 '오병이어 교회'가 들어서서 순례객들에게 5세겔의 입장료를 받는다. 입장료를 내고 안으로 들어가 보면 성경적 근거도 없이 오병이어를 그 위에서 나누었다고 주장하는 바위밖에 볼 게 없다. 그뿐만이 아니다. 옛 가버나움 회당터를 발굴하여 그곳에 '회당교회'를 짓고서 순례객들에게 입장료를 받고 있었다. 베드로의 집터 위에 세워진 '베드로 기념교회' 역시 순례객들에게 입장료를 받고 있었다.

예수님의 사역지였던 곳이 이제는 교회들의 돈벌이 수단으로 변한 것 같아서 예수님 행적의 장소를 뒤따라 보려 일부러 먼 이곳까지 방문한 사람의 마음을 씁쓸하게 했다. 예수께서 이제 다시 오시면 예수의 이름을 이용한 상업화가 이스라엘에 만연한 모습을 보시고 다시 채찍을 드실까?

베드로 생선(Peter's fish)

벅찬 마음과 씁쓸한 마음을 동시에 안고 호텔로 돌아온 나는 저녁을 먹기 위해 디베랴 바닷가의 보드워크로 나갔다. 관광 상품들을 파는 작은 가게들이 좌우로 늘어서 있었고 그 사이로 작은 어시장이 있었다. 저녁 식사로 괜찮겠다 싶은 마음에 들어가 보았더니 제법 손바닥만 한 생선들을 팔고 있었다. 갈릴리 호수에서 오늘 잡은 고기들이란다. 아직도 갈릴리 바닷가에는 베드로와 같은 어부들이 고기를 잡아서 생활을 하는 모양이다. 그중 '베드로 생선'이라 불리는 것은 민물고기로 생긴 것은 꼭 도미 같았다.

갈릴리 호수에서 잡히는 베드로 생선. 아직도 매일 잡은 생선이 이곳에서 유통된다.

주변에 수많은 식당들이 베드로 생선으로 요리를 만들어 팔고 있었다. 그중 하나를 골라 들어가 베드로 생선 요리를 시켰다. 요리는 간단했다. 칼집을 내어서 소금을 뿌리고 그릴에 직접 구워서 지중해 특유의 샐러드와 레몬조각 그리고 감자튀김과 함께 주는 것이었다. 가격은 60세겔이었다. 생선이 생각보다 비리지는 않아 먹을 만했지만, 비늘손질을 제대로 못 한 탓인지 간혹 비늘이 씹혔다.

생선을 칼과 포크로만 먹다 보니, 젓가락이 있으면 더 잘 발라먹겠다 싶었다. 물론 고추장이 더해진다면 금상첨화이겠지? 한국의 음식이 더없이 그리워졌다. 베드로 생선은 이곳에서는 제일 유명한 요리란다. 아마도 여기에 오는 순례자들이라면 한 번씩 다 먹어 볼 것이다.

· · ·

다시 텔아비브로

다음 날 아침, 디베랴 해변가에서 호수 위에 붉게 떠오르는 해를 바라보며 아침을 먹었다. 일찍부터 자리한 나는 느긋하게 이스라엘 특유의 아침 뷔페를 조금씩 다 맛보았다. 올리브 피클만도 대여섯 가지나 되었다. 까만 올리브, 파란 올리브, 빨간 올리브, 노란 올리브 등 다양한 색깔만큼이나 맛도 제각각이다. 오늘은 일정상점심을 건너뛰어야 했기 때문에 아침을 든든히 먹었다.

오늘은 이스라엘을 떠나서 두바이로 되돌아가는 날이다. 그래서 오후 3시까지는 텔아비브의 벤규리온 공항에 도착해야 한다. 돌아가는 길에는 나사렛을 거치지 않기에 디베랴에서 벤규리온 공항까지는 두어 시간이면 충분할 것이다. 따라서 중간에 3~4시간의 여유가 생긴다.

이 남는 시간 동안 무엇을 할까, 아침을 먹으며 인터넷을 뒤지다가 텔아비브 대학에 위치한 '디아스포라 박물관(Diaspora Museum)'을 들러 보기로 하였다. 물론 이스라엘에서 가장 유명한 박물관은 '홀로코스트 박물관(Holocaust Museum)'이다. 그러나 홀로코스트 박물관은 미국에도 있고, 휴스턴과 워싱턴에서 이미 두 군데를 가보았기에 디아스포라 박물관을 내비게이션에 찍고서 출발하였다.

텔아비브에만 나와도 주변 환경이 바뀐다. 마치 미

다양한 올리브와 피클들. 색의 다양함만큼이나 맛 또한 다양하다.

국의 한 도시에 온 듯한 기분이다. 그만큼 길도 넓고 깨끗하다. 텔아비브 북쪽에 위치한 텔아비브 대학은 1948년 건국 후 설립된 대학이기에 그리 오래된 건물들은 없다. 캠퍼스도 미국 내의 여느 대학과 다름이 없다. 그리고 바로 이곳에 '디아스포라 박물관'이 자리잡고 있다.

· · ·

디아스포라(Diaspora)

'디아스포라'는 헬라어로 '흩어짐'을 뜻한다. 성경을 보면, 솔로몬 이후 이스라엘의 12지파는 북이스라엘의 10지파와 남유다의 2지파로 나라가 둘로 나뉜다. 그러나 배교를 일삼던 북이스라엘은 앗수르에 의해 BC 722년에 멸망을 당한 후, 앗수르의 다른 지역으로 노예로 강제이주 당한다. 강제이주 당한 10지파는 그곳에서도 신앙을 지키지 못하고 정체성을 잃어버린 채 철저히 이방인화 되어버린다.

반면 자신들의 종교와 관습들을 가지고 북이스라엘에 들어온 정복자 앗수르는 정착하며 사는 동안 이스라엘과 피가 섞여 이후 '사마리아인'으로 불린다. 예수님 당시 유대인들이 사마리아인들을 멸시한 것이 이방인들과 피가 섞인 희미한 정체성 때문이다.

북이스라엘 10지파는 이처럼 멸망과 함께 역사에서 흔적도 없이 사라져 버린다. 따라서 북이스라엘의 10지파에게 '디아스포라'는 해당되지 않는다. '디아스포라'는 단순히 흩어진 사람들을 의미하지 않고 정체성을 지키며 후대에까지 전달하는 살아남는 자들에게만 붙여지는 상급과 같은 단어이기 때문이다.

남유다 역시 BC 586년에 바벨론에 의해 멸망을 당하여서 예루살렘이 황폐화되자, 바벨론으로 포로로 잡혀간다. 그러나 유다지파는 북이스라엘과는 달리 포로생활에서도 정체성을 잃지 않는다. 그리고 BC 516년에 이르러 일부는 예루살렘으로 돌아와 성전을 재건하지만 일부는 바벨론에 남아서 말씀(구약)과 메시아의 약속을 붙잡고 히브리 언어도 잃지 않으며 살아간다. 예루살렘에 돌아온 유대인들도 역시 학사 에스라에 의하여 말씀을 붙잡는 훈련을 한다.

그 후 AD 70년에 예루살렘이 로마에 의해 멸망하면서, 또다시 유대인들은 나라를 잃고 세계 각처로 뿔뿔이 흩어진다. 그러나 세계 각처로 흩어진 유대인들은 이때부터 2천 년간 말씀(구약)을 붙잡고 메시아를 기다리며 그 오랜 세월 동안 정체성을 잃지 않는다. 2천 년에 걸쳐 지속적으로 자녀들에게 역사를 가르치고 말씀을 가르치고 히브리 언어를 가르친 것이다.

이때부터 '유대인(Jew)' 또는 'Jewish'라는 말이 생겨났다. 어느 나

라에 거주해서 살더라도 유대인으로서의 정체성을 잃지 않고 살아
갔기 때문이다. 역사에서 세계 각처에 흩어진 특정 민족이 2천 년
동안 정체성을 잃지 않고 언어도 잃지 않고 2천 년 후에 나라를 재
건하는 일은 전무후무할 것이다. 미국에 와서 한두 세대만 지나도
우리말을 잃어버리는 우리나라와 비교해 보았을 때, 2천 년 후에
다시 모여도 말이 통하는 유대인들의 국민성은 참으로 대단하다.

디아스포라 박물과 입구. 히브리어 발음으로는 'Beit Hatfutsot'이라 불린다.

・・・

디아스포라 박물관(Diaspora Museum)

이것을 기념하는 기념관이 '디아스포라 박물관'이다. 사실 디아스포라는 구글(google)에서 쓰인 명칭이고, 박물관 건물 밖에는 디아스포라의 히브리어 발음을 영어로 써 놓은 "Beit Hatfutsot"이라는 이름으로 불린다. 주소를 미리 알고 가지 않았으면 이름이 달라서 찾지 못했을 뻔했다.

그리고 이곳은 사실 타민족을 위해서 만든 박물관이 아니다. 입장료 50세겔과 영어 헤드폰을 받아서 들어갔으나 전시관을 도는 동안에 주변을 아무리 살펴보아도 유대인이 아닌 사람은 오직 나 혼자뿐이었다. 오히려 동양인이 내가 유대인 박물관에 온 것을 신기해하는 눈길이었다. 이곳은 유대인들이 자기 자녀들에게 교육용으로 만들어 놓은 전시관이기 때문이다.

박물관 곳곳에서 아버지는 아들을 데리고, 어머니는 딸을 데리고 들어와서 자세하게 유대인의 역사를 설명하는 모습이 보였다. 무엇보다도 자녀교육을 중요시하는 유대인들은 자녀가 한두 살, 갓 말하기 시작할 때부터 부모가 직접 성경 말씀과 언어를 의무적으로 가르친다. 특히 밖에 나가 일하는 아버지보다는 집에 있는 어머니의 역할이 크다. 어머니가 신앙교육을 담당하기 때문에 유대인들

박물관 내의 전시물. "유대인 가정은 자녀의 교육을 무엇보다 앞세운다."

은 아버지가 유대인일 때보다는 어머니가 유대인일 때 유대인으로 인정받는다. 선천적인 피의 조건보다는 어머니로부터의 철저한 성경과 유대인교육을 받았음의 유무가 더 중요하다는 것일까?

유대인의 디아스포라의 역사를 보면서 말씀의 힘을 부인할 수 없었다. 비록 반쪽짜리 말씀인 구약만을 붙잡았지만, 신명기 11장 18절의 "나의 이 명령을 너의 마음과 생각에 단단히 새기고 너희 손목에 매고 이마에 두르라."는 명령대로 유대인들은 말씀을 실지로 손목에 매고 이마에 두르고 다니는 도구들도 전시해 놓았다.

바벨론 포로에서 돌아와 성전을 재건하는 모습의 동상.

배교하고 말씀을 가볍게 여긴 북이스라엘 10지파는 앗수르에 의해 멸망당한 후 역사에서 영영 사라졌지만, 처절할 정도로 말씀을 귀하게 여기고 대대로 자녀에게 가르쳐 온 유대인들은 2천 년 디아스포라에서도 살아남았다. 600만 명의 희생자가 생긴 2차 대전의 홀로코스트 끝에도 여전히 살아남아 자신의 나라를 되찾은 것이다. 세계 역사에 처음 있는 일이다. 이것이 곧 말씀이 힘이라는 증거가 아닌가?

그래도 이들이 목숨 걸고 붙잡은 말씀은 완성되지 않은 구약이고, 여전히 새로운 약속의 말씀인 신약의 예수가 전해져야 할 선교 대상임에는 틀림이 없다.

· · ·

떠나면서

기대가 크면 실망도 크다고 했던가? 이스라엘 방문에 대한 기대가 컸던 나는 이스라엘을 떠나면서 쓸쓸한 마음 한구석을 지울 수

없었다. 나는 숱한 해외출장을 다니면서 기회가 허락되거나 주말
이 끼면 출장지역의 관광을 하기도 한다. 세계적인 유명 관광지를
둘러보며 대단하다고 생각은 했지만, 그렇다고 특별한 설렘은 없
었다.

그러나 예루살렘만은 달랐다. 성경 속에서 상상만 하던 그 지명
들을 직접 눈으로 보고 손으로 만지리라는 기대감에, 관련 책도 찾
아보고 인터넷도 뒤지며 많은 준비를 했다. 2천 년 전 예수님이 직
접 두 발로 걸으셨고 사역하셨고 죽으시고 살아나신 그 장소를 시
간만 달리하여 같은 공간을 경험할 것이라는 특별한 설렘이 있었
다. 마치 초등학교 때 소풍 가기 전날 잠을 설쳤던 것과 같은 순수
한 떨림은 예루살렘에 대한 기대치를 더욱 높였다.

그러나 실지로 가 본 예루살렘은 변질되어 있었다. 사람들의 상
업적 욕심이 성지순례를 장삿속으로 바꾸어 버렸다. 종교인들의
이기심이 예루살렘의 질서를 어질러 놓았다. 눈에 보이는 만들어
진 역사적 기념물들이 지금까지 상상에 맡겨 온 성지의 가치를 짓
밟아 버렸다. 마음속의 성지 그대로 상상에 맡겨 두었으면 좋았을
것을, 눈앞의 성지는 이미 성지가 아니었다. 이미 보아버린 이미지
는 그 잔영이 영원하다. 엎질러진 물이었다. 쓸쓸한 마음으로 돌아
오는 발걸음이 무거웠다.

PART

05

.
.
.

두 번째
이스라엘 방문

・ ・ ・

2013년 10월, 또다시 이스라엘로

첫 방문 후 9개월 만에 이스라엘을 다시 방문했다. 현지에서 제품 세미나를 해달라는 대리점의 요청 때문이었다. 업계의 잠재고객들을 모아 놓을 테니 고효율 제품에 대한 세미나를 해달라는 것이었다. 에너지 자원은 없고 전력 가격은 비싼 이스라엘 하수처리 업계는 뛰어난 에너지절약 제품에 관심을 나타내는 것은 당연한 일이다. 이스라엘 수도인 텔아비브(Tel Aviv)에서 열리는 하수처리 전시회 참가까지 겸하여 세미나를 진행할 수 있었다.

그러나 사실 더 큰 이유가 있었다. 출장을 구실삼아 추가로 며칠간 시간을 내어서 지난 방문에 미처 가 보지 못한 베들레헴

팔레스타인 서안지구(West Bank)를 통과해야만 갈 수 있는 사해(Dead Sea)

(Bethlehem), 마사다(Masada) 및 사해(Dead Sea)와 남쪽 홍해(Red Sea) 아카바(Aquava)에서 국경을 넘어 요르단(Jordan)의 페트라(Petra)까지 둘러보는 개인적 여행의 시간을 갖기 위해서였다. 이스라엘은 매번 갈 때마다 소풍 가는 초등학생마냥 나를 설레게 한다.

　나는 짧은 시간 동안 효율적으로 둘러보기 위해 이스라엘에서의 이틀을 미리 계획했다. 지난 1월 방문에 미처 가 보지 못한 마사다(Masada) 및 사해(Dead Sea)를 위해서 하루, 그리고 예수님의 탄생지인 베들레헴(Bethlehem)을 위해서 하루를 쓰기로 했다. 그러나 베들레헴만을 하루에 둘러보는 관광 상품은 없었다. 그렇다고 예루살렘에서 지적인 베들레헴까지 개인적으로 갈 수 있는 방법은 거의 없었다. 베들레헴의 위치가 팔레스타인 격리지역인 서안지구 안으로, 장벽으로 분리되었기 때문에 개인적 방문의 길고 복잡한 입국 절차를 거칠 정보가 부족했다. 따라서 예루살렘과 베들레헴을 하루에 돌아보는 투어 패키지를 선택하였다.

그리고 그 후에 지금은 요르단(Jordan)의 땅이 된 창세기 속에 나오는 야곱(Jacob)의 쌍둥이 형 에서(Esau/에돔-Edom)의 땅인 페트라(Petra)를 방문하기 위한 기간으로 꼬박 이틀을 잡았다. 쌍둥이 형인 장자로 태어났으나 그 의미를 소홀히 여겨 팥죽 한 그릇에 장자권한을 팔아넘긴 에서의 후예가 어떻게 살았고 어떻게 역사의 뒤안길로 사라졌는지의 발자취를 따라가 보려는 개인적인 관심에서였다.

· · ·

입국장을 가득 메운 여행객들

이번에는 휴스턴에서 텔아비브(Tel Aviv)까지 에어프랑스(Air France)를 이용하여, 파리의 드골 공항에서 갈아타고 들어간다. 그런데 파리에서 갈아탄 비행기에는 세계 각지에서 이스라엘을 향하는 단체 여행객들이 각각 같은 색의 모자나 조끼, 또는 리본을 달고서 왁자지껄 비행기에 올라타더니 자리를 가득 메웠다.

상황은 텔아비브 벤규리온(Ben Gurion) 공항에서도 마찬가지였다. 얼마나 많은 여행객들이 들어가는지, 입국장에는 발 디딜 틈이 없었다. 후에 예루살렘이나 베들레헴에서도 유적지에 가는 곳마다 수많은 사람들로 북적였다. 덥지도 춥지도 않은 10월은 이스라엘 방문 성수기인 것 같았다. 호텔도 지난 1월에 비해 더 비싸고 모든 비용이 더 비쌌다. 쌀쌀한 1월에는 관광객이 이렇게까지 많지 않았는데 말이다. 아마도 이스라엘 방문의 최적기는 붐비지 않는 1월 중순인 것 같다.

· · ·

유대인들을 위한 세미나

3시간가량 진행된 세미나에는 35명의 유대인 업계 관계자들이 모여 관심을 드러냈다. 유대인들만을 이렇게 많이 모아 세미나를 진행한 것도 처음이었다. 나는 첫인사를 어떤 말로 시작할까를 놓고 무척 고민하였다. 유대인들 대부분은 영어가 능통하여 영어로 세미나를 진행하는 데는 전혀 문제가 없었다. 다만 떠나기 전부터 유대인들에게 한마디라도 복음의 의미를 전달하기 위해서 어떻게 해야 할지에 대한 나의 고민이 이어졌다. 행여나 첫인사에 '예수'란 단어를 포함했다가 모두 벌떡 일어나서 나가 버리면 어떻게 하나? 하는 기우에 그냥 유대인 정통 인사법인 "샬롬(평화)!"을 세 번 외치

는 것으로 인사를 대신하기로 하였다.

　대신 내가 외친 세 번의 "샬롬!" 속에는 하나님의 평화, 예수님
의 평화, 그리고 성령님의 평화, 즉 삼위일체의 평화를 담았다. 그
러나 설명 없이 외친 세 번의 샬롬이 그들에게 모호했는지, 아니면
알고도 묵인했는지 모두들 웃으며 같이 내게 "샬롬!"으로 화답해
주었다. 됐다! 그것으로 되었다. 나는 예수의 복음을 외면하는 유
대인들을 위해 큰소리로 삼위일체의 평화를 빌었으니 말이다.

· · ·

키부츠 공동체

대리점 사장과 같이 텔아비브 북쪽의 교외에 있는 고객의 사무실을 다녀오는 중에 조그만 마을을 하나 구경시켜 주었다. '키부츠(kibbutz)'라고 불리는 공동체인데, 이스라엘에는 300여 개의 키부츠가 아직도 존재한다고 한다.

이들의 시초는 1900년대 초반에 러시아에서 이스라엘 땅의 회복을 위해서 이민 온 러시아계 유대인들로부터 시작되었다. 우리가 익히 아는 대로 마르크스(Marx) 엥겔스(Engels), 두 명의 러시아계 유대인에게서 시작된 공산주의 사상이 러시아에서 공산국가 건설의 토대를 제공하였다. 이에 스탈린과 모택동을 통한 공산주의가 20세기 세계 역사를 바꾸었다. 우리 한반도는 지금도 김일성 도당의 공산주의의 후유증에서 나라가 분단되는 아픔을 지니고 살아가고 있다.

그러나 북한의 정치와 경제체제는 순수 공산주의가 아니다. 하지만 디아스포라(diaspora)로 러시아에 정착한 유대인으로부터 시작된 순수한 공산주의가 바로 이곳 키브츠에서 실현되고 있다. 1907년 이스라엘의 회복을 외치며 되돌아온 시오니즘 유대인(Zionism Jews)들이 시작한 키브츠가 이곳 이스라엘에서는 순수하게 열매를 맺고 있는 것이다. 말 그대로 같이 일하여 공동으로 생산한 그 수익을 공동으로 누리는 공동운명체이다.

키부츠의 특색은 기존 경지의 집단화가 아니라 계획적인 자치조직에 기초를 둔 생활공동체라는 점이다. 키부츠 구성원은 사유재산을 가지지 않고, 토지는 국유, 생산 및 생활재는 공동소유로, 구성원의 전 수입은 키부츠에 귀속된다. 이스라엘의 초대 총리조차 키브츠의 일원이었고, 그의 나라에서 받은 봉급이 그대로 키부츠의 재정으로 들어갔다고 한다.

키부츠에 자원봉사자로 참여한 사람을 가리켜 "Kibbutz Volunteer"라고 한다. Kibbutz Volunteer는 전 세계 각지에서 온 자원봉사자들과 함께 하루 8시간 키부츠 내의 여러 가지 일들을 돕는다. 주로 이스라엘과 지리적으로 가까운 유럽의 여러 나라 젊은 이들이 많이 참여하며, 그 밖에 수많은 나라의 젊은이들이 Kibbutz Volunteer로 참여하고 있다. 이러한 제도가 있다는 사실을 미리 알았더라면, 나도 젊었을 때 이곳을 동경했을 것이다. 내가 30년만 젊었어도 자원봉사로 참여하여 다른 국가의 자원봉사자들과 함께 친구 관계를 맺어 볼 만한 좋은 기회였을 텐데……

젖과 꿀이 흐르는 땅으로 탈바꿈된 이스라엘

성경에서는 구약시대에 출애굽을 한 이스라엘 백성이 가나안을 정탐하고서 그곳을 젖과 꿀이 흐르는 땅으로 묘사한다. 그러나 실제로 이스라엘은 연중 강우량이 매우 빈약한 건조한 땅이다. 지금의 이스라엘 국토도 대한민국의 5분의 1에 불과한 충청도 크기의 면적이다. 더구나 지중해 연안을 빼고는 농업을 하기에는 땅이 척박하다. 기름 한 방울 나지 않으며 물도 충분하지 않다. 사방이 적대적인 아랍국가들로 둘러싸인 섬 아닌 섬나라이다.

그러나 이 나라는 세계 3위의 지식자본 국가로, 인적자원이 풍부한 나라이다. 히브리대학 한곳에서 배출한 연간 특허수익이 무려 10억 불에 달하고, 이스라엘 전체 대학의 모든 특허로 인한 로열티 수익이 25억 불에 이른다고 한다. 그리고 이스라엘의 농업은 단순한 자연환경에 의지하는 농사가 아니라 과학에 가깝다. 해수를 식용수로 바꾸는 담수기술과 담수설비 및 물 관리를 가장 효율적으로 하여, 자연자원의 부족함과 한계를 과학적 혁신으로 채워 가는 대단한 나라이다.

이스라엘은 연간 강우량이 350㎜에 불과한 척박한 사막과 같은 땅이다. 그러나 모자라는 물을 구해야 하는 절박한 필요에 의해 지금은 세계에서 물을 가장 잘 다루는 나라로 탈바꿈했다. 지중해를 따라서 30킬로미터마다 원자력 발전소와 역삼투압 담수화 (desalination) 플랜트가 세워져 있다. 이곳에서 바닷물을 식수로 만들어서 전 국민의 먹고 쓰는 상수의 90%를 해결하고, 버려지는 생활하수의 75%를 고도 처리하여 재활용수로 농업에 재사용하고 있다. 이 역삼투압 담수화 설비의 특허로 전 세계로부터 매년 수억 불의 로열티를 벌어들인다. 3,400년 전 출애굽 하여 척박한 가나안 땅을 점령한 이스라엘은 다시 재건국을 한 2000년대에 들어서야 유대인들의 지식자원을 이용하여, 사막과 같은 땅을 말 그대로 '젖과 꿀이 흐르는 땅'으로 탈바꿈시킨 것이다.

• • •

이스라엘 아랍인 (Israeli Arab)

이스라엘에는 700만 명의 인구 중 550만 명의 유대인과 150만 명의 '이스라엘 아랍(Israeli Arab)인'이라고 불리는 기존의 팔레스타인들이 산다. 이들 아랍인들은 이스라엘에서 합법적으로 이스라엘 국민으로 투표권과 참정권을 인정받은 사람들이다. 이들은 이스라엘 국민이면서도 언어를 아랍어로 쓰고 종교도 이슬람으로 고집하기에 유대인과 문화적으로 섞이지 않고, 별도로 자기들 구역을 만들어 자기들끼리 살아간다. 담으로 격리되지는 아니하였지만, 스스로 문화적·종교적으로 유대인들과는 격리된 채로 살아간다. 서로 간에 문화적 교류도 없다. 유대인들은 아랍어를 배우지 않고 아랍인들은 히브리어에 관심이 없기 때문에 두 민족은 영원히 섞이지 않고 같은 이스라엘 국민이면서도 평행선을 달린다. 이러한 현실 속에서 숫자상으로 적은 아랍계는 이스라엘에서 영원히 소수민족 국민으로 남을 수밖에 없다.

- - -

이스라엘 국민이 아닌 팔레스타인

이에 반해 1967년 7일 전쟁 이후 이스라엘에 점령당해 팔레스타인 자치구로 격리되어 살아가는 주민들은 이스라엘 국민이 아니다. 가자지구나 서안지구로 격리되어 담으로 막혀서 팔레스타인 자치구를 만들어 살아간다. 가자지구의 인구가 150만 명이고, 서안지구의 인구가 250만 명이다. 그 외에 시리아 및 요르단에서 살아가는 팔레스타인 총인구는 어림잡아 700만 명이 된다. 이스라엘 내 유대인보다 더 많은 숫자이다. 그러나 그들을 국가로서 독립을 인정하지 않는 이스라엘은 이곳 가자지구와 서안지구에 높은 벽을 만들어 입구를 봉쇄하고 체크 포인트(check point)에 경비를 두어서 팔레스타인인인들이 자치지구 내에서 생존권만 보장할 뿐, 독립을 하려거나 외부와 교류를 하려는 것에 제한을 두고 있다.

PART

06

.
.
.

AHAVA
Essential Dead Sea Treatment

사해 및 마사다
그룹투어 !!

・ ・ ・

지구에서 가장 낮은 곳, 사해를 향해

어느덧 아랍과 이스라엘 두 민족의 공통 휴일인 금요일이 되었다. 인터넷에서 신청한 대로 마사다와 사해를 돌아보는 그룹투어를 위해 오전 6시부터 준비를 서둘렀다. 수많은 신청자들을 그들의 호텔에서 픽업을 한 후에 중앙 집결지에 모아 놓고서 선택한 그룹투어대로 나누어 떠나는 것이었다.

텔아비브에서 버스를 바꾸어 타고서 마사다를 향해서 떠났다. 오늘 우리 그룹을 이끌어 줄 투어 가이드의 이름은 '요압(Yoav)'이었다. 그 이름에서 옛 유다 다윗왕의 용사였던 요압장군이 생각나서 다윗의 부하 요압과 같은 이름이냐고 묻자, 나보고 동양인이 어떻게 성경내용을 아느냐며 엄지손가락을 올리더니 환한 웃음을 짓는다. 오늘 투어 가이드와 좋은 친구가 될 징조이다.

완만한 경사를 오르며 50분 만에 예루살렘까지 오른 버스는 해발 900미터인 감람산(Olive Mountain)을 지나서 이제는 급경사로 내려간다. 사해는 해발 마이너스 400미터로, 지구상에서 가장 낮은 곳이다. 감람산 정상에서 동쪽으로 4킬로미터만에 1300미터를 내려가는 셈이다. 지중해의 수증기를 머금은 바람이 완만하게 불어와 비로 인해 나무도 있고 풀도 나는 감람산 서쪽에 비해, 감람산 동편으로는 풀 한 포기 찾기 힘든 사막지대가 펼쳐진다. 바로 이곳 감람산 동편에 서안지구(West Bank)로 들어가는 체크 포인트(check point)가 있다.

. . .

서안지구 체크 포인트를 넘어서

체크 포인트를 넘어서자 눈앞에 조금 전까지와는 전혀 다른 풍경이 펼쳐졌다. 물론 사막지대인 광야로 인해 자연 풍경이 변한 것도 있지만, 서안지구에 사는 팔레스타인 사람들의 사는 주거환경이 이스라엘과 비교해서 무척이나 열악하여 비교가 되었다. 오두막이나 초막 같은 곳에서 양치기로 살아가는 사람들도 있었고, 곳곳마

감람산 동쪽으로는 사막지대가 시작된다. 이곳이 예수께서 40일 금식기도를 했던 곳이고, 요한이 메뚜기와 석청으로 연명했던 곳이다.

다 쓰레기가 보인다. 이러한 환경에서 어떻게 살아가는지, 나도 모르게 눈살이 찌푸려졌다.

사막의 베드윈들은 함석지붕 아래의 오두막에서 살아간다. 사방이 온통 잿빛이랄까? 성경에서 '광야'라고 표현한 곳이 이곳이다. 예수님이 40일간 금식하셨던 곳이 바로 이 광야이고, 세례요한이 메뚜기와 석청으로 연명하던 곳이 이곳이다. 풀 한 포기 찾기도 힘든데 물이라도 있었을까?

1,300미터의 높이를 4킬로미터 거리에서 내려가기 때문에 내리막길은 매우 급격했고, 그럴수록 점점 더 먹먹해지는 귀에 애를 먹었다. 투어 가이드 요압에 의하면, 팔레스타인 자치구를 지나가는 투어버스는 서지 못하고 계속 움직여야 한다고 한다. 그리고는 잠시 후 나타난 이곳이 예레미아의 고향인 '아나돗'이라고 한다. 또 유다와 벤자민이 가나안 점령 지역을 나눌 때 갈린 곳이라고 한다.

동쪽으로 동쪽으로 달리던 버스는 한참을 더 내려와 어느 정도 완만한 평지가 되었고, 요압은 버스 왼편인 북쪽을 가리켰다. 그리고는 저기 보이는 지대가 '여리고'란다. 여리고는 요단강 주변에 있기도 하지만 샘물이 솟아나는 푸르른 야자 숲이 있는 곳이라 한다. 이스라엘 백성의 함성에 의해서 함락된 성읍, 예수님 시절에는 예수님을 보러 뽕나무에 올랐던 '삭게오(Zacheus)'가 살던 집이 있던 곳이다. 지금은 팔레스타인 지역인 서안지구 안에 있어 여행객들이 가 보지 못하는 것이 안타까웠다. 좀 더 가까이 다가가서 이스라엘 민족의 함성에 의해 밖으로 넘어진 성벽의 옛 흔적이라도 찾아보고 싶었는데……. 버스가 길가에 서지도 못하고 멀리서 손가락이 가리키는 푸른 숲을 보면서 지나갔다. 아쉬운 마음에 눈길이 계속해서 그곳에만 머물렀다.

・ ・ ・

사해를 바라보며

드디어 동쪽으로는 길이 끝나는 곳에서 남쪽으로 기수를 돌렸다. 앞에는 요단강이 사해로 흘러들어 가는 강이 있겠지만, 눈에 보이지는 않았다. 그러나 왼쪽으로 멀리 사해가 보였다. 거기로부터는 다시 남쪽으로 난 길을 따라서 왼편에 사해를 끼고 남으로 내려가야 했다. 이곳이 지구상에서 가장 낮은 곳이다. 해발 마이너스 400미터. 요단강을 따라서 더 북쪽에 있는 갈릴리 호수는 해발 마이너스 211미터로, 갈릴리 호수에서 사해까지 110킬로미터를 190미터의 낙차를 따라서 북에서 남으로 세계에서 가장 낮은 강인 요단강이 흐르는 것이다.

그 요단강은 이스라엘 백성이 여리고를 공략하기 전에 여호수와(Joshua)와 함께 동에서 서쪽으로 강물을 가르며 건너갔던 곳이다. 또 이곳이 엘리야 예언자(Prophet Elijah)가 불 병거를 타고 하늘로 승천한 장소이자, 세례자 요한(John the Beptist)이 회개를 선포하고 세례를 시작한 장소이다. 예수님께서 세례 요한으로부터 세례를 받은 장소는 '요르단 강 건너편'의 '베다니' 지역으로 알려져 있다. 지금은 요단강마저 요르단의 영토가 되어서 요르단 쪽에서가 아니면 가보지 못한다.

사해 동편 물 건너 보이는 느보산. 사해의 동쪽이나 서쪽 모두 뜨거운 광야가 펼쳐져 있다.

멀리 사해 건너 동편 요르단 땅에는 모세(Moses)가 약속의 땅인 가나안에 들어가지는 못하고 멀리서 바라보기만 했다는 느보산(Mt Nebo)이 보인다. 투어 가이드가 가리킨 손가락을 따라 사해 건너 아지랑이 사이로 희미하게 높은 산이 보였다. 저곳에서 모세는 눈물을 흘리며 사해 건너 우리 버스가 위치한 이곳을 약속의 땅이라고 바라보았겠지?

사막 위의 푸른 나무 숲

　그러나 모세가 바로 본 여기는 젖과 꿀이 흐르기는커녕 뜨거운 황야의 사막지대이다. 버스 안으로 비집고 들어오는 햇볕이 아주 뜨거웠다. 게다가 사해의 물은 너무 짜서 농사에는 쓰지 못하는 죽은 물이다. 이런 사막지대에 버스길 좌우로 펼쳐진 땅은 여전히 흙이 아닌 모래로 뒤덮인 채 메마른데도, 그 위에 나무가 자라고 푸른 숲이 완성되어 있었다. 달리는 차의 오른쪽으로 나란히 줄 맞추어 심은 나무숲이 가지마다 그득히 열매를 맺고 있었다.

　이스라엘의 현대 과학기술은 거친 황무지를 변화시켰고, 이제 이스라엘은 사막지대에서 생산되는 연간 농산물 수출로 연간 4백만 불의 수입을 만들어 내는 나라가 되었다. 황무지에 꽃이 피는, 이른바 '사막의 기적'이다. 이스라엘에서는 식물이 자라는 곳이면 땅속에 물을 공급하는 수도관이 거미줄

사막의 나무숲. 푸른 숲이 만들어진 땅은 매우 건조하다. 보이지 않는 땅 아래로 수분이 공급되어, 사막 속에서 이러한 숲을 만든 것이다.

처럼 숨어 있다. 단순한 수도관(Water Pipe)처럼 생각되지만, 여기에도 과학기술이 접목되어 있다.

히브리어로 '물방울'이라는 뜻의 네타핌(Netafim)이라는 업체에서 개발한 Drip Irrigation(방울 관개방식) 기술은 사막과 같은 척박한 이스라엘 땅을 촉촉하게 적셔 주는 일등공신이다. 스프링쿨러를 통해서 표면에서 물을 공중으로 분사하는 일반적인 관개방식은 뜨거운 사막지대의 기후에서는 뿌리는 물의 반 정도가 바로 공중으로 증발하고 만다.

그러나 수도관을 땅에 묻고 일정한 간격으로 작은 구멍을 뚫어서 물이 방울방울 새어 나오게 하되 반투막 섬유로 모든 땅이 일정하게 물을 머금을 수 있도록 한 이 방식은 물을 40%만 사용하면서도 농업 생산량을 50% 이상 향상시킨다. 파이프 내부에 드리플(Dripple)이라는 밸브 조절장치 및 컴퓨터를 이용해서 거리와 상관없이 모든 곳에 균등하게 물이 공급된다. 이렇게 공급된 물은 지면 아래에서 나무뿌리로 직접 공급되므로 눈에 보이는 지면은 말라서 잡초도 자라지 못한다. 아무것도 자랄 수 없어 보이는 사막에서 나무가 자라 숲을 이룬 모습을 보며 놀라는 것은 어찌 보면 당연한 일이다.

여기에 공급되는 물은 하수처리 후 재사용되는 물로서 이스라엘의 75%의 생활하수가 농업용수로 재사용된다. 이처럼 하수의 75%

가 재사용되는 곳은 세계에서 그 유례를 찾아볼 수 없다. 이 기술은 물뿐 아니라 비료나 잡초를 제거하는 약품도 물과 함께 공급할 수 있어, 수확 전까지는 일절 사람의 손을 필요로 하지 않는다. 말그대로 이스라엘은 황무지에 꽃을 피운 것이다.

. . .

죽어 가는 사해

사해는 해발 마이너스 400미터로 지구상에서 가장 낮은 곳이다. 요단강에서 물이 들어와서 고이기만 하고 빠지는 곳이 없어 소금의 농도가 일반 바닷물의 7배라고 한다. 이곳 해발 마이너스 400미터는 기압이 낮아서 100도 밑에서도 물이 끓는다고 한다. 사실 그냥 눈으로만 볼 때는 해발보다 더 아래쪽인 지구상에서 가장 낮은 곳이라는 것을 전혀 느끼지 못한다.

남북으로는 끝이 안 보일 만큼 큰 사해는, 바다라기보다는 그저 뜨거운 사막의 땅에 있는 죽은 호수에 가까웠다. 물의 염도가 너무 높아서 주변에 풀 한 포기 없이 황량하였다. 요압이 설명하기를, 사해가 죽어 가고 있다고 한다. 영어로 "Dead Sea is now dying"이라고 표현한다. 그래서 내가 "How could dead be dying again?" 하고 물었더니, 피식 웃는다.

지금도 사해는 매년 1미터씩 낮아지고 있다고 한다. 요단강을 통해서 들어오는 물의 양이 매년 줄어들고 있기 때문이다. 이를 그대로 두면 몇백 년 후에는 말라 버린 소금사막을 보게 될 게 분명하다. 이 때문에 이스라엘과 요르단이 공동으로 홍해에서 파이프로 물을 끌어오는 안을 심각하게 논의 중이라고 한다.

· · ·

사해 사본이 발견된 쿰란동굴

한참을 달리던 버스가 속력을 줄였다. 요압이 손가락으로 가리킨 오른편 산 중턱에는 성경의 사해사본이 발견된 쿰란(Qmlan) 동굴이 자리하고 있었다. 1947년, 양을 치던 한 베드윈이 잃어버린 양을 찾던 중 동굴로 들어가 돌멩이를 던졌는데, 항아리 깨지는 소리가 들렸다고 한다. 이 소리에 동굴 속으로 들어간 베드윈은 그곳에서 면에 싸인 채 오래된 항아리에 들어 있는 양피지 두루마리를 발견했다.

베들레헴으로 간 베드윈은 성전에서 이 두루마리들을 훔쳤다는 의혹 때문에 골동품 상인에게 넘겼다. 두루마리들을 넘겨받은 골동품 상인은 곧 이 문서의 정체를 알기 위해 성경학자들을 접촉했다. 우여곡절을 거쳐 이것이 성경의 사본이라는 것을 알아냈고, 그것도 현존하는 가장 완전한 성경의 사본이라는 것이 밝혀진다.

성경의 사해 사본이 발견된 쿰란 동굴. 이곳에 양치기가 양을 찾으러 들어갔다가 사해 사본을 발견하게 된다.

사해 사본은 히브리어 성경을 포함한 900여 편의 다양한 종교적
인 문서들을 아우른다. 1947년에서 1956년경까지 사해 서쪽 둑에
있는 와디 쿰란 주변과 11개의 동굴들에서 발견되었다. 이들의 연
대는 기원후 100년 이내로 올라가기 때문에 엄청난 종교적·역사
적 가치를 지닌다.

· · ·
다윗의 도피처였던 엔게디(En Gedi)

사해를 왼편으로 끼고 조금을 더 달리자 '엔게디(En Gedi)'라는 표지판이 보인다. 엔게디는 석회석 벼랑 기슭의 온천에서 흘러나오는 물 때문에 습기가 늘 유지되고 있어 예로부터 '사막의 오아시스'라 불리던 곳이다. 특히 주변의 사막과는 대조적으로 쏟아져 내리는 폭포와 주변의 숲 등 자연 경관이 눈을 즐겁게 하여, 사해 바닷가에 위치한 명승지들 중 하나로 손꼽는다. 헤롯왕의 은신처였던 마사다도 이곳으로부터 물통을 나귀에 실어서 공급받았다고 한다.

이곳에서 멀리 보이는 산기슭 주변에는 들어가 쉴 만한 동굴도 있다. 이 동굴은 자기를 죽이려는 사울 왕을 피해 다윗이 숨었던 곳이다. 도망 다니던 다윗은 자신을 찾아 헤매다가 굴속에서 잠든 사울 왕에게 다가가, 목숨을 취하는 대신 옷자락만을 살며시 벤 것으로 알려진 바로 그 장소이다. 사막 같은 환경에서 도망 다니며 처절하게 목숨을 연명하던 고달픔을 단번에 끝낼 수 있는 기회를 단호하게 사양했던 다윗의 위대함과 그 현장 주변의 황량함을 직접 보게 되니, 새삼 다윗을 다시 평가하게 된다.

. . .
미네랄 화장품 아하바(AHAVA)

예루살렘부터 달린지 두어 시간이 지나서야 드디어 버스가 정차
했다. 아하바(AHAVA)라고 사해 미네랄이 풍부한 화장품을 파는 건
물로, 사해를 끼고 홀로 외롭게 서 있었다. 투어패키지는 세계 어
느 곳이나 똑같았다. 기념품 가게나 특산품 가게 등 여행객들의 주
머니를 노리는 상품 판매가 꼭 포함되어 있다.

사해는 위쪽에서 물이 들어만 오고 나가는 곳은 없다. 따라서 사

소금 기둥들. 소금 결정체로 이러한 기둥을 만들어 전시한다. 예전의 소돔과 고모라에서 도
망하다 뒤를 돌아본 롯과 롯의 아내가 저런 모습이었을까?

걸어서 성경속으로

해물의 소금 농도가 바닷물의 7배인 것은 물론이고, 칼륨(Potassium)을 비롯한 모든 미네랄의 보물창고이다. 피부병이 있는 사람들이 이곳 사해에 와서 하루에 몇 번씩 몸을 담그고 난 후 씻은 듯이 낫자, 이곳 사해 밑바닥의 진흙이 곧 피부미용 상품이 되었다. 그리고 장사에 밝은 유대인들이 이것을 상품화하여 세계 각지로 수출하기 시작했다. 세계적으로 유명한 화장품이라는데, 이곳에서 매우 저렴하게 판매한다고 한다.

화장품에 관심이 없던 나는 그냥 밖에 전시되어 있는 소금기둥만 구경하였다. 결정체를 이루어 온갖 기이한 형상들을 만들어 낸 소금기둥이 전시되어 있었다. 나는 생각에 잠긴 채 물끄러미 소금기둥을 바라보았다. 소돔과 고모라에서 도망하다 아쉬워서 뒤를 돌아보고 소금기둥이 된 롯과 롯의 마누라가 저렇게 생겼을까를 상상하며…….

· · · ·

이스라엘 역사상 최고의 건축가 헤롯

다음 목적지는 마사다이다. 이곳 마사다는 원래 헤롯왕이 만든 바위산 고지 위의 요새이다. 에돔의 후예로서 유대의 본분왕이었던 헤롯은 유별난 사람이었다. 헤롯은 마태복음 2장에 나오는 동방 박사와 예수의 탄생 이야기에서 2세 미만의 어린아이를 죽이라고 명령한 왕으로 알려져 있다. 유대왕이었던 그의 가문은 의외로 에돔이었다. 에돔은 유대 남동쪽의 지역이며, 아브라함의 손자 야곱에게 팥죽 한 그릇에 장자권을 판 쌍둥이 형 에서의 후손이다. 따라서 헤롯은 유대인이 아니라 이방인이었다. 유대인들은 출애굽 당시 형제였던 사마리아인들도 경멸하는데, 하물며 에돔 사람은 어떠했겠는가. 이러한 헤롯의 출생은 유대인들이 헤롯을 싫어하는 원인이 되었다.

기독교인들이 헤롯을 잔인하고 광기 어린 왕으로만 생각하는 경향이 있지만, 그는 도시를 건설하고 농업을 장려하여 유대의 경제적 기반 확충에 힘쓴 선견적인 통치자이기도 했다. 기원전 25년에는 유대 지방에 대가뭄으로 기근이 나자, 이집트로부터 곡물을 수입하고 세금을 감면해 주기도 하였다. 헤롯은 자기 영토에 건축 붐을 일으키고 많은 도시와 요새를 건설했다. 예루살렘에 수도시설을 정비하고, 새로이 왕궁을 건설하였으며, 국경에 마사다와 같은 요새를 새로이 정비하기도 했다. 그는 유대인이 가장 소중히 여기던 예루살렘의 솔로몬 성전을 더 크고 화려하게 재건했는데, 이것을 유대인들은 '헤롯성전'이라고 부른다. 지금도 남아 있는 예루살렘의 통곡의 벽은 헤롯성전의 잔해이다.

그 밖에도 헤롯은 다마섹, 안디옥 등에 수많은 건물을 지었고,

맛사다 성채의 모형. 산기슭에 저런 성채를 만들 생각을 한 헤롯은 이스라엘 역사상 가장 위대한 건축가였다.

로마의 극장과 원형경기장을 짓는 등 수많은 건축물을 지었다. 성경에 기록은 없지만, 유대인들은 헤롯을 가리켜 '유다 역사상 가장 위대한 건축가'로 부른다. 그러나 그는 하나님의 영광보다 자기의 영광을 추구한 권력자였다.

헤롯의 가정사는 끊임없는 의심, 모함과 처형으로 얼룩졌다. 그는 여섯 번 결혼했는데, 그중에서 가장 사랑했던 부인 마리암을 죽였고 그녀 사이에서 태어난 두 아들과 장모까지도 살해했다. 그는 정신적으로나 육체적으로 큰 고통 속에서 살았으며, 정서적으로 불안해했다. 후계자 문제를 두고 수차례 유언을 번복하기도 하고, 결국에는 왕위를 물려주려던 맏아들 안티파테르를 처형했다. 그는 동생 빌립의 아내 헤로디아를 취한 것을 죄로 지적하는 세례요한의 목을 베어 그 머리를 소반에 담아서 헤로디아에게 바치기도 했다.

그러나 사도행전의 기록대로 그는 고통 속에 죽었다. "헤롯이 영광을 하나님께 돌리지 아니한 고로 주의 사자가 곧 치니 충이 먹어 죽으니라."는 말씀이 그대로 이루어진 것이다. 역사가 요세프스에 의하면, 그는 AD 4년 봄에 극심한 고통 속에서 충이 먹어 죽었다고 한다.

$$\cdot\ \cdot\ \cdot$$

최후의 항전지 마사다

마사다는 히브리어로 '요새'라는 뜻으로, 이스라엘 남쪽, 유대사막 동쪽에 우뚝 솟은 거대한 바위 절벽에 자리 잡은 고대의 왕궁이자 요새를 말한다. 유대인 역사가 요세푸스에 따르면, 마사다는 기원전 37년부터 31년 사이에 헤롯이 자기에 대항한 유대인들의 반란이 일어날 것에 대비하여 피난 요새이자 왕궁으로 세웠으며 별장으로 사용했다고 한다. 마사다 안에는 수천 명이 3년간 충분히 먹을 수 있을 정도 분량의 식량을 쌓을 수 있는 식량 창고와 3년간 견딜

맛사다에 오르는 케이블카 정거장. 이렇게 케이블카를 타고서 맛사다 정상에 오른다.

수 있는 물을 가두어 둔 저수지도 있다.

　AD 66년, 로마가 예루살렘을 침공하면서 유대-로마 전쟁이 발발한다. 이에 일단의 유대인 저항군이 주둔하고 있던 로마수비대를 몰아내고, 이 마사다 요새를 차지했다. 그리고 그로부터 4년 후인 70년, 예루살렘이 함락되자 예루살렘에서 쫓겨난 다른 유대인들과 그 가족이 마사다로 피난해서 합류했으며, 2년 동안 이곳을 근거지로 삼고 로마군에 대항했다.

72년, 로마 제10군단이 마다사로 진격하여 여러 차례 요새를 공격했으나, 성벽은 무너지지 않았다. 이에 로마군은 서쪽의 고원과 같은 높이의 거대한 성채를 쌓아 올려 공성을 준비했다. 그로부터 1년 후인 73년, 드디어 공성을 위한 성채가 마련되자 로마군은 공성기를 이용해 성벽 일부를 깨뜨리고 요새로 진격해 들어갔다.

그러나 식량 창고를 제외한 요새 안의 모든 건물이 이미 방화로 불에 타 있었고, 엄청난 수의 시체들만 즐비했다. 유대인 율법은 유대인의 자살을 엄격히 금지하고 있었기에 유대인들은 제비를 뽑아 서로를 죽였으며, 최후에 남은 한 명은 자살했다고 한다. 다른 건물을 모두 불에 태우면서도 식량 창고만 남긴 것은 최후까지 자신들이 노예가 되지 않으려고 자살한 것이지, 식량이 없어서 자살한 것이 아니라는 것을 보여 주기 위한 목적이었다.

마사다는 1842년에 그 존재가 알려졌고, 1963년부터 1965년까지 이스라엘 고고학자들에 의해 광범위하게 발굴되었다. 거의 2,000년 동안 이 요새가 사람의 손에 닿지 않았던 것은 그만큼 이곳으로 올라가는 길이 험난하고 어렵기 때문이다. 지금은 관광객의 트래킹을 위한 샛길이 나 있으며, 따로 케이블카도 설치되었다. 헤롯의 두 개의 궁전과 빗물을 저장했던 거대한 수조, 로마식 목욕탕과 유대 반란군의 막사, 창고 등이 발굴되어 복원되어 있을 뿐만 아니라, 로마군이 요새를 둘러서 쌓았던 성채와 그 외곽에 로마군

막사의 유적도 발굴되어 있다.

이곳에서 늦은 점심을 먹었다. 마사다 성채 위에서 식사를 한 것이 아니라, 케이블카로 올라가서 마사다를 둘러보고 난 후 다시 케이블카를 타고 내려와서 두 시가 넘어서 식사를 한 것이다. 시간이 충분했으면 지그재그로 나 있는 트레킹을 따라서 느긋하게 걸어서 올라갔다가 내려왔겠지만, 시간도 허락하지 않았던 데다가 뜨겁게 내리쬐는 사막의 태양도 부담이었다.

요압이 사해 쪽으로는 걸어가지 말라고 주의를 준다. 가끔씩 비가 오면 땅속에 커다란 소금 결정체가 녹아서 큰 구멍이 생기는 바람에, 걸어 다니는 사람을 삼켜 버린다고 한다. 요셉이 형들에게 붙잡혀 애급으로 팔리기 전에 잠시 들어갔던 구멍이 이런 곳이 아니었을까?

· · ·

사해 체험

이제는 눈으로만 보던 사해(Dead Sea)에 직접 들어가 보는 시간이다. 마사다에서 다시 버스에 타고서 십여 분을 달리니, 샤워시설이 갖추어져 있고 물에 들어가기 쉬운 백사장과 자갈이 깔려 있는 곳에 다다랐다. 나이가 들면서 수영복만 입고서 돌아다니기를 그리 즐기지 않는 나이건만, 이곳 사해에서는 직접 물에 들어가 보기로 결심했다. 눈으로만 보기보다는 직접 체험해 보아야 사해를 생생하게 느낄 수 있기 때문이다. 이런 경험을 언제 또 하랴 싶은 마음에 준비를 서둘렀다.

수영복은 준비해 갔는데, 라커와 수건을 빌리는 데 80세켈(25불)을 달라고 한다. 나중에 알고 보니 도처에 샤워시설은 무료이고, 수건은 호텔서 준비해 갔으면 되고 옷은 갈아입고서 백팩에 넣어가면 되기에 굳이 돈을 내고 라커와 수건을 빌릴 필요가 없었다. 그러나 이미 80세켈을 지불하고 난 후였다. 이 유대인들은 여행객을 상대로 성수기 대목으로 돈 벌기에 한창 바쁘다.

10월인데도 사해에는 태양이 부담스러울 만큼 뜨겁게 내리쬐고 있었다. 수영복을 갈아입은 뒤에 얼굴에 선크림을 덕지덕지 바르고는 모자까지 덮어쓰고 만반의 준비를 마쳤다. 가이드가 당부하기를, 절대 다이빙이나 잠수는 삼가 하고, 물장구를 쳐서 주변 사람들에게 피해를 주지 말라고 한다. 높은 염도의 사해 물이 눈에 들어가지 않도록 하고, 혹 눈에 물이 들어가면 바로 해변가에 위치한 수도시설에서 눈을 씻어 보호하라고 한다.

가이드의 당부 사항을 숙지한 후, 드디어 수영복으로 갈아입고 맨발로 물가로 향했다. 그러나 바로 되돌아와 운동화를 다시 신어야 했다. 뜨거운 태양빛에 뜨겁게 달아오른 자갈길로 물가까지 150미터를 걸어서 가려면, 맨발로는 어림도 없었기 때문이다.

신발을 다시 갈아 신고 드디어 다다른 해변은 온통 시꺼먼 진흙으로 뒤덮여 있었다. 그리고 한쪽에서는 많은 사람들이 바닥의 새까만 진흙을 온몸에 바르고 있었다. 진흙에 수많은 미네랄이 녹아 있어 진흙을 발랐다가 씻어 내면 피부에 좋다는 것이다. 얼굴까지 진흙을 바르고 돌아다니는 사람들은 온몸이 번들번들하여 흡사 전

검은 진흙을 온몸에 바른 사람들. 이 검은 진흙에 온갖 미네널이 녹아있어 피부에 좋다고 한다.

신 갑옷을 입은 것 같아 보였다.

　운동화를 벗으니, 자갈 위에 쌓인 진흙으로 바닥이 꽤 미끄러웠
다. 억지로 중심을 잡으면서 물속에 발을 담그니, 햇볕에 달아오른
물의 온도가 미지근하여 상쾌한 맛은 없었다. 조금씩 걸어 들어가
니, 이제 발을 떼어도 될 만한 깊이가 나와 슬며시 물에 몸을 눕혀
보았다. 그랬더니 실로 놀라운 일이 벌어졌다. 머리와 발이 자동
으로 물 위에 떠오르더니, 몸의 3분의 1은 물 밖으로 나간다. 책을
한 권 가지고 들어왔다면 힘들이지 않고도 충분히 누워서 책을 읽

사해에 몸들 담그면, 가만히 있어도 몸의 3분의 1은 물 밖으로 떠 버린다.

을 수 있을 정도였다.

생각난 김에 라커까지 되돌아가 카메라와 책을 가지고 와서 기념으로 사진 몇 컷을 찍고는 책을 들고 돋보기까지 쓰고서 물에 다시 들어갔다. 물에 누워서 몸을 전혀 움직이지 않고도 책에만 집중하는 데 전혀 불편함이 없다.

나는 순간 엉뚱한 생각을 해 보았다. 대도시의 풀장에다 염도를 사해와 같이 맞추어 놓고서 '사해 체험'이라는 사업을 하면 사람들이 몰려올까? 온갖 포타시 미네랄(Potasi Mineral)까지 물에 풀어 놓고 미네랄이 풍부한 머드까지 갖추고 '사해 체험 피부 클리닉'이라고 칭한다면, 장사가 될까?

RESTORATION OF THE CHURCH OF NATIVITY

PHASE I: ROOF AND WINDOWS RESTORATION

PART

07

멀고도 가까운
베들레헴

· · ·

다시 예루살렘을 향하여

물에서 나와 샤워시설에서 모든 염분을 깨끗이 씻어 내고 간단한 요기를 하고서 버스에 타니, 벌써 해가 저물어 사방에 어둠이 깔리고 있었다. 이제는 예루살렘으로 돌아갈 시간이다. 이날은 마침 유대인의 안식일이 시작되는 금요일 저녁의 해지는 시간이다.

돌아오는 길에는 다들 지치고 피곤한 기색이 역력했다. 예루살렘까지 90분을 거꾸로 달려서 마이너스 400미터부터 900미터까지 1300미터의 오르막길의 험한 광야길을 올라서야, 비로소 서안지구 체크 포인트를 지나쳐 감람산을 끼고서 금요일 밤의 예루살렘에 도착할 수 있었다.

안식일과 율법

이번에는 지난번 무슬림 구역의 호텔과 달리 욥바문 앞의 미국체인 호텔에 묵었다. 호텔에서 체크인을 하고 키를 받아 들고서 엘리베이터로 갔는데, 그 앞에 까만 특유의 복장을 한 유대인이 근엄한 얼굴로 내가 오기를 기다렸다가, 내가 엘리베이터 단추를 누르고 안으로 들어가니 바로 따라 들어오는 게 아닌가? 그리고는 사무적인 어투로, 자기의 층수를 눌러 달라고 내게 부탁한다.

당시에는 별생각 없이 웃어 주면서 요구하는 층수를 눌러 주었는데, 호텔방에 들어와 보니 불을 켜고 끄는 단추들 옆에 'Sabbath(안식일)' 단추가 따로 있었다. 안식일이 시작되기 전에 먼저 눌러 두어서 안식일에 자동적으로 불을 켜고 끄고 물을 틀 수 있도록 작동되게 하는 단추일까? 아니면, 호텔 투숙객이 율법을 지킨다는 것을 알려 주는 단추일까? 유대인들에게는 안식일에는 물을 받는 것조차 율법을

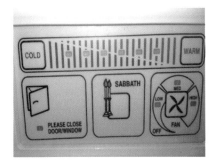

호텔방의 온도콘트롤 옆에 있는 안식일 단추. 안식일에 누르면 수동으로 직접 일을 하지 않아도 자동으로 물과 불이 들어오게 되어 있는 것 같다.

범하는 것이라는 얘기를 들었다.

가만 생각해 보니, 율법에 따르면 호텔의 엘리베이터 단추를 누르는 것조차 일을 하는 것이다. 그래서 어떤 곳에서는 안식일에는 엘리베이터가 자동으로 모든 층에 다 서게 만들어 놓는다고 한다. 결국, 이 같은 사실을 종합해서 미루어 봤을 때, 아까 그 유대인은 율법을 범하지 않으려고 율법과 상관없는 이방인이 와서 엘리베이터 단추를 대신 눌러 주기를 기다린 것이다. "저기 더러운 이방인이 오니까 그에게 대신 일을 시켜야겠구나." 따지고 보면, 자신이 율법을 범하지 않으려고 저주받은 이방인인 나에게 죄(?)를 대신 범하게 한 것이다. 그래, 예수로 인하여 자유 한 내가 율법의 공포에 눌린 당신 대신에 십자가를 지자!

• • •

선교적 사명을 잊어버린 이스라엘

율법을 범하지 않으려는 유대인들의 그 노력은 가상하지만, 나는 이스라엘이 이러한 태도 때문에 하나님으로부터 버림받았다고 생각한다. 그들은 출애굽 당시 틀림없이 하나님으로부터 택함받은 백성들이었다. 그러나 이스라엘을 택함은 저들이 잘해서가 아니라 이방을 구원하려는 하나님의 계획 속에 제사장 나라의 모델로서 하나님에게 택함을 받은 것이었다.

출애굽기 19장에서 하나님의 언약이다. "너희는 내게 대하여 제사장 나라가 되고 거룩한 백성이 되리라." 제사장이 무엇인가? 하나님과 사람 간을 연결시켜 주는 매개체이다. 이스라엘은 온 백성들이 제사장 나라로 택함을 받아 그들이 모델로서 하나님 앞에서 어떻게 살아서 어떻게 복을 받는가를 이방 백성들에게 보여 주어 다른 민족들을 구원에 이르게 하도록 선택을 받았다.

하지만 그들은 오로지 택하신 백성, 거룩한 나라라는 타이틀에만 집중했다. 주변의 나라들을 구원하는 제사장 나라로의 사명은 헌신짝처럼 버린 채, 자신들에게 주어진 율법을 지켜 자신을 구원하는 데만 집중한 것이다. 그들은 주변의 이방인들을 '사랑을 전달할 대상'이라기보다는 '선택받지 못했기에 차별받기에 마땅한 자'들로 치부한다.

바로 이러한 이스라엘의 잘못된 생각 때문에 이스라엘이 하나님으로부터 버림을 받았다고 생각한다. 우리도 마찬가지다. 우리가 구원받음은 구원의 조건을 갖추었기 때문이 아니다. 받은 은혜로 주변을 구원하는 선교적 사명을 가지라는 의미에서다. 이스라엘처럼 원가지도 아끼지 아니하신 하나님이 선교적 사명을 잃어버린 곁가지를 아끼시랴? 우리가 더욱더 선교적 사명에 힘써야 할 이유이다.

. . .

폐허 위에 다시 재건된 예루살렘

예루살렘 성전은 지난 1월에 이틀에 걸쳐서 개인적으로 보고 갔
었기에 그리 새로울 것은 없었으나, 몇 가지를 확인하고 살폈다.
우선 옛 성벽 지도와 현재 성벽 지도의 비교를 통해 현재 예루살렘
성전이 2000년 당시의 예루살렘 성전과는 크기가 다르다는 사실을

옛 성전 벽(통곡의 벽)을 따라 현재의 바닥에서 12미터를 파 내려간 모습. 2천 년 전의 바닥이 보인다.

확인할 수 있었다. 그리고 점령자에 의해 파괴되고 잔해 위에 재건된 현재 예루살렘 바닥 아래로 옛 도시의 잔해가 있다는 사실도 확인하였다.

성이 점령자에 의하여 파괴되고 폐허 위에 다시 재건되는 과정을 거치면서 높이가 계속하여 높아만 갔다. 따라서 2천 년 전 당시의 예루살렘 성의 표면 높이는 현재보다 12미터는 파 내려가야 한다. 통곡의 벽에서 흙을 파 내려가면, 12미터나 내려가서 바닥에 돌로 된 옛길이 나타난다는 사실이다. 통곡의 벽에서 한 50미터 남쪽으로 벗어나서 12미터 파 내려간 곳의 사진을 찍었다. 옛 성전 바닥에 드러난 돌길까지 파 내려간 흔적이었다. 2천 년 전 예루살렘의 모습은 땅 아래 묻힌 채, 이제는 영원히 볼 수 없었다.

· · ·

멀고도 가까운 베들레헴

예루살렘 크리스천 쿼터의 한 음식점에서 간단히 점심을 먹고서 베들레헴(Bethlehem)으로 출발하였다. 베들레헴은 우리가 흔히 부르는 크리스마스 캐럴 가사에서 더 많이 알려진 것처럼 예수 그리스도의 출생지이다. "오 베들레헴 작은골, 너 잠들~었느냐~ 별들만 높이 빛나고 잠잠히 있~으니~" 이제까지 숱하게 노래로만 부르며 머리로만 상상해 온 베들레헴을, 이제는 눈으로 직접 보러 가는 것이다. 어려서 보아 오거나 참여했던 수많은 크리스마스 성극의 배경이 되었던 베들레헴과 그 주변 들판을 보러 가는 길이 무척이나 설렌다.

베들레헴은 히브리어로, '집'을 뜻하는 'Beth'와 '빵'을 뜻하는 'Lehem'의 합성어이다. 말하자면 '빵집'이라는 의미이다. 성경의 룻기에 이곳에 보아스의 밀밭과 타작 마당이 있었다는 것으로 미루어 보아, 이곳이 유명한 밀의 생산지이고 이곳에서 생산되는 밀로 빵을 만들어 예루살렘에 제공했기 때문에 '빵집'이란 이름이 붙지 않았나 싶다.

서안지구와 이스라엘을 가로막는 장벽. 이러한 장벽이 서안지구와 가지지구를 둘러싸고 팔레스타인과 이스라엘을 격리시킨다.

오전 내 같이한 투어 가이드는 메인 그룹과 같이 예루살렘에 남아 있고, 우리 그룹은 영어가 서툰 운전수와 함께했다. 그러나 한참을 달려야 하겠다고 각오한 것이 싱거울 정도로 욥바 게이트에서 떠나자 15분 만에 바로 베들레헴 체크 포인트에 도착했다.

나중에 알았지만, 예루살렘과 베들레헴은 불과 10킬로미터 거리로
바로 붙어 있다. 예전에나 두 개의 별도의 성읍이었지, 지금은 하나
의 같은 큰 도시라고 봐도 된다.

그러나 베들레헴 남쪽과 서쪽은 높은 벽으로 가로막혀서 경계가
뚜렷했다. 베들레헴은 팔레스타인 자치기구인 서안지구 내에 위치
해 있어서 체크 포인트를 거쳐서야 높은 벽으로 막아 놓은 자치구
안으로 들어갈 수 있다. 체크 포인트에서는 이스라엘 군인들이 경
비를 서고, 서안지구 자치구 내에서는 팔레스타인 경찰들이 치안을
담당한다고 한다. 어떤 때는 군인들이 버스 안에까지 들어와서 일
일이 여권검사를 한다기에 여권도 준비했더니, 그냥 무사통과다.

일단 서안지구에 들어가
니 지금까지와는 또 다른
세계가 펼쳐졌다. 옛길을
그대로 살린 탓인지, 길은
좁고 구불구불했다. 확실히
팔레스타인 아랍인들이 사
는 곳은 이스라엘인들이 사
는 곳보다 경제적으로 열악
하다는 것을 느낄 수 있다.
사는 모습이 우중충했다.

버스 안에서 찍은 팔레스타인 서안지구 내
베들레헴의 모습.

팔레스타인 투어 가이드

체크 포인트 후에 합류한 투어 가이드도 팔레스타인 현지인으로 바뀌었다. 팔레스타인 현지인 투어 가이드는 서안지구 자치구 밖으로는 나가지 못하기에 체크 포인트 이후에 합류하여 베들레헴 투어만 담당하는 것이다.

그런데 이 팔레스타인 투어 가이드가 아주 재미있는 사람이었다. 영어도 유창하게 잘했지만, 그룹 내에 프랑스에서 온 사람들에게는 프랑스어를, 이태리에서 온 사람들에게는 이태리어를, 그리고 스페인에서 온 사람들에게는 스페인어를 하는 것이었다. 버스에 탄 모든 사람들의 언어 중 나의 언어인 한국어만 못했다. 왜 한국어만 차별하느냐고 내가 농담으로 투덜댔더니 "안녕하세요?", "감사합니다." 등의 몇 가지 단어는 안다고 으스댄다.

그는 독일어와 모국어인 아랍어까지 모두 6개 국어를 한다고 했다. 정말 언어에 특별한 은사를 받은 사람이었다. 어떻게 팔레스타인 자치구 내에서 밖으로는 나가지도 못하는 사람이 6개 언어에 이렇게 많은 은사를 받았는지 놀라웠고, 한편으로는 무척 부러웠다.

팔레스타인(Palestine)은 한글 성경에서는 '블레셋'으로 불린다. 지금 팔레스타인의 지명과 족속 이름은 가나안 시대의 '블레셋'과 같다. 당시의 블레셋 족속이 지금의 팔레스타인인 것이다. 다윗이 결투를 벌인 7척 장신 '골리앗'이 블레셋, 즉 팔레스타인 사람이라는 것이다. 이 팔레스타인 사람들 중에도 재주꾼들이 많은가 보다. 이 사람들도 하나님의 사랑을 받을 충분한 자격이 있는 사람들인데, 이렇게 정치적인 이유로 자치구 내에 갇혀서 밖으로 나가지 못하고 고통받는다고 생각하니, 안타까운 마음에 가슴 한구석이 아렸다.

· · ·

예수의 출생지 베들레헴

찬찬히 주변을 둘러보았다. 이곳이 다윗이 태어나서 자란 고향이며, 혈통으로 다윗의 후손인 예수가 태어난 마구간이 있던 곳이다. 그리고 나는 그 마구간 위에 세워진 예수 출생교회를 보러 가는 길이다. 솔직히 개인적으로는 마구간이 있던 자리에 세워진 교회에는 큰 관심이 없었다. 그곳이 정말 예수가 출생한 마구간이었다는 증거도 없거니와 옛 모습도 전혀 남아 있지 않을 것이었기 때문이다. 다윗을 기념하는 교회도 있다는데 가 보지 못했지만, 전혀 서운하지 않았다. 구교가 곳곳에 기념으로 세워 놓은 교회 건축물들은 비슷비슷했다. 예수 출생지에도 가 보기 전부터 의미 없는 교회건물만을 보고 올 것이라는 것은 미리 알았다.

다만 보아스가 룻에게 은혜를 베풀었던 밀밭과 타작 마당이 있었고, 이새의 아들 다윗이 들에서 양을 치면서 "여호와는 나의 목자시니"라는 시편을 노래했던 베들레헴 주변의 분위기를 느껴 보고 싶어서 시간을 낸 것이다. 시간을 되돌려서 다윗이 목자로서 활동했던 같은 공간, 룻이 이삭을 줍던 밀밭, 요셉이 마리아와 함께 인구조사에 응하려 들렀던 마을의 공간을 경험하고 싶었던 것이다.

동방박사들이 별을 따라서 예루살렘에 들어서 헤롯왕을 만난 뒤에 여전히 별을 따라서 10여 킬로미터를 걸어 이곳까지 와서 아기예수

베들레헴 평지의 현지 모습. 저곳이 보아스의 타작마당이 있던 곳이거나 다윗이 양을 치던 곳이 아니었을까?

를 경배했겠지? 그 같은 길을 2천 년 후 지금의 내가 탄 버스가 따라 온 것이겠지? 목자들도 별빛을 보고 베들레헴까지 와서 탄생한 아기 예수에게 경배를 했겠지? 그런데 사실 별이 서치라잇(Search Light)과 같이 가는 길을 비추어 주지 않는다면, 10킬로미터의 거리에서 보이는 별빛에는 차이가 없다. 예수의 탄생을 안내하는 별빛이 베들레헴 위에 머물렀다면, 불과 10킬로미터 떨어진 예루살렘에서도 뚜렷이 보였을 것이다. 옛일을 알 수 없는 나는 당시의 목자들과 동방박사 들을 안내한 별빛이 어떻게 길을 안내했는지는 모르겠다.

멀리 언덕이 보였다. 저곳이 보아스의 밀밭이 있던 곳일까? 나오 미와 룻이 저 동편의 산을 넘어서 귀향을 했겠지? 저 들을 넘어서 그 뒤에 있는 산이 다윗이 젊은 목자인 시절에 양을 치던 언덕들이 었겠지. 그곳까지 이제는 제법 많은 집들이 들어섰기에 예전 같은 밀밭과 양을 치는 언덕의 모습은 찾아볼 수 없었다. 그러나 밀밭과 양을 몰고 다니기에 알맞은 언덕의 모습들은 지금도 여전히 간직하 고 있었다.

· · ·

2천 년 역사의 팔레스타인 크리스천

언덕 중턱의 좁고 구불거리는 길에는 수많은 버스들과 차량이 뒤

엉켜서 앞으로 나아가지를 못하고 있었다. 걷는 것보다 더 느린 속도로 힘겹게 앞으로 조금씩 나아갔다. 그동안 우리는 가이드에게서 베들레헴에 얽힌 얘기들을 들을 수 있었다.

가이드에 의하면, 서안지구의 팔레스타인 인구는 250만 명인데 그중 80%는 무슬림이고 20%는 크리스천이라고 한다. 20%의 크리스천이면, 현재 50만 명의 인구이다. 2천 년 전 예루살렘 초대교회 당시에 일어난 성령운동으로 신도의 수가 하루에 3천이나 더하고 구원받는 사람들을 날마다 더하게 하신 것(사도행전 2:41,47)으로 인해서 예수를 믿게 된 팔레스타인 주민들이 2천 년이 지난 지금까지도 크리스천의 명맥을 이어 오고 있는 것이다. 이곳 베들레헴에도 알마니언들이 살고 있고 알마니언 교회도 있다. 오스만 터키의 알마니언 말살정책을 피해서 성지에 들어와 살고 있는 알마니언들이 예루살렘만 아니라 베들레헴에도 정착했다는 것이다.

그런데 교복을 입은 팔레스타인 학생들이 하교를 하는 모습이 보였다. 이곳에서는 토요일에도 학교를 가느냐고 물었더니, 금요일은 아랍의 안식일이라서 휴일이고 일요일은 크리스천의 주일이어서 휴일이기에 금요일과 일요일에 쉬고, 토요일엔 보통날과 다름없이 일도 하고 학교도 간다고 한다. 그리고 특이할 만한 사항은, 이곳에서는 크리스마스가 세 번이나 있다는 사실이다. 로마가톨릭이나 신교는 12월 25일, 그리스 정교회는 1월 6일 그리고 알마니언은 1월 18일에 기념한다고 한다. 이처럼 교파에 따라 기념하는 날이 달라, 1년에 세 번으로 나누어서 예수탄생교회에서 성대한 크리스마스 축제가 벌어진다고 한다.

- - -
예수탄생교회

드디어 도착한 예수탄생교회(Church of the Nativity)는 기독교를 로마의 국교로 만든 콘스탄티누스 황제의 어머니가 성지순례를 하면서 세운 교회라고 한다. 그러나 이곳에는 한 건물에 세 개의 교회가 있다고 한다. 로마가톨릭 교회, 그리스 정교회, 그리고 알마니언 교회이다.

교회를 들어가는 입구는 허리를 구부리고 들어가야 할 정도로 좁고 낮은 문으로 이루어져 있었다. 예수의 탄생지를 낮은 마음으로 구부리고 들어가라는 의미라고 하는데, 사실은 이슬람이 이곳을 지배할 때 이슬람군이 말을 타고서 성전 안에 들어가는 것을 막기 위해서 입구를 좁고 낮게 만들었다고 한다.

돌벽에 둘린 돌계단을 따라 내려간 탄생지의 모습은 예상했던 모습의 마구간이 아니었다. 4세기에 교회가 세워질 때 그려진 아기예

예수탄생교회 입구의 모습. 교회당 안으로 들어가려면 허리를 숙이고 들어가야 할 정도로 입구가 좁고 낮다.

수를 참배하는 목자들과 박사들의 벽화들이 그려져 있고, 손이 닿지 않게 보호막 뒤로 촛불들이 있었다. 그리고 바닥에는 별 모양의 쇠로 만든 장식이 있었다. 이것들이 대단한 성물이라도 되는 것처럼 경배하는 참배자 무리들을 뒤로하고 사진만 찍고서 나와 버렸다. 그리고는 사람들을 피해서 교회 주변의 베들레헴 길을 걸으며, 베들레헴의 공기를 들이마실 수 있었다. 혹 일행을 놓칠까 봐 염려되기도 했고, 또 팔레스타인 경찰에게 검문을 당할까 봐 교회 주변에서 멀리 벗어나지 못하고 주변을 걸으며 사색에 잠겼다.

멀리 동편 쪽으로 낮은 산과 푸른 언덕들이 보였다. 요셉과 출산을 앞두고 배부른 마리아가 나사렛으로부터 100킬로미터가 넘는 저 북쪽 예루살렘 뒤편 길을 마리아는 나귀를 타고 요셉은 걸어서 왔을 것이다. 아니면, 산길을 피해 요단강변을 따라 남쪽으로 내려와, 동쪽 산을 타고 사해 쪽에서 서쪽으로 올라왔을 테지. 그렇게 힘들게 도착한 이곳 베들레헴에서 발은 부르트고 다리는 아픈데 두 사람 들어가 쉴 곳이 없어 이곳저곳에 빈방을 물으며 안타깝게 헤매는 모습을 상상해 보았다.

내가 이곳 베들레헴에서 묵을 곳이 없어 누추하고 냄새나고 축축한 마구간에서 말들 옆에 여장을 푼다면, 얼마나 비참해할까? 그런데 열악한 당시에야 두 사람은 얼마나 더 힘들었을까? 그래도 힘들게 마구간에서 아기예수를 출산하고 별을 따라 찾아온 동방박사들과 목자들에 둘러싸여서 경배를 받으며 얼마나 기뻐했을까? 그날 밤, 다시 텔아비브로 돌아왔다. 이제 하룻밤만 지나면, 에돔과 모압의 땅인 요르단으로 떠나는 여정이 시작된다.

이 장소가 예수가 태어난 마구간의 말구유가 놓였던 장소라고 한다. 믿거나 말거나!

PART

08

요르단-
에돔의 발자취를 따라 👣

· · ·

잊힌 민족 에돔의 발자취를 따라서

베들레헴에서 텔아비브로 돌아온 후 다음 날 새벽 비행기로 요르단(Jordan)의 남부에 위치한 페트라(Petra)를 가기 위한 준비를 서둘렀다. '페트라'는 유네스코(UNESCO)에서 지정한 세계 7대 불가사의 (7 Wonders of the World) 중 하나로도 알려졌지만, 스티븐 스필버그 감독의 영화 〈인디아나 존스, 최후의 성전(Indiana Jones-Last Temple)〉의 배경이 되어 세영화 속에서 거대한 바위벽을 통째로 조각하여 만들어진 엄청난 크기의 웅장한 템플 광장과 그곳을 탈출하기 위해 구불구불 좁고 깊게 이어진 붉은 사암의 협곡에서 인디애나 존스(해리슨 포드)가 말을 타고 달리는 장면은 가히 압권이다. 외부의 침략을 거부하는 천연요새 안에서 주전(BC) 3만 명이 넘는 인구가 살다가

여기가 유네스코에서 지정한 세계7대 불가사의 중 하나인 페트라 템플 전경이다

요르단-에돔의 발자취를 따라

지진으로 멸망한 것으로 추정되는 이곳은 1812년에서야 스위스 탐험가에게 발견되어 서구 세계에 알려졌다. 아직도 80% 이상의 옛 도시가 흙 아래 여전히 발굴되지 못한 상태로 묻혀 있다고 한다.

그러나 이곳에 대한 나의 개인적인 관심은 이곳이 성경에서 기록된 에돔 족속의 수도였던 '세일산(Mt Seir)' 또는 '셀라(Sela)'와 같은 장소라고 생각하기 때문이다. 고고학자들과 요르단 정부에서는 주전 5세기경 아라비아 반도에서 이주해 왔다는 '네베티언(Nebatian)'이라는 족속이 실크로드 길목에 건설하여 한때 무역으로 번창했다가 지진으로 멸망한 도시라고 소개하는데, '네베티언'족의 유래나 기록을 남겨 놓은 역사적 증거들이 빈약해 내게는 설득력이 떨어졌다.

나는 페트라(Petra)가 '야곱(Jacob)'의 쌍둥이 형인 '에서(Esau)'와 그 후손인 '에돔(Edom)'이 거주했던 '세일산'이라고 생각한다. 히브리어로 '에서(Esau)'또는 '에돔(Edom)'은 붉은색을 의미하며, '세일(Seir)' 또는 '셀라(Sela)'는 붉은 바위를 의미한다. 그리스어로 '페트라(Petra)'도 바위라는 의미이다. 예수의 수제자 베드로(Peter)도 같은 어원으로 반석이라는 의미이다. 그리고 페트라에서 보이는 주변 역시 온통 붉은 바위산이다.

성경에 언급된 교만한 에서(에돔)

창세기에서 '이삭'이 작은아들 '야곱'에게 장자의 축복을 한 후에 분통해하는 큰아들 '에서'를 앞에 두고 예언을 한다. "네 거할 땅은 하늘의 기름짐에서 멀고 하늘 이슬에서 멀다." 이는 '에서'의 후예가 황폐한 땅 '세일'이라는 바위틈에서 칼을 믿고 살아갈 것을 예언하는 것이다.

오바댜서에는 "바위틈에 거주하며 높은 곳에 사는 교만한 자여. '에서' 족속에 남은 자가 없으리니." 하는 또 다른 예언이 나온다. '에돔' 족속이 높은 지역에서 교만하게 살아가다가 멸망당 할 것을 예언하는 하나님의 말씀이다. 천연의 난공불락 요새와 교역로에 위치해 부를 축적하여 교만함이 하늘을 찌르다 지진으로 멸망한 '페트라'의 옛 주인과 정확하게 일치하는 예언이다.

다윗왕 시대에 에돔은 유다에 의해서 점령되었고 이후 성경의 예언과 같이 멸망하여 역사의 뒤안길로 사라지고 만다. 성경에서 에돔의 수도였던 셀라의 위치와 현재의 요르단 남부, 사해의 남동쪽 페트라의 위치가 정확하게 일치한다. 그래서 '페트라'는 갑자기 근본도 없이 튀어나온 '네베티안'보다는 '에서'의 후예 에돔의 근거지였을 거라고 생각된다. 고고학적 근거는 전혀 모르지만, 내게는 성경내용만으로도 페트라를 방문하고픈 충분한 이유가 되었다.

- - -
에서(에돔)에 대한 관심

내가 유독 멸망한 '에돔'에 관심을 갖는 이유는 따로 있다. 내가 야곱(Jacob)의 형 '에서(Esau)'와 같이 쌍둥이 형제의 형으로 태어났기 때문이다. 어려서 교회에서 자라난 우리 쌍둥이 형제에게 교회 어른들은 생각 없이 "네가 '에서'이고, 네가 '야곱'이구나."라며 우리 형제를 가려 부르기를 주저하지 않았다.

성경은 에서와 야곱 두 형제가 두 민족의 근원으로 태어나기 전부터 리브가의 태속에서 서로 싸우고 있었다고 표현한다. 에서는 들에 나가 사냥을 좋아했고, 장자의 권한을 멸시했으며, 엄마의 치맛자락을 붙잡은 마마보이 동생에게 속임을 당했다. 그리고 아버지 이삭에게서 축복을 거부당한 '에서'이다. 반복해서 그런 말을 들은 나는 "내가 그런 '에서'라고? 그래. 그럼 나는 철저히 '에서'가 되어 주지!" 하는 반발의 마음이 생겼었다. 이것이 바로 어른들이 자라나는 아이들에게 말을 함부로 해서는 안 되는 이유이다. 이런 반발이 '에서 콤플렉스'라는 것은 나중에서야 알았다.

그러나 이미 내 속에서 싹튼 '에서 콤플렉스'는 하나님에 대한 반발과 반골 기질까지 깊게 자리 잡게 만들었다. 솔직히 기질적으로 보면 교활하고 엄마 품을 못 떠나는 '야곱'보다는 호탕하고 사냥을 좋아하는 '에서'가 내겐 더 좋았다. "하나님은 왜 태어나기도 전부터 '에서'는 미워하시고 야곱을 사랑하셨는가?"라는 물음은 어린 나에게 꽤 오랫동안 수수께끼로 남았다.

그렇게 우리 형제는 커가면서 서로 다른 길을 걸었다. 나는 기존 질서에 대한 반발과 기독교 신앙에 대한 회의로 두 마음을 품은 길을 걸었고, 동생은 모범적인 신앙생활을 하다가 신학을 하고 목사 안수를 받고서 선교사의 길을 걸었다. 25년간 선교지에서 사역하던 동생은 현재 GP 선교회라는 한국 선교단체의 국제대표다.

그리고 쌍둥이 형제 중 한 사람은 기계설비를 파느라, 또 한 사람은 선교단체의 국제대표로 선교활동을 하느라 세계를 누비고 있다. 그러나 지나간 삶을 놓고 보면 비록 선교지에서 고생은 했겠지만 비교적 순탄하게 과정을 밟았던 동생보다는 세상에 나가 수많은 실패와 좌절을 겪고 중년이 넘어서야 비로소 하나님께 항복한 내가 더 '야곱'과 같은 굴곡의 삶을 살아왔다고 볼 수 있다.

이제야 하나님이 야곱은 사랑하고 에서는 미워했다는 성경적 의미를 알았다. '에서'는 재주가 많았지만 자신이 넘쳐서 교만했다.

그래서 끝까지 자신의 인생에서 하나님은 필요로 하지 않았다. '페트라'의 웅장함에서 보이듯이 자신의 힘으로 엄청난 건축물을 만들어 내었다. 그의 후예인 에돔 사람 헤롯왕도 유다 땅에 사람들이 역사상 가장 경이로워하는 수많은 건축물들을 남겨 놓았지만, 끝까지 자기의 영광만을 추구하며 하나님의 사람들을 힘들게 하다가 충이 먹어 죽임을 당했다고 성경은 기록한다.

야곱은 우리가 익히 아는 대로 '이스라엘'이라는 민족의 선조이다. 이스라엘을 충분히 돌아본 나의 새로운 여행지는 멸망을 당한 이스라엘의 형제 에돔이 이 땅에 남겨 놓은 유산을 돌아보는 여정이었다.

· · ·

페트라로 가는 길

그러나 '페트라'로 가는 길은 쉽지 않았다. 예루살렘 남동쪽으로 직선거리로는 150킬로미터나 국경으로 막혀 있었을 뿐만 아니라, 찻길도 없는 사막과 산맥의 연장이었다. 지금은 50대 중반인 대리점 사장에 의하면, 1970~1980년대에 이스라엘과 요르단이 서로 적국으로 긴장관계에 있을 때, 젊은 유태인들 사이에서는 밤새 목숨을 걸고 몰래 산길을 타고 요르단 국경을 넘어 '페트라'를 보고 돌아오면 영웅취급을 받고, 잡히면 전쟁포로가 되는 놀이가 성행했다고 한다. 그러나 요르단과의 관계가 개선된 지금은 유태인들도 자유롭게 페트라에 방문을 하고 있다.

차라리 차를 빌려서 홍해연안의 에일랏 항구(Port Eilat)까지 몰고 가서 요르단으로 국경을 넘은 다음, 아카바 (Aquava)에서 페트라 그룹투어에 참여하는 방안을 고려해 보았다. 차가 있으면 예루살렘에서 남쪽으로 한 시간 거리에 있는 '브엘세바(Be'er Sheva)'에도 들러서 4천 년 전 믿음의 조상 '아브라함'이 '아비멜렉'과 계약을 맺었던 우물의 수원이 아직도 남아 있는 우물터에 들러 물을 길어서 마셔도 보고 얼굴도 적셔보고 싶었다('이삭'도 아비멜렉과 '브엘세바' 우물을 두고 2대에 걸친 계약을 맺는다).

비록 아브라함이 길가는 천사를 대접했던 마무레 상수리나무 숲이 있는 '헤브론(Hebron)'과 수시로 하나님께 제단을 쌓았던 '벧엘(Bethel)'은 현재 팔레스타인 자치지구 벽으로 막혀 있어 가 보지 못하더라도 이스라엘 땅인 '브엘세바'에는 들를 수 있기 때문이다. 그러나 '텔아비브'에서 '에일랏'까지 350킬로미터의 '네게브사막'을 가로지르는 길을 차로 왕복하면서 허비할 시간적 여유도 없었고, 사막횡단도 자신이 없어 직접 차로 가는 길은 포기하였다.

대신 '텔아비브'에서 '에일랏'까지 왕복 비행기로 1박 2일의 '페트

179

라' 투어에 참가하는 방법을 택했다. 짐은 텔아비브 호텔에 맡겨 두고서 최소한의 짐을 실은 백팩(back pack)만을 챙겼다. 그러나 수시로 확인해야 하는 업무를 위해 노트북을 넣으니 항상 메고 다녀야 하는 백팩의 무게는 부담스럽게 다가왔다. 텔아비브 지중해 연안의 작은 국내선 공항인 도브(Dov)공항에서 새벽 6시에 에일랏으로 출발하는 비행시간을 맞추기 위해 새벽 3시 반에 알람을 맞췄다.

여전히 컴컴한 새벽, 택시로 차디찬 새벽공기를 가르며 공항에 도착하니 에일랏에 출장 가는 유대인들과 홍해로 낚시여행을 가는 관광객들로 북적거린다. 비행기는 30인승의 구식 프로펠러 비행기였다. 상공에 오르니 그제야 먼 동편에서 해가 떠오른다. 저 멀리 아래로 오른쪽으로는 네게브 사막이, 그리고 왼편으로는 산악지대가 펼쳐졌다. 풀 한 포기 없는 삭막한 광경이 나타나는데, 바로 저곳이 출애굽한 모세가 광야에서 2년 동안 떠돌다가 이스라엘 백성들을 모아 놓고서 가나안 땅으로 12명의 정탐꾼을 보낸 '가데스 바네아'라는 생각이 들었다. 저곳에서 이스라엘 백성들이 믿음의 결단을 잘못 내리는 바람에 38년의 긴 세월을 광야에서 보내고 만다.

갑자기 비행기 아래로 내려다보이는 풍경이 황량함에서 푸르름으로 바뀌었다. 항구도시 에일랏에 가까워지고 있는 것이다. 푸르고 붉은빛이 감도는 홍해 바다가 보이는 에일랏과 붙어 있는 요르단 아카바 시내 상공을 한 바퀴 선회한 후, 정확히 6시 50분, 드디어 에일랏 공항에 착륙했다.

• • •
홍해연안의 에일랏과 아카바

에일랏은 홍해가 시내반도를 두고서 Y자로 갈라진 동쪽 홍해의 아카바 걸프(Aquava Gulf) 끝부분에 위치한 항구다. 서쪽 홍해인 수에즈 걸프(Suez Gulf)는 수에즈운하(Suez Canal)를 통해 지중해로 연결된다. 홍해(Red Sea)라는 이름에서 알 수 있듯 사해와 아라비아에 흔히 보이는 붉은 사암(sandstone)과 붉은 모래로 인해 붙여진 이름이다.

에일랏은 이스라엘에서 유일하게 홍해로 연결되어 아시아로 교역할 수 있는 이스라엘 제2의 항구도시로, 이곳의 이스라엘 국경은 매우 좁다. 옆에 요르단의 항구도시인 아카바(Aquava)와 홍해 끝자락에 바로 붙어 있기 때문이다. 예전에는 하나의 큰 항구였을 이곳이, 걸프로 연결되는 항구를 빼앗기지 않으려는 이스라엘과 요르단에 의해 나뉜 것이다.

아카바는 내륙지방인 요르단의 유일한 항구다. 고대 아카바 항구에서 요르단을 남북으로 종단하여 시리아까지 북상하는 '왕의 대로

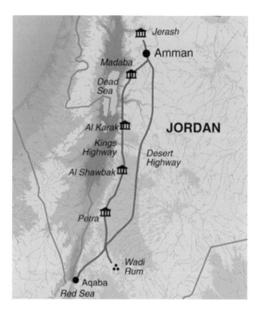

남쪽의 홍해 끝자락에 아카바 항구가 보인다. 아카바와 붙어서 에일랏 항구가 있다. 아카바에서 북상하는 길로 '왕의 대로'가 시작된다.

(King's Highway)'는 아시아와 유럽을 연결하는 무역로였다. 이 '왕의 대로'상에 '페트라'가 위치한다. 에일랏의 서편인 시내반도는 이집트 영토다. 이사야 19장 23절에 언급된 "애굽(이집트)에서 앗수르(시리아)로 통하는 대로"가 바로 이 "왕의 대로"이다.

　에일랏 항수에서 홍해 쪽을 바라보면 이웃한 4개국이 한눈에 들어왔다. 국경만 없다면, 홍해 연안(sea shore)을 따라서 이집트에서 이스라엘과 요르단을 지나서 사우디아라비아 반도까지 차로 한 시간이면 4개국을 다 통과할 수 있을 것만 같았다.

걸어서 성경속으로

. . .

이스라엘과 이웃한 요르단

요르단은 인구 650만 명인 중동의 작은 입헌군주국이다. 예전 성경상의 모압과 에돔의 후예들이 현재의 요르단 국민들이리라. 한반도의 남한 면적보다 약간 작은 크기에 동으로는 이라크, 서로는 이스라엘과 이집트, 북으로는 시리아, 남으로는 사우디아라비아 등 중동의 강국들에 둘러싸여 있다.

주변국들은 석유가 많이 나지만, 요르단은 이스라엘과 마찬가지로 석유 한 방울 나지 않는다. 무슬림 형제국인 중동국가들로부터 외면당할 수도 없고, 정치·외교는 물론 경제협력이 절실히 필요한 미국과 관광연계 수입원인 이스라엘과의 관계도 소홀히 할 수 없는 상황이다. 요르단은 예루살렘과 연계하여 많은 관광객들이 방문하고 있어 관광수입에 크게 기여하고 있으며, 중동국가 중 유일하게 이스라엘과 비교적 자유로운 왕래도 가능하다.

요르단에는 매년 자국민의 숫자보다 많은 약 700만 명 이상의 관광객이 찾아와 30억 달러 이상을 쓰고 가는데, 이 중에서도 페트라가 단연 최고의 관광 상품이다. '페트라' 관광객들이 현재의 가난한 요르단을 먹여 살리다시피 하는 것이다. 석유도 없는 요르단 땅에 관광지 '페트라'마저 없었으면 어찌 했을까?

. . .

페트라 투어그룹

에일랏 공항에서 모인 우리 투어팀은 노년에 은퇴한 미국인 부부, 캐나다인 부부, 그리고 호주에서 직장에 6개월간 장기휴가를 내고 혼자서 세계 7대 불가사의를 보러 다닌다는 엔지니어, 그리고 나까지 총 6명이었다. 엔지니어인 나는 호주에서 온 엔지니어 '아놀드'와 '엔지니어'라는 공통분모 아래 급속히 친구가 되었다.

공항에 마중 나온 사람은 투어에서 고용된 운전수였다. 공항에서 차로 10분을 달리니, 요르단 국경 입국장이 나왔다. 그런데 이 입국장에서 두 시간을 지체한다. 이스라엘에서 요르단으로 입국하는 사람이 많았기 때문이다. 페트라를 다녀오는 단기 입국비자를 받는 데 미화 80불이 필요하다. 그런데 이스라엘에서 한 시간을 줄 서서 복잡한 출국절차를 끝내고 국경을 지나 200여 미터를 걸어서 요르단에 입국장에

이스라엘 국경에서 요르단 국경까지 100미터 정도를 걸어서 통과해야 한다. 앞에 보이는 요르단 국경 검문소.

도착하니, 또 한 번 줄을 서서 한 시간을 기다려 입국절차를 거쳐야 했다.

앞에 보이는 요르단 국경 검문소. 그리고 나서야 비로소 요르단인 투어 가이드 하산을 만날 수 있었다. 젊은 친구인 하산은 요르단에서 한 번도 해외에 나가 본 적이 없다는데도 놀라울 만큼 영어를 잘했다. 외국인 상대로 투어 가이드를 하려면 영어를 해야 하겠지만, 아랍어로 교육을 받은 현지인치고는 영어표현력이 매우 수려했다. 필요는 노력의 어머니라고 했던가? 먹고살기 위한 노력이 놀라웠다.

갑자기 전체 투어그룹이 30명으로 늘어난 상황에서 우리는 대형버스에 올랐다. 그런데 제일 늦게 오른 탓에 앉을 자리가 없던 나는 당황한 채 서 있었다. 그런데 그 순간 하산이 자신의 자리를 나에게 양보했다. 자기는 어차피 여행 소개를 해야 하니 서서 가도 된다는 것이었다. 그렇게 내가 앉은 자리는 버스 밖이 훤히 내다보이는 운전사 건너편 자리였다. 그러나 아무리 살펴보아도 내 몸을 고정시키는 안전벨트는 찾을 수 없었다. 커다란 버스 창문을 통해 경치는 잘 보일지 몰라도, 운전사가 혹 급정거라도 하는 날엔 창밖으로 내 몸이 튀어 나갈 듯해서 두어 시간을 조마조마한 마음으로 가야 했다.

아카바에서 북상하는 아라바 사막길

요르단에서 홍해로 남쪽 땅끝을 마감하는 '아카바'는 북상 길의
시작점이다. 여기서 북으로 '왕의 대로'가 시작해 요르단을 종단한
뒤, 암만으로 연결되거나 또는 지중해 항구들로 연결된다. '왕의
대로'는 홍해 아카바의 해발 0미터에서 산간지역 800미터에 이르기
까지 급격하게 고도가 높아지며, 지금은 아스팔트로 포장된 '왕의
대로(King's Highway)'를 따라 고속도로를 오르면 귀는 순식간에 먹먹
해진다.

3천4백 년 전 출애굽하여 가나안을 향하는 이스라엘 민족은 직선
거리를 버려두고 에일랏에서 에돔이 있는 페트라를 우회해서 아라
바(Arava) 사막길을 조금씩 힘겹게 올랐을 것이다. 블레셋(Palestine)이
거주하는 지중해 연안
도 우회하고, 에돔 족속
의 페트라마저도 우회
하여 돌고 또 돌아가는
고생길이었다. '아라바'
는 '거친 길'이라는 뜻이
라 한다. 광야의 한복판
에서 불끈불끈 솟은 붉

사막을 북상하여 오르는 포장된 '왕의 대로'.

사막과 바위속의 도시 페트라.

은 사암 산맥이 지평선의 앞을 가린다. 이곳의 사암(Sandstone)은 해
의 방향과 시간에 따라 반사되는 빛이 변화하면서 때로는 붉은빛
을, 사막에서 부는 모래먼지로 인해 때로는 회색빛을 띤다.

　그 메마른 산들은 현대식 도시의 풍경에 익숙한 내게는 무척이나
위압적으로 느껴졌다. 도로 앞에 바위산이 불현듯 솟아올라 길을
막아 버린다. 가까운 산은 붉은빛이 뚜렷하되, 먼 산은 자욱한 모
래먼지에 회색으로 점점 멀어져 간다. 끝없이 병풍처럼 펼쳐지는
산악지대와 그 사이 사이가 광야다.

하늘에는 구름 한 점 없이 뜨거운 태양만이 작렬했다. 주변에 보이는 모든 것이 광야(Wilderness)였다. 아니, 더 정확히 표현하자면 그것은 사막(Desert)이었다.

* * *

광야를 떠도는 이스라엘 민족

3천4백 년 전 모세와 함께 출애굽한 이스라엘 민족이 가데스 바네아 사건 이후에 38년간 이 근방의 사막을 헤맸으리라고 추정된다. 이스라엘 민족이 시내반도를 지나서 에일랏(Eilat)을 거쳐 요단 강 동편인 모압으로 올라가는 길에 에돔 땅(지금의 페트라)을 지나서 북상하려다 통행을 막는 에돔 족속과 만나게 되고, 전쟁하지 말라는 하나님의 명령에 동편광야로 우회했다는 표현이 나온다. 바로 눈앞에 보이는 이 지역이다. 페트라로 향하는 계곡의 이름은 '와디 무사(Wadi Musa)', 번역하면 '모세의 계곡'이다. 그 계곡 끝엔 '아인 무사(Ain Musa)'라 불리는 '모세의 샘'이 있다. 이스라엘 민족이 갈증을 호소할 때 모세가 바위를 쳐 물을 솟아오르게 한 곳이라 전해진다.

버스를 타고 페트라에 올라가는 두 시간 동안 좌우를 바라보면서 출애굽을 한 이스라엘 백성의 마음으로 돌아가 보았다. 이러한 삭막한 광야에서 이스라엘 백성들이 '모세'와 '아론'에게 수시로 불평을 해 댄 것도 무리가 아니다 싶었다. "너희가 어찌하여 우리를 애굽에서 나오게 하여 이런 악한 곳으로 인도하였느냐? 이곳에는 파종할 곳이 없고 무화과도 없고 포도도 없고 석류도 없고 마실 물도 없도다." 이스라엘 백성들의 소리 높은 아우성이 귀에 들리는 듯했다.

호르 산 정상에 '아론'의 무덤이 있다고 하산이 손가락으로 가리킨다. '아론'은 '모세'의 형이다. 모세와 함께 이스라엘 민족을 이끈 대제사장 '아론'은 여기서 숨을 거뒀다. 민수기는 이렇게 기록했다. "아론은 그 열조에게로 돌아가고 내가 이스라엘 자손에게 준 땅에는 들어가지 못하리니 이는 너희가 므리바에서 내 말을 거역한 연고니라." 여기에서 '므리바 물'이 바로 지금의 '아인 무사' 샘물이라고 한다. 모세도 "내가 너희를 위하여 물을 내랴!"고 이스라엘 백성에게 혈기를 내면서 바위를 두 번 내리쳐 자신의 능력으로 변질시킨 대가로 역시 가나안에 들어가지 못하고 느보산에서 숨을 거두었다. 결국, 출애굽 한 200만 명이 넘는 이스라엘 백성 중 25세가 넘은 성인 중에는 여호수아와 갈렙 두 사람만 제외하고는 나머지는 모두 이 황량한 사막에 뼈를 묻는다. 불신앙, 불순종의 결과다.

. . .
친절을 가장한 호객

드디어 페트라에 도착하였다. 가이드가 그룹을 셋으로 나눈다. 하루 투어로 저녁에 아카바로 돌아가는 그룹, 1박 2일 투어로 저녁에 '와디무사'의 베드윈(광야를 터전으로 생활하는 사람들) 텐트에서 1박하는 그룹, 그리고 페트라에서 1박 2일의 그룹이다. 나는 호주에서 온 '아놀드'와 같이 페트라에서 1박 2일을 하는 그룹이다. 페트라의 입장료가 하루 50디람, 이틀이면 60디람이기 때문에 입장료를 구분하기 위해서다. 이틀 입장표에는 이름이 적힌다. 다음 날 재입장할 때 여권과 함께 보여 주어야 하기 때문이다. 선조들이 만들어 놓은 유적지의 단순 입장료치고는 무척 비쌌다. 요르단 디람을 미화로 환산하면 하루 입장료가 한 사람에 75불인 셈이다(입국비자 80불에 입장료 75불 등 페트라 관광을 위해 요르단 정부에 내야 하는 액수만 한 사람에 미화 155불이다).

페트라는 요르단이 세계에 자랑하는 국보 1호의 역사적 유적이다. 이집트의 피라미드, 인도의 타지마할 등도 가 보았지만, 선조의 유물을 이렇게 비싸게 팔아먹는 나라는 처음 보았다. 그렇다고 여기까지 와서 입장료가 비싸다는 이유로 안 들어갈 수는 없다. 물론 가난한 현지인들에게는 입장료를 안 받는다. 그러나 현지인과 여행객들은 일단 복장과 생김새에서 너무 큰 차이가 난다.

여행지에서 항상 여행객들을 짜증 나게 하는 것은 필요 이상의 호객행위로 여행객들의 호주머니를 노리는 현지 장사꾼들이다. 페트라도 예외가 아닌 터라 곳곳에 함정이 도사리고 있다. 입장표를 구입하고 매표소를 지나자마자 입장료에 포함되었다고 말을 타고 가라고 친절을 베푸는 베드윈들이 나타난다. 매표소에서부터 족히 2킬로미터는 걸어가야 협곡이 시작되기 때문에 거기까지 말을 타고 가라는 호의다. 모래먼지도 일고 햇빛도 뜨거워 순간 갈등했다.

공짜로 태워주겠다고 호객하는 베드윈들 그러나 내릴때는 엄청난 팁을 요구하며 위협한다.

협곡을 지키고 있는 군사들. 사실은 같이 사진을 찍고 가라고 유혹하고는 돈을 요구한다.

그런데 일시 관심을 보이니, 자기들끼리 서로 태우겠다고 난리다. 단순한 호의가 아니겠거니 하고 포기했는데, 나중에 들어 보니 내릴 때 엄청난 팁을 요구하면서 애를 먹인다고 한다.

협곡 입구에도, 템플 앞에도 옛 로마군병 복장을 한 베드윈들이 창을 들고 서 있다가 여행객들이 사진을 찍으면 돈을 달라고 손을 내민다. 템플에서 협곡입구까지 돈을 받고서 태워 주는 마차도 있었다. 걷기를 힘들어하는 관광객들은 마차를 타고서 되돌아간다. 이후에도 곳곳에 지나가는 여행객들을 뒤따라온 현지 상인들이 불쑥불쑥 조잡한 관광 상품들을 내밀면서 얼마에 사라고 소리친다.

걷고 있는 옆으로 어느새 낙타나 나귀를 끌고 와서는 힘들게 걷지 말고 타라며 끊임없이 호객한다. 조용히 뿌리치고는 템플 앞에 있는 간이카페에서 커피를 한 잔 마셨다. 그런데 뜨거운 물에 인스턴트커피 한 숟가락을 타서는 한 잔에 2디람(3불)을 요구하는 게 아닌가? 이들에게는 여행객들이 호구이자 없어서는 안 될 삶의 방편인 것이다.

· · ·

천연 요새인 페트라

매표소로부터 한 2킬로미터를 걸어가면 붉은 사암으로 이루어진 거대한 바위 틈새의 좁고 깊은 골짜기가 나타난다. 페트라 옛 도시로 들어가는 입구는 이곳 단 한 곳뿐이다. 뒤쪽으로도 가파른 산들로 둘러싸여 있어 우회할 방법이 없다. 정말 난공불락의 요새라 할 만하다. 깎아지른 듯한 100여 미터 높이의 절벽에 폭이 5미터 정도의 입구만 철저히 봉쇄하면, 페트라 내부로 들어갈 수 없게 된다.

페트라 협곡의 높이는 한 100여 미터는 족히 되어 보여서 꼭대기가 안 보인다. 걸어 들어가다 보면, 구불구불한 길이 갑자기 폭이 6미터도 안되게 좁아졌다가 다시 15미터 정도로 넓어지기도 한다.

고대 페트라에 들어가는 유일한 입구. 바위 협곡의 높이가 100미터에 달하는 천연요새이다.

앞으로 나아가는 길의 풍경은 태양이 비집고 들어오는 각도를 따라 모습과 색을 달리한다. 그러한 풍경을 따라 위를 쳐다보느라 목이 아프다. 한 컷, 한 컷 계속 카메라를 눌러 대도 또다시 새로운 풍경이 나타났다 사라지곤 한다.

　방해받지 않고 자유스럽게 천천히 협곡을 걸으면서 한 걸음씩의 보폭을 즐기고 싶었다. 그런데 템플에서부터 협곡입구까지 돈을 받고서 여행객을 실어 나르는 마차(Chariot)가 속력을 줄이지 않고 걷는 사람들 옆을 빠른 속도로 달리기 때문에 멀리서 협곡을 따라서 들려오는 말발굽소리에 계속해서 신경을 곤두세워야 한다. 지나치는 베드윈 마부는 신나서 말에 채찍질을 해대고, 눈이 휘둥그레진 마차에 탄 여행객들은 떨어지지 않으려 안간힘을 쓴다. 마치 영화 〈인디아나 존스〉의 한 장면을 재연하려는 듯하다.

　협곡 경치에만 한눈팔다가는 지나치는 마차에 다치기 십상이다. 마차는

관광객들이 드나드는 좁은 협곡에서 마차들이 빠른 속도로 지나간다.

잊을 만하면 양쪽에서 계속해서 나타난다. 좁은 협곡을 걷는 사람들에게는 마차가 무척이나 신경 쓰인다. 요르단 정부는 왜 이렇게 세계적으로 귀중한 문화유적지에 위험한 마차를 허용하는지 잘 이해되지 않는다. 비싼 입장료를 내고 들어왔는데 관람에 방해받는다고 생각되어 매우 불쾌했다.

· · ·

옛 선조의 지혜, 아쿠아덕트

바위틈에 만들어 놓은 수로. 빗물이 바위를 타고서 이 수로를 통하여 모아서 저장하였다.

3킬로미터 길을 가는 동안 협곡 좌우로 2천 년이 넘은 세월을 견디어 내고 일부는 부서졌어도 여전히 형체를 알아볼 수 있는 바위를 파낸 물도랑이 양쪽으로 계속해서 끊어졌다 이어졌다를 반복한다. 영어로 하면 아쿠아덕트(Aqua-duct)이다.

옛 로마도 이 아쿠아덕

트를 통해서 도시에 물을 공급받았다지만, 몇 천 년 전에 사막기후의 도시에 세워진 페트라에 이러한 아쿠아덕트를 발견하리라고는 생각지 못했다. 절벽의 위쪽에서 가끔씩 내리는 비와 이슬이 절벽을 타고 내려와서는 이 도랑을 타고서 페트라 안으로 흘러들어 가서 저수지에 저장되는 원리였다. 따라서 입구에서부터 템플 광장까지 3킬로미터 거리를 계속해서 바닥의 높이가 조금씩 낮아져야만 물이 낙차를 따라 광장까지 도달한다. 이런 것을 보면, 옛 사람들이 참으로 지혜롭다는 생각이 든다.

그런데 양쪽 두 개의 아쿠아덕트 높이가 달랐다. 가이드가 설명하기를, 높은 것은 사람이 마시는 물이고 낮은 것은 말이나 염소, 낙타 등 동물들이 마시는 물이라고 했다. 어떻게 광야 같은 산속에서 3만여 명의 사람들이 도시를 이루면서 살 수 있었는지 궁금했는데, 이러한 아쿠아덕트와 저수지로 전부 설명이 되었다.

· · ·

웅장한 템플 광장

끝없이 이어지는 바위 협곡의 골짜기를 따라 정신없이 가다 보면, 갑자기 울퉁불퉁하던 바위들 틈에서 사람 손을 탄 미끈하고 웅대한 템플의 정면 일부가 수줍은 듯이 나타났다 다시 사라진다. 그

바위틈에서 나타났다 사라지던 페트라가 드디어 수줍은 듯
위용을 드러내는 순간, 숨이 막힌다.

러다 협곡의 마지막에 다다라서는 광장으로 이어지면서 전체 형체
를 눈앞에 드러내는데, 그 장엄한 광경은 그곳이 첫 방문인 내 마
음을 두근거리게 만들었다. 볕이 잘 들지 않는 자연 협곡을 3킬로
미터나 걷다가 갑자기 나타나는 드넓은 광장과 그곳에 비치는 밝은
햇살, 그리고 정면에 보이는 극도로 섬세하게 만들어진 거대한 바
위템플의 위용, 이것은 직접 경험하지 않으면 말로 설명이 불가능
할 정도다.

벌어진 입은 좀처럼 다물어지지 않았다. 비싸다고 투덜댔던 입장

료가 그 순간만큼은 전혀 아깝지 않게 느껴졌다. 어떻게 그 옛날에 끌과 망치 하나로 저렇게 똑바른 기둥과 들보를 조각할 수 있었을까? 도화지라면 그림을 그리다가 선을 하나 잘못 그으면 구겨 버리고 새로 시작할 수 있다. 또 석회 덩어리 조각품이라 할지라도 부숴 버리고 다시 시작할 수 있을 것이다.

그러나 이것은 바위 전면을 도화지 삼아서 만든 작품이기에 단 한 번의 잘못된 망치질로 전체를 망쳐 버릴 수도 있다. 하지만 구석구석 뚫어져라, 살펴봐도 삐뚤어진 선은커녕 실수한 부분을 단 한 군데도 찾아볼 수 없었다. 이 작품은 40미터의 높이에 30미터의 넓이로 바위에 새겨진, 그야말로 천상의 조각품이다.

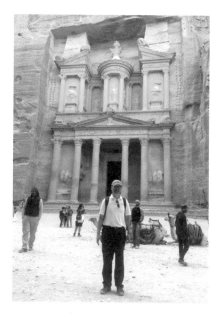

페트라 광장에서의 필자

기둥은 로마의 코린트 양식이되 기둥이 떠받친 형상은 이집트 이시스 여신과 스핑크스다. 이집트와 메소포타미아 양식, 로마식 건축이 모두 페트라에 담겨 있다. 그 엄청난 사이즈와 섬세한 디테일은 그것을 보는 모든 사람들을 압도한다. 에돔 족속이 이러한 건축물을 지은 후에 저절로 교만에 빠질 만도 했다. "우리에게 불가능이란 없다!" 템플에 새겨진 조각 하나하나가 줄곧 내게 그렇게 외쳤다.

. . .

페트라의 건축방식

다른 민족이 공터에 깎은 돌과 구운 벽돌로 건물을 쌓아 갈 때 에돔 족속은 기존의 사암을 조각해 내는 방식으로 건축을 했다. 거대한 암벽을 깎아 기둥을 세웠고, 바위 안을 파내어 공간을 만들었다. 문 안쪽 복도를 따라가면 암벽을 파서 만든 방들이 나타난다고 한다. 그러나 문을 막아 놓아서 막상 들어가 보지는 못한다.

페트라 시는 대부분의 건물들을 이와 같이 암벽을 파서 만들었으며, 골짜기 안쪽에 만들어진 천연요새인 이 지역에는 극장과 온수목욕탕, 그리고 상수도 시설이 갖추어져 있다. 현대도시 못지않은 도시 하나가 떡 버티고 서 있는 셈이다. 천연의 요새로 사방이 절벽으로 방어된 이 도시는 매우 신비롭다. 이 도시는 대상무역의 길목으로 수많은 베드윈 대상(Bedouin Trademan)들이 거쳐 가서 한때 크고 번창했었으나, 대상무역의 쇠퇴와 함께 폐허가 되어 여러 세기

페트라 안쪽으로 들어가면 이러한 대로와 부서지고 지붕이 없는 기둥들이 나온다.
이 주변의 바위를 파고서 굴을 만들어 생활하던 공간들이 나온다.

동안 발견되지 않은 채 남아 있었다. 번창할 동안에 이 도시에 산
다는 것만으로 사람들은 얼마나 우월감에 젖어 있었을까?

그만큼 이곳의 도시설계는 색다르다. 템플 광장을 필두로 드넓은
분지 지형에 닿기까지, 도시를 감싼 절벽은 사암을 파낸 무덤으로
빼곡하다. 그리고 그 안쪽으로 시장터와 템플, 원형극장의 흔적이
남아 있는 공공영역이 자리 잡고 있다. 거기에 무너져 내린 대들보
를 대신해 하늘을 떠받들고 있는 기둥들이 도로의 양옆으로 줄 맞

바위를 파고서 생활공간들 만들었던 옛 페트라 건축방식

취 서 있다. 그 주변으로는 주민들의 생활터전을 보호하듯 감싸고 있는 높은 산들의 위용이 펼쳐진다. 그야말로 천연의 요새다. 더 돌아보고 싶었지만, 오늘로 페트라 관광을 끝내는 그룹들을 위해 다시 되돌아가야 했다.

· · ·

광야의 밤하늘

저녁을 베드윈 식으로 먹었다. 그러나 옛날 광야의 베드윈 식사에는 야채가 귀하거나 없었을 텐데, 이곳에는 서구에서 온 여행객들을 위한 야채가 넘쳐난다. 주식은 하얀 렌틸빈(lentil bean)을 으깨서 만든 휴머스(humus)를 피타(pita bread)에 찍어서 먹는다. 중동에서 피타는 아침 식사를 비롯하여 식사 때마다 항상 식탁에 올리는 주식이다.

식사 후에는 페트라 옆에 위치한 호텔에 체크인했다. 땀과 먼지로 범벅이 된 몸을 씻고서 노트북으로 이메일을 체크하고서도 잠들기엔 아직은 이른 시간이라 윈드브레이커를 걸치고 호텔 밖으로 나왔다. 해가 떨어진 광야의 밤 기온은 낮과는 너무도 달랐다. 바람도 심하게 불었다. 찬 기온에 놀라 잠시 되돌아갈까 망설였지만, 손에 잡힐 듯 가까운 밤하늘의 별들을 보니 걷지 않을 수 없었다.

모든 불빛이 사라지고 오로지 달빛과 별빛만이 나를 비출 때까지 옛 시간 속으로 무작정 걸었다. 어두워서 발밑에 무엇이 있는지도 잘 분간이 되지 않았지만, 그래도 천천히 어둠 속을 발끝으로 더듬으며 걸었다.

서서히 어둠에 익숙해지니 달빛의 도움으로 어렴풋하게나마 사물이 보이기 시작했다. 나는 계속해서 호텔과 상점 등을 벗어나 주변의 전기 불빛이 전혀 미치지 않는 곳까지 걸었다. 그렇게 얼마간을 걸었을까? 멀리 희미하게 보이는 불빛을 보고 문득 정신을 차려 돌아섰다. 주변에 늑대인지 무엇인지 모를 광야에서 서식하는 동물들의 울음소리가 들리는 듯했다.

하늘을 바라보니 별들이 오롯이 나를 향해 빛을 내뿜고 있는 듯했다. 구름 한 점 없는 광야의 하늘 아래 별빛들은 더욱더 밝게 빛났다. 들판에 등을 깔고 누우니 별들은 내게 그대로 쏟아질 듯했다. "한밤에 목자들이 밖에서 자기 양 떼를 지키더니……." 나는 머릿속으로 시간을 2천 년 전으로 되돌려 광야에서 지팡이에 의지하며 양 떼를 지키던 목자의 심정이 되어 보았다.

이렇게 캄캄한 밤에 들에서 양들을 지키려면 얼마만큼의 용기가 필요할까? 지금도 멀리 야생동물들의 울음소리가 등골을 오싹하게 하는데 하물며 양을 지키는 목자들이 편하게 잠이나 잤을까? 광야의 차가운 밤공기는 어떻게 견뎌냈을까? 푹신한 침대에 길들여진 내 몸은 광야의 밤바람에 한껏 위축되어 등을 깔고 15분도 채 누워있기 힘들었다. 땅에서 올라오는 한기로 어깨가 움츠러든다. 요르단 광야에서 잘못 누웠다가 전갈에 물려 죽는 사람들이 있다는 사실은 돌아온 후에야 알게 되었다.

목자들은 매일 밤마다 이렇게 누워서 하늘의 별들을 관찰하지 않았을까? 모든 별자리들과 달의 변화와 바람의 변화를 체크하면서 새로운 별의 등장도 쉽게 알아차렸을 것이다. 이렇게 세심한 눈으로 세상을 관찰했던 목자들에게 천사들이 예수의 탄생소식을 전한 것은 어쩌면 당연한 일일지도 모른다.

· · ·

세상의 끝을 바라보는 전망대

아침에 동이 트면서 아침 식사를 마친 아놀드와 함께 다시 페트라 등반을 시작했다. 이른 시간이어서인지 매표소에는 아직 아무도 없었다. 말을 타라고 여행객들을 귀찮게 하는 베드윈들도 아직 나오지 않았다. 무엇보다 반가웠던 것은 협곡을 미친 듯이 달리는 마차가 이른 아침에는 없어서 방해받지 않고 느긋하게 협곡을 걸을 수 있었다는 점이다.

저 산의 정상에는 세상의 끝을 바라보는 전망대가 서 있다.

템플의 광장을 지나 어제 아쉽게 되돌아섰던 원형극장에 도착했
다. 그리고 아론의 무덤이 있는 호르산을 바라볼 수 있다는 페트라
의 최정상까지 오르기로 했다. 가파른 벼랑길을 한 시간가량 올라
야 하는 그곳에선 경계 밖으로 아라바 광야가 내려다보인다. 그런
데 호르산은 어느 산인지 모르겠다.

오르는 계단은 지그재그로 산길을 잘도 깎아 놓았다. 2천 년 전
바위를 끌과 망치로 쪼아서 만든 계단 같은데, 세월의 힘에 무너져
버린 계단이 콘크리트로 덧대어 재생된 모습이 우스꽝스러웠다.
그러나 계단 보호대는 없다. 조금만 발을 헛디디면 절벽으로 떨어

질 것 같았다. 요르단 정부는 비싼 입장료로 안전시설을 안 만들고 어디에 쓰는 걸까? 오르는 길에 있는 이정표에는 이렇게 적혀 있다. "세상의 끝을 바라보는 전망대." 그래, 이곳이 세상의 끝을 보는 느낌이야.

그런데 한국의 설악산을 오를 때 보던 것과 비슷한 돌탑들이 군데군데 보인다. 주먹만 한 돌들을 쌓아서 탑을 만들어 놓은 것이다. 저 탑은 예전에 에돔 족속이 쌓은 탑일까, 아니면 이 주변에서 현재를 살아가는 베드윈들이 쌓은 탑일까? 그도 아니라면, 나 같은 여행객들이 쌓아 놓은 탑일까?

숨이 턱까지 차도록 오른 정상에 서니, 억센 바람에 몸이 날아갈 것만 같았다. 날아가지 않으려면 몸을 최대한 웅크려 바람의 저항을 최소화시킬 수밖에 없다. 그런데 이런 산 꼭대기까지 나귀를 끌고 올라와서 물병과 기타 기념품을 파는 베드윈들이 보였다. 이곳 정상에는 네모난 제단이 있다. 누가 만든 제단일까? 언제 만

산의 정상에 바위를 깎아서 만든 제단과 제단 플렛폼. 바람이 심하게 불어 한쪽에 사람들이 몰려 앉아 있다.

요르단-에돔의 발자취를 따라

든 제단일까? 누구를 위한 제단일까? 무엇을 제물로 바쳤을까? 질문은 꼬리에 꼬리를 물었지만, 답을 해 주는 이정표나 가이드는 어디에도 없었다.

하루나 이틀을 더 있으면서 북상하여 모세가 가나안을 쳐다보았다는 느보산까지 이스라엘 백성들의 길을 따라서 가 보고 싶었다. 그러나 지금까지의 여행도 나에게는 사치였다. 그동안 꿈으로만 동경해 오던 페트라를 들러 본 것도 내게는 축복이었다. 덤으로 출애굽 한 이라엘 백성들이 헤매었던 광야 체험을 한 것도 축복이었다. 그리고 이러한 체험을 차분한 글로 기록할 수 있고 나눌 수 있는 것도 축복이다.

옛 선조들의 영광의 자취를 볼 때마다 참 대단하다는 생각이 든다. 수많은 노력과 땀과 생명들이 저 건축물을 이루기 위해서 죽어 갔겠지. 그러나 이집트의 피라미드를 비롯하여 그 모든 인간적인 영광의 자취들은 들의 꽃과 같이 시간 속에서 사라져 버렸다. 지금은 그냥 하루 이틀 구경거리로 족하다. 페트라를 본 첫날은 놀라움에 입을 다물지 못했지만, 이튿날이 되어 다시 가 보았을 때 페트라의 옛 영광도 그저 그랬다. 그 경이로움이 고작 하루를 못 가는 것이다.

. . .
더 중요한 것을 붙잡은 동생 야곱

에돔이 자랑하던 세일산도, 하늘을 찌르던 교만도, 결국은 멸망으로 스스로 막을 내렸다. 그러한 역사 속에서 지금까지 보석과 같이 남은 것은 페트라가 아니라 오히려 눈에 보이지 아니하는 믿음의 사람들에 대한 기록뿐이다. 자신의 힘으로 자신의 인생에 만족과 영광을 찾은 에서와 에돔은 결국은 멸망하여 역사에서 잊히고, 세상적으로는 비겁했던 야곱과 그 자손 이스라엘 족속들의 처절하게 하나님을 붙잡은 신앙의 기록은 성경과 또한 역사의 기록으로 남아 있다.

내가 닮고 싶은 것도 대단한 역사적 건축물을 남기면서 홀로서기의 교만한 인생을 살다가 역사 속에서 사라져 버린 에돔이 아니라, 구차했지만 그래도 중요한 장자의 명분을 '에서'로부터 쟁취하고 '에서'를 피해 도망 다녔던 '야곱'이다. 연약했지만 그래도 인생에서 무엇이 가장 중요한지를 알았고, 그래서 압복강가에서 끝내 하나님을 붙잡아 의지했고, 자신과 그 자손들에게까지 신앙의 유산을 남긴 야곱이 결국은 인생의 승자였다. 적어도 에서와 그 자손들이 남겨 놓은 페트라의 유형의 문화재를 직접 돌아본 내게는 인생에서 붙잡아야 할 더 중요한 무형의 가치가 무엇인가를 일깨워 주는 깨달음의 여행이었다.

PART

09

성경의
시작과 끝인 터키땅 👣

. . .

첫 터키(Turkey) 방문기

터키는 성경의 많은 유적지들이 있는 곳이다. 역사적으로 정치와
문화의 주인이 여러 번 바뀐 터키를 이해하기 위해서는 '민족'이 아
닌 '영토'의 개념으로 접근해야 한다.

창세기 9장의 노아의 홍수 이후 방주가 닿은 아라랏산(Mt. Arrarat)
은 터키의 동쪽 산간지대에 있다. 노아의 후손들은 아라랏산에서
남동쪽으로 유브라데강과 티그리스강을 따라서 메소포타미아 수메
르 문화를 이루었으며, 남서쪽으로 지중해연안을 따라 내려온 사
람들은 북아프리카 나일강 문화를 이루었고, 북쪽의 흑해연안을
따라서 서쪽 유럽으로 유입된 사람들이 유럽 문화를 이루었다. 홍

터키지도−왼쪽 상단의 보스포러스 해협 서쪽이 유럽 땅이고 터키 국토의 3%이다. 나머지 97%는 보스포러스 해협 동쪽 아시아 땅이다. 서쪽으로는 불가리아 및 그리스와 국경을 마주하고, 동쪽으로는 그르지아, 알메니아, 이란, 이라크, 시리아 등과 국경을 마주한다.

수 이후 인류문화의 시초가 터키 땅인 셈이다.

　사도행전에 기록된 예루살렘교회에 핍박이 일어나 믿는 자들이 각지로 흩어져 이방인에게 복음을 전파하는 새로운 전초기지가 된 안디옥교회는 현재 시리아와 터키 경계의 땅에 위치한다. 복음전파에 인생을 바친 사도바울이 태어난 길리기아 다소도 터키의 남동쪽 지중해 해안도시이고, 바울의 회심 이후 2차 선교여행에서 3년간을 머물면서 사역했던 두란노 서원은 희랍문화가 꽃핀 터키의 에베소 지역이다.

　갈라디아 서신의 수신지 갈라디아, 골로새서 수신지 골로새 및 브르기아 등의 선교지가 지금의 터키 아나톨리아 지역이다. 사도 요한이 마지막 사역을 했던 에베소교회와 편지를 보냈던 계시록의 7개 교회가 있는 에베소, 서머나, 버가모, 두아디라, 사데, 빌라델비아, 라오디게아도 모두 터키의 아나톨리아 지역인 것이다. 이처럼 터키는 성경의 시작과 끝이라고 해도 과언이 아니다.

또한, 지난 몇 천 년 동안 아시아와 유럽을 잇는 교역로인 실크로드의 서쪽 종착역이 터키의 이스탄불이다. 이 땅의 주인이 히타이트에서 페르시아로, 그리스 희랍으로, 다시 로마의 비잔틴 그리고 중앙아시아 몽골 족 후예인 오스만투르크까지 이어진다. 이러한 역사적인 땅 터키에 10일간 출장을 가게 되었다.

. . .

활발하고 매력적인 시장 터키

터키는 경제적으로 매우 활발하고 매력적인 시장이다. 유럽의 동쪽 끄트머리에 붙어 있지만, 유럽연맹도 아니고, 그렇다고 아랍국가라고 할 수도 없다. 7천5백만 국민의 98%가 무슬림이라지만, 그렇다고 이슬람이 국교도 아니고 법으로는 종교의 자유도 있다. 과격한 원리주의 이슬람을 벗어났고 선진국으로 들어가려는 의지가 강하기에 적어도 개방된 도시인 이스탄불에서는 기독교 활동도 허용되고 한인교회도 있다.

　유럽과 아랍권 및 북아프리카 양쪽 문화를 연결하는 다리로서 문화뿐 아니라 양쪽 시장경제의 활발한 교류지역이기도 하다. 지난 몇 년간 유럽을 비롯한 전 세계가 불경기로 힘들어할 때 혼자서 7~8%를 웃도는 경제 성장률을 기록한 국가이자, 눈부신 경제 발전을 이루어 낸 나라이다. 다른 아랍국가들과는 달리 땅에서 기름 한 방울 나지 않지만 질 좋은 교육에 열심히 일하려는 국민들의 노력으로, 미래가 기대되는 나라이기도 하다.

　한때 동유럽과 중동, 중앙아시아 및 북아프리카를 점령했던 600년 영화의 오스만 제국이 불과 백여 년 전에 멸망하였지만, 그 자부심과 영향력이 아직도 중동과 북아프리카에서 살아 움직이는 민족이다. 따라서 전략적으로 이곳은 타 이슬람 국가들의 선교를 위한 교두보이다.

　지금은 유럽연맹(EU)에 가입하려는 노력으로 하수처리장을 비롯한 수많은 사회 인프라의 투자가 정부주도로 이루어지고 있다. 그러나 그동안 자사에게 직접 시장 진입이 막혀 있었다. 터키에서 자사의 판매 대행을 그동안 다국적 기업에서 했었으나 높은 중간마진으로 전년도에 판매 실적이 없다 보니, 올해 3월에서야 내게 직접 판매의 길을 열어 준 것이었다. 한창 무르익은 시장인 터키가 열리자, 3월 초 남아공 출장에서의 여독이 채 풀리지도 않았지만 일단 가능성 있는 몇 개 현지 업체들과 급하게 미팅 약속을 잡았다.

첫 미팅을 맞추기 위해서는 4월 2일까지 이스탄불에 도착해야만 했는데, 마침 하루 전날인 4월 1일 터키항공이 미국 휴스턴에서 이스탄불까지 첫 직항 운행을 시작하였다. 내가 터키항공 휴스턴-이스탄불 직항로 첫 운항의 수혜자가 된 셈이다.

· · ·

터키와 미국과의 관계

한국인이나 일본인, 중국인조차 터키 방문객은 무비자로 쉽게 입국하는 데 반해 미국 여권을 가진 나는 공항 도착과 동시에 입국심사 전에 별도로 도착 입국비자를 구매하여 스탬프를 받고서야 입국이 허용되었다. 공항에서 두 번씩이나 긴 줄에 서서 시달린 것이다. 후에 고객에게 들으니, 1차 대전 이후에 오스만 제국이 멸망하고 열강 사이에서 터키 공화국으로 독립을 위한 전쟁을 할 때에 그리스를 앞세워 가장 강력하게 터키의 독립을 방해한 나라가 미국과 영국이라고 한다. 당연히 국경을 이웃한 그리스와는 지금도 앙숙이다.

우리는 터키가 한국과 피를 나눈 형제국의 사랑으로 한국전쟁에

앞장서서 참전을 하였다고 알고 있지만, 이는 사실이 아니다. 생명을 희생해야 하는 참전은 감정이기보다는 정치적인 역학관계에서 힘의 균형에 의해 이루어지는 것이다. 마치 한국이 월남전쟁에서 미국의 압박에 의해 수많은 한국군을 참전시켜 희생을 치른 것과 같이 터키는 한국전쟁에서 미국 다음으로 많은 1만 5천 명의 전투 병력을 보내도록 정치적 압박을 받은 것이다. 참전 중에도 전투 일선에 배치가 되어 총알받이로 한국전쟁에서 무려 3천5백 명의 전사자가 생겼다. 이것도 또 다른 미국과의 악연인 셈이다.

· · ·

터키의 역사

다음 날 아침 일찍부터는 주말만 제외하고 매일 미팅의 연속이었다. 유적지를 지척에 두고도 주말 전까지는 업무로 바빠서 들러 보지 못했다. 어차피 업무에 관한 것은 공개도 못하고 재미도 없으니, 그것보다는 터키의 역사를 알려 드려야 하겠다.

학교 다닐 때 세계역사는 지명과 인물을 위주로 줄줄 외우고는 시험 후에는 금방 잊어버려, 전혀 좋아하는 과목이 될 수 없었다. 그러나 해외로 출장을 다니면서 역사에 관심을 가지기 시작했다. 출장지에서 새로운 고객들을 만나면 식사를 같이하곤 한다. 그 나라의 역사에 대한 이해가 깊으면 그만큼 고객과의 대화의 질이 높아지며, 이는 비즈니스의 성사로 이어진다. 그것을 깨닫고는 시간을 들여서 방문하는 나라의 역사 공부를 하는 것이 버릇처럼 몸에 익숙해졌다.

특히 터키는 성경과도 연관이 있어 더욱 열심히 공부하였다. 그리고 현지에서 터키인들에게 들은 것도 제대로 검증 없이 써 내려가기에 혹 오류도 있을 수 있지만, 이 책이 학술지가 아니기에 혹 틀린 부분이 있더라도 독자들이 너그러운 마음으로 이해해 주셨으면 한다.

· · ·
아시아(Asia)의 어원이 된 아나톨리아

아나톨리아(Anatolia) 반도라 불리는 성경상의 소아시아(Asia Minor) 지역에서 보스포러스 해협(Bosporus Strait)을 건너면 유럽이다. 현재 터키 총면적에서 아시아가 97%, 유럽이 3%를 차지한다. 흑해와 지중해를 잇는 500미터 폭의 보스포러스 해협의 좌우로 아시아와 유럽이 갈라지는 것이다.

보스포러스 해협이 지중해와 만나는 서쪽 끝에 이스탄불이 위치한다. 이곳이 동로마제국 비잔티움의 수도였고, 600년 오스만 제국의 수도가 있던 곳이다. 해협을 건너 동쪽 땅 '아나톨리아'는 터키 면적의 97%를 차지한다. 헬라어에 'ia'라는 접미사가 붙으면 '땅'이라는 뜻이다. '아시아(Asia)'라는 어원도 사실은 헬라어로 'Land of Anatolia'의 준말이다. 따라서 지금은 아시아가 굉장히 넓은 지역을 의미하지만, 원래의 아시아는 터키 땅인 아나톨리아 반도인 것이다. 이곳을 성경에서는 '소아시아(Asia Minor)'라고 표현했다.

· · ·

문화의 주인이 몇 번이나 바뀐 아나톨리아

아나톨리아는 그 지정학적 위치 때문에 일찍이 문명이 꽃피고, 수많은 제국에 의해 주인이 바뀐 땅이다. 그 역사를 거슬러 올라가 보면, 노아의 홍수 이후 다시 인류가 시작된 아라랏산이 터키에 있다. 이 때문에 세계 4대 문명이라 배우는 지역의 유적보다도 오래된 문명의 흔적이 터키에서 발견되기도 한다.

히타이트(Hitite) 문명 이후 페르시아에 점령당하기도 했다가 BC 330년에 알렉산더 대왕에 의해 아나톨리아 지역이 완전히 정복된다. 이 젊은 정복자는 그리스, 이집트, 아시아에 걸쳐 대제국을 건설했다. 그리고 아나톨리아에 헬레니즘(Hellenism-희랍) 문화가 뿌리 내린다. 이것이 아직도 터키에 희랍문화의 잔재가 많이 남아 있는 이유이다.

그러다가 로마제국에 기독교를 처음으로 국교로 선포한 콘스탄티누스(Constantinus) 황제가 AD 330년에 '비잔티움(Byzantium)'이라 불리던 도시를 로마의 새로운 수도로 명하고 '콘스탄티노플(Constantinople)'로 바꾸어 불렀다. 콘스탄티노플은 세계에서 가장 큰 도시 중 하나이자, 아시아와 유럽을 잇는 교역로인 실크로드(Silk Road)의 서쪽 종점이었다.

· · ·

동로마 비잔틴 제국

그 후 로마는 동서로 분열하고 터키 땅은 '동로마제국'의 영역이 된다. '비잔틴 제국(Byzantine Empire)'은 '동로마 제국(East Roman Empire)'의 또 다른 이름이다. 시간이 지나면서 로마적인 색채는 점점 사라졌고, 1071년 중앙아시아 터키 민족인 셀주크(Seljuk) 왕조의 침략을 받으면서 완전히 이슬람화되어 버린다. 이후 서로마의 기독교세력에 의해 4번에 걸친 십자군 전쟁을 치르게 된다.

그리고 이어진 오스만 제국도 이슬람을 국교로 600년의 영화를 누리다가, 1차 세계대전에 독일로 줄을 잘못 서는 바람에 제국의 막을 내리고 터키 공화국의 시작점을 알렸다. 이런 이유로 현재 터키에는 선사 시대부터, 그리스 신전, 로마의 건축물, 이슬람 사원 등 다양한 고대 유적지가 곳곳에 많이 분포돼 있다.

. . .

터키(투르크) 민족, 돌궐의 후예

이제는 터키 민족에 대한 얘기를 해 보자. 터키인들은 사는 지역은 '아나톨리아(Anatolia)'이지만, 민족은 '투르크(Turk)'라고 부른다. 그리고 투르크인들은 지금의 중앙아시아 지역에서 그 기원을 찾는다.

당시 투르크는 중앙아시아에 퍼져 있던 많은 북방 유목민족의 하나였다. 역사를 배웠다면 과거 고구려와 동시대에 존재했던 '돌궐'이라는 나라를 알고 있을 것이다. '투르크'는 '돌궐'의 다른 발음이며, 고구려와 돌궐은 같은 우랄 알타이 계통이다. '투르크'를 중국인은 '돌궐'이라 표기했고, 우리도 그렇게 불렀다.

돌궐은 중앙아시아 유목민족 '흉노'가 조상이다. 흉노는 기마와 궁술에 능해 진시황제가 두려워했다는 기록도 있다. 진시황제가 쌓은 만리장성도 흉노를 두려워한 방어막이었다고 하니, 그 두려움이 얼마나 컸을지 짐짓 상상이 간다.

. . . .

고구려와 이웃한 돌궐족

이후 흉노의 후예인 돌궐과 대한민국의 선조인 고구려가 국경을 맞대고 서로 으르렁거리고 있는 사이, 수나라가 중국을 통일하고 힘을 뻗치기 시작한다. 그러한 수나라가 강력해지자, 드디어 돌궐과 고구려가 손을 잡는다. 수나라는 껄끄러운 두 나라가 서로 동맹을 맺지 못하게 상대적으로 더 약한 고구려를 공격한다. 그러나 수나라는 고구려를 향한 세 차례 원정으로 급격히 쇠락해 멸망한다(우리도 잘 아는 을지문덕의 살수대첩도 그중 하나이다).

그리고 중국엔 당나라가 들어선다. 초기에 돌궐은 당나라에 조공을 받아 낼 정도로 강력했다. 그러나 그 후 내부 분란으로 돌궐이 서돌궐(West Turk)과 동돌궐(East Turk)로 나뉘면서 세력이 점차 약해졌고, 결국 동돌궐이 당나라에 의해 무너지면서 역사의 뒤안길로 사라지고 만다.

· · ·

서진을 시작한 돌궐족

서돌궐 또한 당나라에 쫓기어 조금씩 조금씩 서쪽으로 이동한다.
중앙아시아를 거쳐 서남쪽으로 이동한 서돌궐은 지금 터키의 아나
톨리아 동쪽 지역에 자리를 잡는다. 그리고 주변 아랍권의 이슬람
문화와 종교를 받아들이면서 투르크의 역사가 계속된다. 그전까지
는 이들에게 나라 이름 같은 것도 없고, 문자도 없었다.

그러던 중 투르크인들 가운데 셀주크 족이 세력을 넓혀 1077년
셀주크 투르크 제국을 건설하고 아나톨리아(소아시아) 지역을 점령하
게 된다. 아나톨리아가 본격적으로 이슬람화 되는 시점이다. 그 이
후에 중세유럽의 로마교황청에서 이슬람화한 아나톨리아와 무슬림
손에 들어간 예루살렘의 탈환을 위한 십자가를 앞세워 1096년부터
1200년까지 4차에 걸친 십자군전쟁을 일으킨다.

예수의 이름으로 수많은 무슬림들을 죽이고 콘스탄티노플과 예
루살렘을 놓고 전쟁을 벌이는 역사상 가장 바보 같고 어처구니없는
전쟁을 일으킨 것이다. 지금까지 계속되는 아랍권과 기독교권의
되풀이되는 피의 역사가 시작된 중심지가 바로 이곳, 터키이다.

600년 역사의 오스만투르크 제국

그 뒤 역사상 최강의 제국이었던 몽골의 유럽까지의 팽창으로 같은 몽골계였던 셀주크(Seljuk) 투르크가 망하자, 아나톨리아 서쪽에서 작은 세력을 유지하고 있던 또 다른 투르크계인 오스만(Ozman)족이 기회를 틈탄다. 그리고 드디어 1300년, 오스만투르크 제국이 등장한다.

오스만이 강성해지고서는 보스포러스 해협을 건너서 허약해진 서쪽 비잔틴 제국을 공격한다. 오스만은 콘스탄티노플을 점령하고, 이스탄불로 개명해 수도로 삼는다. 기독교 국가였던 비잔틴 제국은 그렇게 오스만에 의해 오랜 역사에 마침표를 찍고, 이슬람인 오스만 제국이 이스탄불에 들어서면서 600년의 찬란한 역사를 시작한다. 아마도 유럽 위주로 쓰인 세계 역사에서 600년간 서유럽 및 중동과 북아프리카 등 세계의 반을 지배한 오스만의 찬란했던 역사를 축소 왜곡하려는 유럽인들의 시도로 인해 오스만의 역사가 잘못 전달되는지도 모르겠다.

오스만은 승승장구해 엄청난 강국이 된다. 그 영역은 서쪽으로는 그리스, 불가리아를 비롯해 서남쪽으로는 지금의 모로코와 북아프리카, 동쪽으로는 지금의 이란 서부, 북쪽으로는 지금의 우크라이

나, 남쪽으로는 사우디 및 예멘을 비롯한 아라비아 반도를 차지할
만큼 광대했다. 즉, 지중해와 동서양 교차로 전 지역을 영역으로
삼는 지중해 절대강자로 군림한 것이다. 이슬람의 영향을 받았던
투르크인의 오스만이 대제국이 되면서 이슬람 문화와 아랍권의 주
인이 된 건 말할 것도 없다.

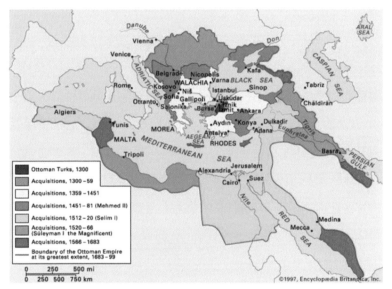

오스만투르크 제국 당시 오스만이 지배하던 국가들. 지중해의 동남북 국가들이 전부 오스
만의 지배하에 있었고, 흑해 주변 국가들과 홍해 주변 국가들, 걸프만 국가들이 모두 오스
만제국의 지배를 받았다. 오스만의 영광은 13세기부터 19세기까지, 약 600년 동안 지속
되었다.

아랍권을 지배한 오스만투르크 제국

현재 북아프리카 지역의 이집트, 수단, 리비아, 튀지니, 모로코 등 사하라사막 북쪽의 나라들은 아프리카라기보다는 아랍에 가깝다. 그 이유는 가장 최근까지 그 지역의 주인이었던 오스만 제국 때문이다.

당시 최고 지도자인 술탄은 정치과 더불어 종교적인 리더로서의 역할도 겸했다. 중세 유럽에서는 교황과 왕들의 권력싸움이 끊이지 않았던 사실을 비추어 보면, 오스만 제국에서 두 권력 모두를 쥐고 있던 술탄의 힘은 가히 엄청났다고 할 수 있다. 오스만 제국 시절에는 모든 점령국들까지 이슬람이 국교가 되도록 강요하였고, 기독교권인 서구권과 겨루어 이슬람이 세력을 확장한 시기이기도 하다.

이 와중에 12세기부터 몇 세기에 걸쳐 아나톨리아에서 정착하지 못하고 중앙아시아 유목생활로 다시 되돌아가서 아직도 같은 언어를 쓰고 말이 통하는 투르크족이 서아시아와 중앙아시아에 퍼져 있는데, 현재 3천만 명으로 추정된다. 따라서 전체 투르크족은 터키의 7천5백만 명과 더불어 현재 1억 명이 넘는 것으로 추정된다.

1차 대전 이후 몰락하는 오스만투르크 제국

600년의 영화가 계속되던 오스만 제국은 1차 세계대전 당시, 독일과 오스트리아 쪽에 서서 전쟁을 치른다. 오스만 제국은 독일과 함께 결국 패전국이 되는데, 그 영향으로 알바니아, 그리스, 불가리아, 중동, 북아프리카 등 많은 주변 국가들이 독립을 하게 된다.

그리고 아나톨리아 지역이 영국, 프랑스 등에 점령당하게 되고, 그 꼴을 보다 못한 '무스타파 케말 아타투르크(Mustafa Kemel Attaturk: 터키 공화국의 초대 대통령으로 한국에서는 '무스타파 케말 파샤'로 알려졌으나 터키에서는 그냥 '아타투르크'라 불림)' 장군이 연합군에 굴복하는 술탄 체제에 반기를 들고 터키인들의 지지를 받아 터키의 독립운동을 시작한다.

전쟁은 주로 영미 연합군을 등에 업은 그리스와의 전쟁이었다. 아타투르크의 노력으로 터키는 다시 아나톨리아 지역을 회복한다. 아타투르크는 1923년 터키 공화국을 선포하고, 생존하고 있던 마지막 술탄을 해외로 축출한다.

초대 아타투르크 대통령

아타투르크는 터키의 공화국 초기에 개혁을 시도한다. 이슬람 원리주의 종교 국가에서 벗어나려는 노력의 일환으로, 언어는 있으나 글이 없어 아랍글자를 사용하던 투르크의 공식 언어표기를 아랍글자에서 라틴 알파벳으로 변경한 것이다. 또한, 무슬림 제국의 영향이 남아 있는 수도를 이스탄불에서 소도시였던 앙카라도 옮긴 것도 그때였다.

이슬람 국교를 폐지(그러나 아직도 98%의 터키인은 무슬림이다)하고, 이슬람 율법을 폐지하고는 서구식 법률을 제정한다. 일부다처제 금지, 여성의 법적 권리 및 참정권도 인정을 하고, 여성이 공공장소에서 반드시 히잡을 쓰는 관습도 폐지하였다. 이슬람 달력 대신 국제표준 태양력을 채택하여, 휴일이 이슬람권의 금요일에서 서구권과 같은 일요일로 변경된다. 유럽식 근대화의 시작인 것이다.

분명 기존세력의 많은 반대와 어려움이 있었겠지만, 혁명보다 더 힘들고 더 단호한 개혁조치를 통해 현재의 터키 근대화에 초석을 다진 지도자이다. 이미 타계하였지만 지금까지도 아타투르크는 진정한 터키 건국의 아버지로 회자되며 터키 국민들에게 진심으로 존경을 받고 있다.

- - - -

보스포러스 페리(Ferry), 30분 만에 아시아에서 유럽까지

금요일 저녁 늦게 보스포러스 해협을 건너서 유럽 쪽 구시가지의 호텔로 돌아가는 길에 유럽과 아시아를 잇는 두 개뿐인 보스포러스 해협 다리 위에는 수많은 차량들의 행렬이 이어졌다. 특히 차량의 통행이 많은 금요일 밤에는 다리를 건너 호텔까지 두 시간 넘게 걸릴 수도 있다고 한다.

다리 위에서 시간을 보내느니 차라리 페리(Ferry)를 타고 보스포러스 해협을 건너기로 했다. 이스탄불 아시안 사이드의 선착장에서 페리를 타고 눈에 빤히 바라보이는 유럽 사이드 신시가지 선착장까지 물 위로 30여 분을 가면, 바로 카라코이 트램 정류장으로 연결된다. 페리의 운임은 4리라(미화로 2불)였다. 다리 위의 교통 체증을 피하려 페리에 올라탄 수많은 사람들이 물 위의 이스탄불 밤의 풍경을 즐기고 있었다. 물살을 가르며 30분 만에 아시아에서 유럽까지 배를 타고 건너는 것도

보스포러스 해협의 페리 위에서 찍은 사진. 멀리 유럽과 아시아를 잇는 다리가 보인다.

성경의 시작과 끝인 터키땅

색다른 경험이었다.

  이후 11월에 다시 이스탄불을 방문할 기회가 생겼다. 먼저 방문 때에 보스포러스 해협 아래로 터널을 뚫어서 지하철을 연결하고 있다는 얘기를 들은 바 있었는데, 드디어 2013년 10월에 개통되었다고 한다. 일본 기술과 일본 자본이 들어와서 유럽과 아시아를 잇는 해협 아래의 지하철 공사를 10년에 걸쳐서 해낸 것이다. 이름하여 "Marmaray"이다. 보스포러스 해협에서 남쪽으로 이어지는 Marmara Sea를 빗댄 이름이다. 해협 아래를 터널로 뚫어서 지하철로 유럽과 아시아대륙을 불과 7~8분 만에 관통하는 것이다. 호기심에 타 보지 않을 수가 없었다. 이처럼 편리하게 대륙과 대륙

유럽과 아시아를 잇는 페리들.

이 이어지는 곳은 없을 것이다. 술탄아흐멧 지역에서 출발하는 지하철을 타려고 많이도 내려가야 했다. 수많은 사람들이 이제는 페리 대신에 더 편리한 지하철을 이용하여 대륙을 건너다닌다. 그런데 지하철의 구조가 서울 지하철과 같이 눈에 많이 익었다. 잘 살펴보니 아니나 다를까 "현대 로템"의 명판이 눈에 들어왔다. 공사는 일본기술이 했더라도 동과 서를 이어 주는 차량은 한국산인 것이다.

PART

10

이스탄불

· · ·
뮤지엄 패스 3일권으로 이스탄불 관광하기

　주말은 이스탄불을 돌아볼 수 있는 좋은 기회이다. 그동안 지척
에 두고서도 둘러보지 못했던 아야소피아 박물관을 먼저 들러보기
로 하였다. 토요일이라 그런지, 입구에는 세계 각처에서 온 수많은
관광객들로 붐볐다. 입장티켓을 사야 하는 줄도 100여 미터나 되
었다. 매번 관광지를 들어갈 때마다 입장티켓을 사기 위해 줄을 서
는 것도 번거롭기에 뮤지엄 패스 3일권을 샀다. 3일간 톱카프 궁전
과 아야소피아 박물관, 이스탄불 고고학 박물관 및 이스탄불 모자
이크 박물관 등 총 7곳을 들어갈 수 있는 이용권이다.

아야소피아(Hagia Sophia)

아야소피아 성당. 원래는 비잔틴의 성당으로 지어졌으나, 이후 이슬람 모스크로 바뀌면서
이슬람식 아잔 타워들이 생겼다.

이스탄불의 아야소피아 박물관은 동로마제국 초기인 360년에 성
당으로 세워졌고, '비잔틴미술의 최고봉'이라는 명예를 지금까지
누리고 있다. 이후 화재로 인한 소실과 532년의 개축 공사 등 우여
곡절이 많았는데, 그중에 가장 드라마틱한 대목은 오스만의 정복
이다.

아야소피아 내부 천정. 아직도 비잔틴 시절 그려진 기독교 성화 위에 덧칠해진 것을 벗겨내는 작업이 이루어지고 있다.

　1453년 오스만 제국이 콘스탄티노플을 차지하고 도시를 약탈한 후 이스탄불로 이름을 바꾸었지만, 아야소피아 성당만큼은 그 독특하고 놀라운 예술성과 아름다움으로 보존하기로 결정한다. "알라만 존재한다!"를 부르짖었던 그들이 이 기독교 성당을 무너트리지 않고, 대신 모스크로 사용한 것이다. 결국, 성당은 모스크가 됐고, 성당 주변에 이슬람 사원임을 나타내는 연필 같은 모양의 '미나레'들이 4개나 있다. 자세히 보면 연필 모양의 탑과 본건물의 벽돌의 색이 달라서, 탑은 몇백 년 후에 지어진 것임을 알 수 있다. 그로 인해 어디에도 없는 독특한 모습을 하게 됐다. 그리고 지금은 박물관으로 개방되어, 연간 수백 명의 관광객을 끌어모으고 있다.

원래 성당에 있던 성모 마리아 및 요한과 예수 등의 벽화에 덧칠을 하면서 20세기에서야 숨겨져 있던 벽화들이 발견되었다. 덧칠을 벗기면서 비교적 양호한 부분도 있지만 손상이 심한 부분도 있는데, 지금도 발굴 작업과 보수 작업이 계속되고 있다. 비잔틴 시대의 성화(Holy Paintings)를 보기 원하는 로마가톨릭 구교신자들의 발길이 끊이지 않는다.

· · · ·

블루 모스크(Blue Mosk)

아야소피아에서 나오면 앞에 길이 600미터, 폭 300미터 정도의 분수와 꽃들로 장식되어 있는 큰 광장이 나온다. 그리고 그 서쪽 대칭점에 술탄 아흐메트 자미(Sultan Ahmet Camli-'자미'는 '모스크'라는 뜻) 또는 '블루 모스크(Blue Mosk)'로 더 잘 알려진 대규모의 이슬람 사원이 나온다.

술탄 아흐멧은 이 부근의 지역 이름이 될 정도로 중요한 관광명소이다. 장대한 모습의 사원은 이스탄불의 상징이기도 하다. 이슬람 사원의 특징인 둥근 천정의 큰 돔(Dome)은 무려 높이 45미터에

블루모스크. 오스만이 콘스탄티노플을 점령하여 새로 지은 이슬람 모스크. 아야소피아 성당의 건너편으로 눈에 보이는 분수를 낀 광장의 동서로 위치하여 서로 마주 보고 있다. 연필 모양의 아잔타워가 6개나 된다.

아야소피아 쪽에서 찍은 블루모스크.

걸어서 성경속으로

지름이 30미터에 달한다. 더불어 4개의 작은 돔과 주변의 6개의 타워들로 이루어져 있다.

무슬림들의 거주지에 가면 곳곳에서 연필처럼 생긴 타워를 볼 수 있는데, 여기에 달린 스피커에서는 하루에 다섯 번 〈아잔〉이라는 노래가 흘러나온다. 무슬림 기도 시간을 온 동네에 알리는 것이다. 연필 타워의 개수가 그 사원의 크기를 나타내 준다고 한다. 6개의 타워가 있는 사원은 사원들 가운데 가장 큰 규모이다. 이 건축물의 중후한 모습은 오스만 왕조 건축의 걸작 중 하나로 평가받고 있다.

블루 모스크는 아직도 무슬림들이 들어가 기도하는 이슬람 사원으로 사용되고 있으나, 관광객들에게도 특정한 시간에 입장을 허용한다. 마침 때맞추어 사원 안에 들어가 볼 수 있었다. 제법 줄이 길었다. 그리고 허용하는 관광객들의 복장 역시 까다로웠다. 남자들의 반바지 차림이나 어깨나 다리를 드러낸 여자들의 복장으로는 입장을 허용치 않는 것이다. 특히 여자들은 머리를 스카프로 둘러써야 했다. 미처 스카프를 준비하지 못했으면 빌려 주기까지 했다. 신발을 벗고 들어가야 했다.

이제까지 이슬람 사원에는 문간까지 가 본 적은 많아도 안에 들어가 본 적이 없어, 이슬람의 속살(?)을 본다는 생각에 조금은 흥분되었다. 사원 밖에는 사원에 들어가려는 무슬림들을 위해 발을

블루모스크의 내부 모습. 내부의 벽이 파란 타일로 창문을 통해 들어오는 파란색의 빛과의 조화로 신비한 풍경을 만들어 낸다.

씻는 공간이 있었다. 무슬림들에게는 더러운 발을 씻고서 사원에 들어가는 것이 매우 중요하게 여겨진다고 한다.

모스크 안은 무슬림의 기도공간과 관광객의 관람공간이 구분되어 있다. 블루 모스크 안으로 들어가자, 왜 이 사원을 블루 모스크라 부르는지 알 수 있었다. 모스크 내부 벽에 파란색을 주조로 한 다양한 문양의 이즈닉 장식 타일이 2만 장 이상 붙어 수를 놓고 있었다. 바닥의 카펫은 이슬람의 성스러운 색인 녹색으로, 파란 타일과 조화를 이루었다.

넓은 바닥에서 위를 쳐다보면 45미터의 높은 천장이 독특한 분위기를 풍긴다. 메인 돔과 부속 돔에는 260개의 작은 창들이 있으며, 창들의 스테인 글라스를 통해서 들어오는 햇빛에 내부의 타일이 반사되어 파란빛의 신비로운 내부 분위기를 연출한다.

이곳에는 들어오는 관광객들에게 이슬람을 소개하는 이슬람 전도지가 언어별로 구비되어 있고, 사원 내부에서는 이맘(이슬람 종교 지도자)이 영어로 이슬람의 교리를 강의한다. 말하자면, 관광객들을 대상으로 이슬람교를 전도하는 것이다. 나는 사원에 들어가 있는 동안 계속해서 속으로 기도를 하였다. 이곳에도 차별 없이 주의 복음이 전파되어 이곳에 있는 모든 이들이 주의 복음을 듣게 되고, 이 장소가 주의 은혜로 복을 받게 해 달라고…….

- - -

오벨리스크(Obelisk)

다시 블루 모스크 광장으로 나오면, 서쪽으로 25미터 높이의 오벨리스크가 보인다. 이 오벨리스크는 이집트 문명의 상징이다. 이집트문명이 터키에 들어온 적이 없는데, 대체 오벨리스크가 어쩌다가 터키에 세워지게 된 걸까? 궁금한 마음으로 다가가 보았다.

기원전 15세기에 이집트의 파로아 3세가 메소포타미아와의 원정전쟁에서 승리하자, 승전을 기리기 위해 핑크 대리석으로 오벨리스크를 두 개를 세운다. 이후 로마제국이 이집트까지 손에 넣고서 4세기경에 로마 황제가 두 개 중 하나의 오벨리스크를 콘스탄티노플로 옮겨 온다.

오벨리스크 타워. 블루모스크 광장의 서편에 위치해 있다.

옮겨 온 후 몇십 년간 방치되어 있던 오벨리스크가 AD 390년 테오도시우스 황제에 의해서 지금의 자리에 서게 된 것이다. 이미 3천 5백 년이나 된 오벨리스크는 사방이 이집트 상형문자들로 조각되어 있었다.

· · ·

톱카프 궁전(Topkapi Sarayi)

다시 동편으로 아야소피아를 지나면 톱카프 궁전이 나온다. 톱카프 궁전은 오스만 왕조의 술탄들이 살았던 성으로, 오스만 제국의 정치와 문화의 중심지였다. 이 궁전은 말마라해와 금각만 사이에 보스포러스 해협이 내려다보이는 언덕 위에 세워져 있다. 이스탄 불과 같은 대도시에 보스포러스 해협을 가로지르는 다리가 불과 두 개밖에 없는 것은 구시가지에서 아시아로 넘어가는 요지에 70만㎡ 로 넓게 위치한 이 국보급의 궁전을 보존하기 위해서다.

톱카프 궁전 성채의 정문 게이트. 빨간색 터키 국기가 나부낀다.

톱카프 궁전은 15세기부터 20세기 초에 걸쳐 강력한 권력을 지녔 던 오스만 왕조의 영화를 상징하는 기반으로서 건설되었다. 바다로 둘러싸인 언덕 끝, 동서 교역의 접점인 보스포러스 해협을 바라보 면서 궁전이 서 있다. 과거에 이곳에 제국의 위엄을 나타내는 대포들이 설치되어 있었기에 '톱(대포) 카프(문)' 궁전으로 불리게 되었다. 궁전 안에는 의회와 술탄의 거실은 물론, 측실들의 방을 갖춘 '하렘'도 있다. 그리고 600년 영화의 상징인 보물들도 전시되어 있다.

. . .

톱카프 궁전 내 가장 큰 볼거리, 하렘(Harem)

하렘은 아라비아어로, 하람(성역)과 하림(금지)을 어원으로 한다. 술탄의 측실들이 살았던 공간으로, 톱카프 궁전에서 가장 큰 볼거리이다. 입구를 들어가면, 먼저 환관의 방이 나온다. 환관은 대부분 이집트 출신의 흑인으로, 주 임무는 하렘(여성의 방)의 경비였다. 환관장은 술탄이 원하는 여성을 구해 오는 역할을 했다. 그러나 이슬람 규율에 따라 여성들과 얼굴을 마주하는 일은 없었다. 음식도 이중으로 된 문 너머로 운반되었고, 한쪽에서 넣어 준 그릇은 다른 쪽에서 반출되었다. 이렇게 이중문으로 된 방들이 아직도 남아 있다.

여성들의 방은 술탄의 어머니가 지내던 공간에서 첫 번째 부인부터 네 번째 부인까지 살던 공간과 그 밖에 여자들이 살던 공간으로 나뉘어져 있다. 4명의 부인들은 자신들만의 공간과 고용인을 소유하고 생활도 보호받았다. 그리고 하렘에는 화려한 이즈닉 타일로 장식된 술탄의 방과 식당 등도 있다.

술탄의 요리실

마트바흐 아히레(Matbah Amire)는 술탄의 요리실로, 16세기에는 1,200명의 요리사가 있었다고 한다. 하지만 현재는 옛 주방에서 도자기 전시관으로 그 용도가 변경되었다.

세계 각국에서 모은 도자기들을 전시하는데, 총 1만여 점에 달하는 전시 규모는 세계적으로 손꼽힌다. 중국 명나라, 송나라 시대의 백자와 청자들도 있고, 일본 도자기, 고려청자 등 그 종류가 제법 다양하다. 이러한 다양한 도자기들은 육지의 실크로드와 바다를 통하여 운반되었으며, 술탄이 세계 각국에서 탈취하거나 사들인 것도 포함되어 있다.

오스만투르크 시대의 보물들

보물과 의상들을 모아 놓은 하지네 오다스(Hazine Odasi)라는 보물관이 있다. 이스탄불은 오스만 제국시대 이후 600년간 한 번도 침략을 받지 않았기에 수많은 보물들을 약탈당하지 않고 보전할 수 있었다고 한다.

진열되어 있는 보물들 중 4번째 방에는 3개의 커다란 에메랄드와 시계가 딸려 있는 황금으로 된 단검이 있다. 이 단검은 하지네 오다스에서 가장 큰 볼거리이다. 무게가 3㎏이나 되는 세계 최대의 에메랄드는 녹색을 신성한 색으로 여기는 이슬람 세계에서 가장 귀한 보석으로 여겨지는데, 술탄이 치열한 경쟁 끝에 손에 넣은 것이라 한다.

스푼방의 다이아몬드도 86캐럿의 대형 다이아몬드를 작은 다이아몬드들이 둘러싸고 있는 형태를 하고 있다. 이 다이아몬드에 관련된 여러 전설이 전해지는데, 다이아몬드 원석을 주운 한 어부가 시장에서 그 원석을 숟가락 세 개와 바꾼 데에서 이름이 유래했다는 전설이 전해 내려온다.

이곳에 들어가면, 사실인지 의심스러운 모세의 지팡이도 전시되어 있고, 다윗의 칼도 전시되어 있다. 이슬람에서는 예수님을 포함해서 아브라함과 모세나 다윗도 선지자 중의 하나로 가르친다. 따라서 이들이 쓰던 유물도 전시되는 것이다.

지하 저수지 Cistern

톱카프 궁전을 나와서 다시 술탄 아흐메트 광장으로 오면, 지하
궁전인 예레바탄(Yerebatan) 입구가 나온다. 이 지하궁전은 사실 지하
저수지이다. 4세기 콘스탄티누스 황제부터 6세기 유스티나누스 황
제에 걸쳐 만들어졌다고 한다.

비잔틴 시대부터 오스만 시대까지 이곳은 귀족들을 위한 중요한
물 창고였다. 물은 멀리 저수지에서 이곳까지 끌어왔으며, 톱카프
궁전의 술탄과 왕족들의 목을 적셔 주었다고 한다. 전체 크기는 세

지하저수지 내부. 3미터 정도의 물이 차 있다. 어두침침한 내부에 조명이 신비로움을 더한다.

로 140미터, 가로 70미터, 높이 8미터 정도이며, 내부는 246개의 코린트 양식의 기둥들이 받치고 있다. 원래는 28개의 row가 12개로 통합 336개였는데, 90개가 소실되었다 한다.

아직도 물이 고여 있는 이곳의 물속에는 잉어들이 살고 있다. 내부에는 지하 특유의 찬 기운이 돌고, 기둥마다 조명으로 밝힌 어두운 내부는 매우 음침한 분위기를 자아낸다. 어두운 기둥 사이를 걸어갈 수 있도록 만들어 놓은 보드워크를 걷노라면, 위에서 끊임없이 떨어지는 물방울을 직접 느낄 수 있다.

궁전 가장 안쪽에는 메두사(Medusa)의 얼굴 두 개가 조각되어 있다. 하나는 옆으로 뉘고 또 하나는 아래로 뉘어서, 괴기스러운 형태로 기둥을 받치고 있다. 이 장소에서 영화 〈007〉도 찍었다고 한다.

· · ·

이스탄불의 명동 탁심 광장

저녁에는 탁심(Taksim) 광장에 나갔다. 이스탄불은 구시가지와 신시가지 사이에 200미터 넓이의 금각만(Golden Horn Bay)이 있고 갈라타 다리로 연결되어 있다. 트램을 타면 갈라타 다리를 건너서 곧바로 신시가지로 연결된다.

다리를 건넌 트램은 해안선을 따라 달리다가 세 개의 정류장을 더 가면 종점에 도착한다. 종점에 도착하면, 탁심 광장으로 연결되어 한 정거장만 오가는 지하철이 있다. 200여 미터의 고지대에 가기 위해 인클라인(incline)처럼 끌어올리는 세계에서 가장 짧은 지하철이다.

탁심 광장은 터키 건국을 기념하는 동상이 세워진 광장으로, 신시가지의 중심지이다. 그리고 이스탄불 아시아사이드까지 연결되는 지하철의 종점이자 연결점이다. 말하자면, 이곳이 이스탄불의 가장 번화가인 명동인 셈이다. 이곳까지 지하철로 올라와서 갈라타 다리 방향으로 걸어 내려가

이스탄불의 명동 탁심광장. 주말이면 수많은 젊은이들이 모여든다.

면, 수많은 사람들이 거리에 인산인해를 이룬다.

토요일 저녁인 만큼 더 많은 사람들이 모인 것 같았다. 좌우로는 늘어서 있는 상점들과 식당은 가득 찬 사람들로 매우 정신이 없었다. 이곳을 천천히 걸어서 구경하며 내려오는 재미도 매우 쏠쏠했다. 이곳엔 없는 것이 없을 만큼 많은 상품이 있으니, 관광지 선

물을 사기에 안성맞춤이다.

탁심 광장에는 볼거리도 가득했다. 거리의 악사들이 눈과 귀를 즐겁게 해 주고, 각 나라의 영사관들도 이 거리에 많다. 끈적거리는 아이스크림, 'Turkish Delight'라고 불리는 디저트 등 먹거리도 많다. 돌아가면서 구워지는 둥근 양고기 덩어리를 칼로 얇게 베어 내어 전병에 싸먹는 케밥은 가장 흔한 먹거리다. 길거리에서 직접 짜 주는 오렌지주스와 석류주스도 이스탄불에서 빼놓을 수 없는 명물이다.

・・・
갈라타 다리 위의 고등어 케밥

저녁을 해결하기 위해 갈라타 다리로 향했다. 2층 구조로 된 갈라타 다리의 위층에는 다리 난간에서 낚시하는 낚시꾼들이 줄을 드리우고, 아래층은 20여 개의 식당들이 즐비하게 늘어서 있다. 그러나 이번에는 노점상에서 만들어 파는 '고등어 케밥'을 먹기로 하였다.

며칠 전 고객과 이곳 식당에서 해산물을 먹었지만, 터키식 생선 요리는 비싸기만 했지 양념이 밋밋하여 내 입맛에는 별로였다. 내 눈앞에 놓인 생선보다 오히려 내 관심을 끄는 것은 주변의 길거리

갈라타 다리 밑의 Fish House. 보스포러스 해협을 바라보면서 해산물 식사를 하는 운치가 있다. 앞에 보이는 것은 또 다른 무슬림 모스크.

에서 파는 싸구려 고등어 케밥이었다. 숯불에 고등어 기름이 타는 냄새가 코를 묘하게 자극한 것이다.

고등어를 뼈를 발라내고 두 쪽으로 갈라서 숯불에 구운 후, 야채를 넣은 쫄깃한 빵과 함께 먹는 '고등어 케밥'은 이스탄불의 또 다른 명물이다. 무엇보다도 숯불에 굽는 냄새가 꽤 넓은 지역에까지 풍기며 멀리서부

고등어 케밥은 야채가 들어간 빵에 뼈를 발라내고 구운 고등어를 싸서 먹는 것이다. 갈라타 다리의 명물이다.

터 입맛을 자극한다. 단돈 5리라, 달러로 2불 50전에 해결한 한 끼 식사는 그 무엇보다도 꿀맛이었다. 내 입맛에는 노린내 나는 양고기 케밥보다 비린내 나는 고등어 케밥이 훨씬 더 맞았다.

· · ·

고고학 박물관

주변의 국립 고고학 박물관을 가 보았다. 터키의 유적은 오스만 왕조시대 말에 영국과 프랑스에 의해 발굴조사가 이루어지면서, 대부분 두 나라의 박물관에 소장되었다고 한다. 그래도 이곳에 전시된 알렉산더 대왕의 석관을 비롯해 그리스·로마시대의 컬렉션은 세계적으로 높은 평가를 받고 있다.

로마 및 초기 비잔틴 시대의 조각과 그리스 시대의 트로이4−16(Troy) 출토품, 사이프러스(Cypress), 시리아(Syria), 레바논(Lebanon)의 토기와 석상 등이 전시되어 있었다. 터키는 물론 근교 중동의 각 지방에서 나온 출토품 2만여 점이 전시되어 있다. 바벨론(Bybalon) 문화와 이집트(Egypt) 등 오스만 시대의 점령지의 출토품들도 잘 보관되어 있었다.

고고학 박물관 주변에는 좋은 산책로들이 많다. 마침 내가 들른

4월의 첫째 주말은 튤립 축제(Tulip Festival)가 있는 주말이어서, 만개한 색색의 튤립들이 저마다 다른 빛깔을 머금은 채 뽐내고 있었다. 빨간색은 말할 것도 없고 온갖 10여 가지 색색의 튤립들이 앞 다투어 피어났다. 고고학 박물관 주변을 그야말로 완연한 꽃밭이었다. 튤립 꽃밭에 나들이를 나온 가족과 연인들이 봄의 시작을 만끽하고 있었다.

사실 취미도 없고 비슷비슷하고 고리타분한 출토품들을 구경하기보다는 밖에 나와서 살아 있는 꽃과 향기에 취하는 것이 훨씬 더 생산적이라는 생각이 들어 박물관에서 뛰쳐나왔다. 튤립 사이의 벤치에 앉으니, 제법 높고 파란 하늘에 천국이 따로 없었다. 꽃향

튤립 화원에서의 필자. 고고학 박물관에서 꽃향기에 취해 나와 보니, 튤립이 만발하였다.

기가 사람을 취하게 만든다는 것도 결코 수사적인 묘사가 아니었음을 그때야 알았다.

한참을 앉아 있던 나는 꽃 따라 향기 따라 정처 없이 걷기 시작했다. 걷다 보니 마르마라해(Sea of Marmara)가 보이는 산책로를 걷고 있었다. 톱카프 성벽 밖으로 나와서 왼편으로 보스포러스 해협을 보면서 오른편 해안선을 따라 마르마라 해(海)를 만나면서 해안선을 따라 만들어진 산책로였다. 바다에서 불어오는 바람을 맞으면서 걸으니, 신선이 따로 없구나 하는 생각이 들었다.

・ ・ ・

복음으로 깨어나야 하는 투르크 전사들

마르마라해 쪽의 톱카프 궁전 성벽에는 예전에는 대포구멍이었던 빈 구멍들이 잡초로 채워져 있었다. 이 모습이 흡사 오스만 제국의 스러진 영화를 상징하는 것처럼 보였다. 오스만 제국의 영화는 600년이란 긴 시간을 지속했지만, 여전히 다른 무수한 제국들처럼 역사의 뒤안길로 사라져 버렸다. 나는 그 길을 걸으면서 생각과 기도를 멈출 수 없었다.

왜 오스만 제국 때 세계를 호령하던 이 민족이 아직도 이슬람의

톱카프 성벽의 대포구멍. 외부의 침입을 막기 위해 이렇게 바다를 향해 대포를 쏘아댔다고 한다.

어둠 속에서 헤매는가? 왜 종교의 자유가 법으로 보장된 국가에서 아직도 국민의 98%가 무슬림인가? 한 사람 한 사람 만나 보면 사업에서는 똑 부러지는 사람들이 왜 종교적으로는 아직도 참된 진리를 보지 못하는가? 9세기 전 예수의 이름을 앞세워 터키를 침략한 십자군 전쟁의 여파가 아직도 여전히 기독교에 대한 반감으로 자리 잡았는가?

이 민족이 깨어나야 한다고 생각한 나는, 이 민족이 깨어나게 해 달라고 기도했다. 선교의 마지막 보루인 이슬람권의 형님 격인 이 투르크 민족이 참 진리를 보고 복음을 받아들여서, 나머지 막혀 있는 이슬람권에 대한 선교를 감당한다면 어떨까? 그렇게만 된다면, 이슬람권에 빠르게 복음이 전파되는 전환기가 마련되지 않을까? 지금 글을 쓰는 이 순간에도 간절히 기도해 본다.

PART

11

.

.

.

한국과
터키의 문화 비교 👣

. . .

두 번째 터키 방문기

2014년 5월 독일 뮌헨 전시회에서 만난 터키의 대리점 사장과 같은 비행기로 터키의 이스탄불(Istanbul)로 돌아왔다. 뮌헨전시회에서 만나서 같이 움직이기로 약속이 되어 있던 터라, 같은 이스탄불행 터키항공으로 예약을 했던 것이다.

이스탄불의 아타투르크(Attaturk) 비행장은 보스포러스 해협 (Bosphorus Strait)의 서쪽 유럽에 있는 데 비해 대리점과 공장이 위치한 곳은 아시아 쪽이기 때문에 공항에서 같이 차를 타고 해협을 건너는 것이 편했다. 이스탄불 두 개의 공항을 잇는 지하철이나 대중교통이 없었고, 이 멀지 않은 거리를 택시를 타면 200리라(100불)나

달라고 한다.

그렇다고 해서 택시비가 비싼 게 아니다. 거리는 멀지 않아도 차로 걸리는 시간은 다리를 건너면서 교통 체증으로 인해 두 시간이 넘게 걸리기 때문이다. 한쪽에서 택시를 타면 택시가 다시 되돌아오는 시간까지 4~5시간 정도가 걸리는데, 왕복 비용까지 요구하는 것이다. 이러한 교통 체증과 부실한 대중교통이 터키의 이스탄불이 올림픽을 유치하려는 수년간의 노력에도 결실을 맺지 못하는 이유가 아닐까?

· · ·

도로 위의 상인들

대리점 사장과 함께 공항에서 장기 파킹해 놓았던 차를 몰고 나왔다. 역시나 다리를 건너는 차들로 인해 거의 주차장 수준이었다. 예전 방문부터 다리의 번잡함을 알고는 있었지만, 저녁 퇴근 시간과 맞물린 탓인지 전혀 앞으로 나가지 못하였다.

그 도로 위에는 온갖 잡상인들이 밀린 차와 차 사이를 오가며 물병 또는 먹을 간식거리나 그 외 다른 물품들을 팔고 있었다. 어머니날이 가까워 오기에 카네이션을 팔기도 하였다. 아마도 5월 둘째

주일 어머니날은 세계 공통인가 보다.

　그들은 거의 무법수준으로 어린아이나 노인들까지 달라붙어 우르르 몰려다니면서 위험스럽게 공격적인 장사를 한다. 그래도 차들이 다니는 도로 위인데, 이렇게 무법상태로 두어도 되는 걸까? 역시 터키는 타 유럽 국가들보다는 안전에 대한 불감증이 있구나 생각하는 찰나, 대리점 사장이 나에게 길거리의 잡상인들을 잘 살펴보라고 한다. 그러고 보니, 그들은 일반 터키인들에 비해 피부도 검고 생김새도 조금 달라 보였다.

　이스탄불에는 최근 시리아로부터 내전을 피해서 이스탄불로 피난 온 시리아 피난민(Refugee)들이 백만 명이 넘는단다. 타 유럽 국가들은 시리아 난민들에게 피난처를 제공하지 않고 불법 입국자들은 발견되는 대로 추방하지만, 터키에서는 시리아인들의 불법입국을 눈감아 준다고 한다. 남쪽으로 국경을 마주하고 있기에 그 넓은 국경을 그대로 열어서 시리아 난민들이 내전을 피해서 터키로 들어오도록 허용하는 것이다. 소위 말하는 'Open Border Policy(국경을 여는 정책)'이다.

　그뿐만이 아니라 난민들이 먹고살기 위해서 도처에서 길거리 상점 등 불법영업을 하는 것까지도 인도주의적인 차원에서 눈감아 주고 있다고 한다. 이들도 터키 땅까지 와서 최선을 다해 살아남기 위해 노력하는 것이라는 생각에서일까? 과연 중동의 형님 격인 터키가 아닐 수 없다.

몇 년째 내전으로 인해 고통받아 이웃 나라로 피난해 온 수많은 시리아인들의 설움을 받아 주고 살 편의를 제공해 주는 터키 국민의 넉넉함이 좋아 보였다. 비록 유럽연합에서도 터키를 받아 주지 않아 유럽에서 배척을 받고 있는 신세지만, 이웃의 아픔을 향한 이러한 넉넉함은 유럽 국가들도 배워야 하지 않을까?

· · ·

보스포러스 해협에서의 정상회담

퇴근 시간을 피하여 보스포러스 해협가의 식당에서 느긋하게 저녁을 먹고 차량이 줄어드는 시간에 다리를 건너자는 대리점 사장의 제안에, 다리로 향하는 도로의 번잡함에서 벗어나서 해협가로 향한다.

다리 아래에는 돌마바흐체(Dolmabachi Palace) 궁전이 도도히 흐르는 보스포러스 해협을 바라보면서 의연히 서 있다. 이곳은 오스만투르크의 마지막 황제가 거하던 곳이다. 오스만 제국 당시 프랑스 파리의 마르세이유 궁전을 지은 건축가를 모셔다가 지은 것이라 한다.

식당 매니저가 국적을 묻고는 이렇게 태극기와 터키국기를 가져다 놓아 주었다. 덕분에 주변의 관심을 받는 정상회담 저녁만찬이 되어 버렸다.

아름다운 건축물이 한때 지중해를 600년이나 지배했던 오스만 제국의 위대함을 뽐내는 것 같다.

이곳에서 보스포러스 해협이 바라보이는 해산물 요리로 유명한 식당에 들어갔다. 위로는 보스포러스 다리가 지나가고, 흑해로 들어가는 커다란 선적들까지 눈앞에서 볼 수 있는 식당이었다.

테이블에 자리를 잡고 앉으니, 식당 매니저가 와서는 나의 국적을 묻는다. 나의 출신 국가를 묻는 것이리라 생각되어, 한국이라고 답을 하였다. 어차피 터키 방문은 한국의 본사를 대신하여 방문한 것이었기 때문이기도 하다. 그랬더니 조금 후에 한국 국기와 터키

국기를 테이블 위에 올려놓는 것이었다. 갑자기 우리의 식사가 한국-터키 정상회담처럼 되어 버렸다. 주변에 앉아 있던 다른 손님들도 박수를 치며 "꼬레아 넘버 원"을 외치는 것이었다. 기대치 않게 터키에 도착하는 날에 이런 환대를 받으니, 입국장에서 시달리던 나쁜 기억이 한꺼번에 날아갔다.

. . .

한국과 유사한 터키 문화

돌궐과 고구려는 둘 다 중앙아시아 몽골족의 후예이다. 대리점 사장도 투르크족이 몽골의 피를 이어받아 중국 북쪽에서 중앙아시아로 그리고 지금의 터키 땅까지 움직여 온 몽골족의 후예라는 점을 인정한다. 터키를 다니다 보면 몽골이나 돌궐문화라고 생각되는 놀이와 문화가 종종 눈에 띈다. 이러한 모습을 보면, 트루크 민족이 몽골의 후예라는 사실은 확실해 보인다. 예를 들면, 우리가 공깃돌 5개를 가지고 놀듯이 터키에서도 시골에 가면 공깃돌 놀이를 한다. 말뚝박기 놀이도 또 하나의 문화적 유사점이다.

그뿐만이 아니다. 엉덩이를 땅에 붙이지 않고 엉거주춤 앉아서 담배를 피우는 터키 노인들의 모습까지도 한국과 비슷하다. 그리고 '보자기'라는 말도 터키에서는 같은 단어가 같은 발음으로 쓰이고 있으며,

심지어 보자기에 선물을 싸서 주는 풍습도 우리와 비슷하다. 이번에도 호텔에서 터키 TV를 틀어서 채널을 돌리던 중 민속 씨름이 눈에 들어

왔다. 물론 현재 한국의 씨름인 샅바를 감지는 않고 그냥 맨손으로 서로를 잡아서 넘어뜨리는 방식이었지만, 그래도 서구의 레슬링이 아니라 넘어지면 지는 씨름이었다. 그리고 이러한 씨름의 원조는 몽골이다.

터키의 TV에 나오는 민속 씨름의 시합 모습. 유목민의 씨름에서 유래된 것으로, 터키가 중앙아시아의 유목민이었다는 확실한 증거 중 하나이다.

터키의 원조가 몽골이라는 가장 확실한 증거는 터키어의 어순과 우리말의 어순이 우랄알타이 어순처럼 동사가 뒤에 붙는다는 점이다. 바로 이것이 터키가 우리와 같은 몽골의 후손이라는 확실한 증거이다.

· · ·

이스탄불의 숯불 불고기집

지난겨울, 터키 대리점 사장이 한국을 방문했을 때, 그와 함께 숯불 불고기 집에 갔었다. 자리에 앉아서 식탁에서 숯불로 고기를

구워 먹는 한국의 전통적 방식이었는데, 그가 터키에도 이렇게 숯불로 앉은 자리에서 테이블에 고기를 구워 먹는 식당들이 있다고 매우 신기해하였다. 그리고 다음에 내가 터키를 방문하면, 반드시 이러한 터키식 숯불구이 식당을 같이 가자고 했었다. 그 후 까맣게 잊고 있었는데, 이번 터키방문에서 그가 데려간 식당 중 한 곳이 바로 숯불구이 집이었다. 들어가면 좌우로 식탁에 고기를 구워 먹을 수 있는 그릴이 놓여 있는 식탁들이 있고, 그 위로 고기 굽는 연기가 식당 내로 퍼지지 않고 밖으로 뺄 수 있는 커다란 벤트(Vent)는 테이블전체를 덮을 만큼이나 크지만 구조는 같았다.

탁심광장에서 발견한 군밤장수. 한국에서 보는 군밤장수와 어찌나 유사하던지, 잠깐 향수에 젖어 본다.

일단 고기와 야채, 샐러드들이 진열되어 있는 진열장에 가서 직접 보면서 주문을 했다. 한국과 다른 점은 돼지고기를 먹지 않는 이슬람권이기에 돼지고기가 없는 대신, 소고기와 양고기 부위 등을 다양한 방식으로 양념을 한 고기들과 곁들여 먹을 수 있는 샐러드 야채가 있다는 점이다. 양파나 버섯을 같이 구워 먹는 것도 한국과 비슷했다. 식당 직원이 직접 고기를 구워 주

한국과 같이 서버가 붙어서 고기와 야채를 구운 후 먹기 편하게 접시에 놓아 준다.

이렇게 테이블에 앉아서 숯불로 고기와 야채를 구워 먹는다. 위에는 타는 냄새를 밖으로 빼 내는 vent가 테이블 전체를 덮는다.

는 것마저도 비슷했다. 이렇게 서로의 문화가 비슷한 것을 확인하는 것만으로도 터키와 한국이 얼마나 가까운 관계인지 느낄 수 있었다.

· · ·

부패성마저 비슷한 한국과 터키의 공무원

터키의 업무방식도 불법과 편법이 난무하는 한국과 비슷하다. 보통 유럽 국가들이나 미국에서는 잘 찾아볼 수 없는 부패적 관행들이 터키에서는 아주 일반적으로 일어난다.

작년에 터키의 하수처리장에 기계를 납품하는 수주를 하였었다. 그런데 하수처리장을 관리하는 터키의 관급 공무원들이 있다. 대리점에 의하면, 이러한 공무원들을 돌아가면서 외유성 한국 방문이 꼭 따라 주어야 한다는 것이다. 물론 터키 대리점에서 자체 마진으로 공무원들의 한국 방문 시 모든 비용을 처리했지만, 이것을 보는 나는 조금은 쓸쓸했다. 표면으로야 '검수(Inspection)'라는 정당성을 내세웠지만, 사실 공무원들이 검수를 할 이유도 또 검수를 할 능력도 없었다. 도장 찍는 위치에 앉아서 도장 찍는 지위를 이용하여 기회가 있을 때마다 관련 업체의 비용으로 외유성 해외여행을 하는 것이 관행이 된 것이다. 공무원들이 업무에 도움을 주는 것이 아니라 오히려 훼방을 놓는 꼴이다.

이스탄불에 도착하면서 터키 운전자들의 운전 태도에서도 터키와 한국의 유사점을 발견할 수 있었다. 터키 오기 바로 일주일 전에 독일에서 조심스럽게 교통법규를 엄격히 지켜 가면서 운전하는 운전자들을 보면서 속으로 감탄을 하다가, 장소가 바뀐 이스탄불에서 만난 운전자들에게서는 한국의 전형적인 공격적 운전자들의 모습을 보았다. 기회만 있으면 차선을 무시하며 추월을 하거나 차 머리를 쑤셔 넣는 신공은 한국 도로 위의 모습과 별반 다르지 않았다.

이것 하나만을 보아도 터키에서 일반적으로 정부에서 정한 법이나 규정을 무시하는 사람이 많다는 것을 알 수 있다. 어찌 몽골의 후예인 한국 민족과 부정적인 것도 비슷한 것들이 그리 많은지, 놀라울 따름이다.

비잔틴 제국과
오스만투르크 ❞

. . .

실크로드의 종점인 바자마켓

보스포러스 해협(Bosphorus Strait)은 아시아와 유럽을 가르는 자연 경계선이다. 역사적으로도 보스포러스 해협 서편은 동로마의 수도 인 콘스탄티노플이 있는 유럽이고, 동편은 소아시아 지방의 아나 톨리아로서 소아시아가 시작되어 중동으로 연결되는 지점이다.

우리가 알고 있는 동과 서를 잇는 실크로드의 마지막 목적지는 유럽의 동쪽 끝인 콘스탄티노플이다. 상인들이 중국의 실크나 인 도의 향신료 등 동양의 물품들을 가지고 실크로드나 초원길을 따라 서 중앙아시아와 중동을 지나 아나톨리아를 지나서 이곳 해협을 건 너서야 비로소 여행이 끝나면서 짐을 풀어놓는 곳이다. 이곳이 고

대의 정통적인 교역로의 목적지로, 당시 콘스탄티노플은 모든 상
업여행의 기착지가 되었다.

고대 실크로드의 종점인 바자마켓의 현재 모습. 이곳이 과거에 열국이 모두 탐을 냈던 부를
불러온 초대 대형 마켓이었다. 아직도 온갖 향신료 등 없는 것이 없을 정도로 많은 상품을
판매하고 있다.

아직도 존재하는 이스탄불의 바자마켓(Bazaar Market)을 가면, 이곳을 '인류의 첫 쇼핑몰'이라고 칭한다. 이천 년 전에는 지구상에 바자마켓 외에는 이렇게 큰 쇼핑몰이 없었다. 그런 점을 바탕으로 이곳은 엄청난 부를 쌓았고, 로마의 콘스탄티누스 황제가 부를 쫓아 동로마로 수도를 옮긴 배경이 되었다. 그리고 이후 이러한 부의 축적이 비잔틴의 군사력으로 연결된 것이다. 그러한 까닭에 이러한 부를 노린 무슬림제국인 오스만투르크의 도전을 받아야 했다.

그러나 대항해(Great Ocean) 시대에 접어들자, 터키의 지정학적 중요성은 엄청 하락했다. 대항해 시대를 시작으로 선박을 통한 무역이 강화되자, 상대적으로 실크로드나 초원로드를 통한 무역의 중요성이 반감되고 스페인과 암스테르담, 런던이 동서무역의 종착지가 되면서 부의 변화가 발생한 것이다. 그때부터 이스탄불은 교역에 의한 부를 얻지 못해 쇠락의 길을 걷는다.

· · ·

흑해를 나누어 쓰는 6개국과 유일한 출입구인 보스포러스

이스탄불에서 보스포러스 해협을 따라 북상하면 흑해(Black Sea)가 나온다. 흑해는 불가리아, 루마니아, 우크라이나, 러시아, 그르지아, 터키 등 6개국이 하나의 바다를 나누어 쓰고 있다. 그러나 흑

해에서 나가는 길은 보스포러스 해협뿐이다. 흑해와 보스포러스는
마치 병과 병목을 연상시킨다.

흑해를 나누어 쓰는 6개국(불가리아, 루마니아, 우크라이나, 러시아, 그르지아, 터키). 그
러나 흑해를 들어가고 나오는 보스포러스 해협은 터키가 지배한다.

    흑해를 통해 2014년에 동계 올림픽이 열린 러시아 도시 소치
(Sochi)가 나오고, 역시 러시아와 우크라이나 사이에서 싸움의 발단
이 된 크림반도(Creamea)와 새바스탄폴(Sabestian Pole) 항구가 나온다.
겨울에 북부의 바다가 어는 러시아로의 유일한 해안 교통의 요지가
바로 보스포러스 해협이다. 불가리아나 루마니아, 우크라이나, 그
르지아 등의 흑해 연안 나라들의 처지도 별반 다르지 않다. 이처럼
지정학적으로 중요한 의미를 지닌 보스포러스 해협의 남쪽으로는

마르마라해(Marmara Sea)를 지나 헬레니즘 문화의 중심이었던 에게해(Agean Sea)를 거쳐서 지중해(Meditranian Sea)로 나와서 세계로 연결된다.

"바닷길을 점령하는 자가 세계를 점령한다."는 말이 있다. 로마가 왜 콘스탄티노플에 눈독을 들였으며, 비잔틴 제국이 콘스탄티노플을 중심으로 어떻게 천년왕국을 누렸으며, 오스만 제국도 이곳을 점령하여 이스탄불로 이름을 바꾸고 6백 년의 영화를 누린 이유도 충분히 이해할 수 있었다.

· · ·

동로마 비잔틴 제국의 흥망성쇠

그렇다면 오스만 제국이 비잔틴 문화로 알려진 동로마제국과 옛 콘스탄티노플(이스탄불)을 어떻게 점령했을까? 동로마제국은 1453년 오스만투르크에게 망할 때까지 약 1,000년 동안 어떻게 명맥을 보전하여 게르만, 로마세계 및 이슬람 세계와 대적했을까?

동로마제국은 콘스탄티노플을 중심으로 천 년이란 결코 짧지 않은 세월 동안 권세를 누린 제국이다. 수도의 그리스의 비잔티움에 의해 '비잔틴 제국'이라고도 불리고, 또 그 중심이 그리스계 헬레니즘문화 지역이었기 때문에 '그리스 제국'이라고도 불린다. 여기에서 비잔틴 제국은 콘스탄티노플의 동로마와 이탈리아의 서로마가 서로 갈라선 이후부터 오스만투르크에 의해 마지막 황제가 항복한 1453년까지를 일컫는 중세 그리스의 동로마 문화권을 의미한다.

이곳은 '모든 길은 로마로 통한다'는 로마제국으로 알려진 서로마 제국이 멸망한 뒤에도 약 1,000년 동안 콘스탄티노플에 수도를 두고서 계속 존속했다. 서기 330년에 로마가 동서로 갈라졌고, 이 중 동로마가 바로 비잔틴 제국이다. 이 수도가 지금의 이스탄불로 로마 제2의 수도였던 셈이다. 비잔틴 제국은 기독교를 국교로 선포했고, 천 년을 존속하며 번영을 누렸다. 여기서 파생한 기독교 교파가 동방정교회(Eastern Orthodox)이다.

· · ·

천 년을 버티어 낸 비잔틴 제국

그러나 동로마 비잔틴 제국의 천 년은 외환의 연속이었다. 동서 남북에서 침입해 오는 강적을 물리쳐야 했기 때문이다. 11세기에 이르러 동으로부터 지금의 터키인 셀주크 투르크, 서로부터는 중동의 예루살렘으로 지나가려는 로마의 십자군에 고통을 받았는데, 특히 네 차례에 걸친 로마 십자군의 폭거에 맞서 싸운 이래 국력이 쇠하였다. 이어서 오스만투르크가 소아시아를 정복하고 발칸을 점

령한 뒤, 1453년 콘스탄티노플을 포위 · 함락하여 여기에 천 년의
동로마제국은 드디어 망한다.

오스만투르크로 인해서 함락되는 1000년 왕국 비잔틴 제국의 심장

비잔틴 제국과 대적하던 오스만은 야금야금 아라톨리아를 점령
하면서 이를 통해 그리스 북부, 마케도니아, 불가리아 등 서부 발
칸반도 지역을 확보하게 된다. 결국, 1453년 메흐메드 2세 때에 이
르러, 비잔틴 수도 콘스탄티노플(이스탄불)을 함락시키는 역사상 중
요한 획을 긋게 되고 옛날 로마제국의 영역까지 이어받게 된다.

동방정교회(Eastern Orthodox Church)

1,700년 전 이곳에서 시작된 기독교의 3대 분파로 꼽히는 동방정교(Eastern Orthodox)에 대해서 알아보자. 우리는 기독교의 분파 중 로마가톨릭(Roman Catholic)과 중세시대에 종교개혁을 통해 로마가톨릭으로부터 독립한 개신교라고 불리는 프로테스탄트(Protestant Church)는 잘 알고 있다. 그러나 동방정교(Eastern Orthodox)도 현재 2억 명에 가까운 신자들이 러시아와 그리스 및 동유럽 등 세계 각국에 분포된 제3대 기독교 분파이다.

동방정교회의 독특한 건축양식. 모든 동방정교회가 이러한 건축양식을 따른다.

1세기 예수님의 십자가·부활 사건이 일어난 이후, 오순절 성령 강림으로 부흥하던 초대 예루살렘교회는 당시 점령군이었던 로마제국의 박해가 일어나면서 사도들이 예루살렘을 떠나 각 지방으로 뿔뿔이 흩어지게 된다. 이후 서기 40년경 시리아의 안디옥(Antioch, Syria) 교회 때에 이르러서야 기독교인들이 비로소 세상에서 그리스도인(Christian)이라 일컬어졌다.

· · ·

바울을 통한 복음의 서진과 로마제국의 개종

이후 안디옥 교회의 선교사로 파송 받은 바울을 통해 에게해(Agean Sea) 연안 주변의 희랍문화(Greek culture) 지역인 현재의 터키 소아시아 서편 지역과 그리스(당시는 하나의 문화권)에 복음이 전해지고 고린도, 에베소, 빌립보 등에 기독교 교회들이 생겨났다. 이곳에서 왕성하게 복음을 전하고 성경을 기록하고 가르치던 바울은 당시 세계를 움직이던 로마제국의 수도인 로마에까지 가서 옥중에 매인 몸으로 복음을 전하다가 순교한다. 이것이 성경과 역사가들이 알려 주는 기독교와 교회의 시초이다.

그러나 초기의 기독교는 세력이 약하였다. 300여 년 가까이 로마제국의 핍박으로부터 벗어나기 위해 카타콤과 같은 굴속에 피신하며 살아남는다. 그러다 서기 313년, 기독교 역사에 큰 획을 긋는 사건이 일어난다. 세계를 호령하는 로마제국의 황제인 콘스탄티누스가 먼저 믿은 그의 어머니 헬레나의 영향으로 기독교인으로 개종된 것이다.

· · ·

동로마 제국의 수도, 콘스탄티노플

서기 313년, 콘스탄티누스 황제는 로마제국에 밀라노 칙령을 내려 기독교의 박해를 중지하고, 기독교를 로마제국의 공식종교로 공인하기에 이른다. 박해받던 기독교로서는 천지가 개벽하는 일이 드디어 일어난 것이다.

이후 324년에 지금의 이스탄불에 비잔티움(Byzentium)이란 이름으로 로마제국의 새로운 수도로 정하여 '노바 로마(Nova Roma-새로운 로마)'라는 기독교 국가를 건설하여, 로마제국을 이탈리아에서 보스포러스 해협 남 서편으로 옮기게 된다. 먼저의 글에도 언급했듯이 보스포러스 해협의 남서쪽은 이곳이 동양과 서양을 잇는 무역로인 실크로드의 종착역이고 동서 교역으로 많은 부가 축적되는 전략적 요지였기 때문이다. 천년왕국 비잔틴(Byzentine)의 수도 비잔티움은 콘스탄티누스 황제의 사후에 그의 이름을 따서 '콘스탄티노플(Constantinople)'로 이름을 바꾼다. 이곳이 14세기, 오스만투르크에 함락된 이후 '이스탄불'로 다시 한 번 지명이 바뀌었다.

· · · ·
로마가톨릭과 비잔틴의 천 년 냉전

그러나 비잔티움으로 로마의 수도를 옮긴 것이 로마가톨릭과 비
잔틴의 천 년 냉전의 불씨가 되었다. 초기에는 로마와 비잔틴이
교구만 나뉜 채 같은 종교지도자 공의회로 모이는 이웃이었다. 그
러나 교구 간의 대립이 점점 심해지면서, 결국엔 로마 중심의 로
마가톨릭과 비잔틴 중심의
그리스정교회로 나누어지
고 각각 동로마제국과 서로
마제국으로 불리게 된다.
이후 정도의 차이는 있으나
양 제국의 교회가 정치까지
장악한다. 이렇게 갈라진
동방교회와 서방교회는 서
로 간에 반목이 점점 심화
되면서 헤게모니 쟁탈전이
벌어진다.

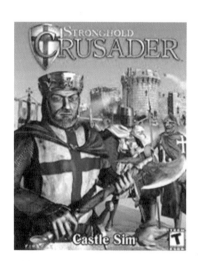

십자군 복장. 십자군 전쟁은 십자가를 앞
세우고 마구 살육을 감행했던 역사상 가장
어리석은 전쟁이다. 이 전쟁으로 이슬람권
은 대대손손 아직까지도 기독교에 강한 반
감을 가지게 된다.

우선 가장 큰 원인은 교리에 대한 이해가 서로 달랐다는 점이다. 비잔틴 동방교회는 교리상의 문제를 결정할 수 있는 것은 오로지 최고회의인 공의회라고 주장하였고, 서로마 교회에서는 공의회 서열 1위인 로마교황이 교리를 확정하거나 영적 · 세속적 지배권을 가진다고 주장한 것이다. 교황의 권위를 인정하느냐 또는 무시하느냐는 누가 헤게모니를 쥐느냐의 차이점이었던 것이다.

· · · ·

동서 분열의 불씨가 된 십자군 원정

이렇듯 서로 불만이 쌓이던 양대 교회가 실제적인 분열을 일으킨 계기는 11세기에 로마의 예루살렘을 향한 십자군 원정이다. 역사적으로 가장 어처구니없었고 어리석었던 전쟁으로 알려진 예수의 이름을 앞세운 십자군 전쟁이었다.

십자가를 앞세우고 무력의 힘으로 무슬림들이 차지하고 있던 성지 예루살렘을 탈환하겠다고 로마에서 시작된 십자군은 죄 없는 무수한 피해자들을 낳았고, 지금까지도 아랍권과 기독교 국가들 간의 치유할 수 없는 깊은 상처가 되어 여전히 문화와 종교적 충돌의 뿌리로 남아 있다.

그러나 이 전쟁은 기독교와 아랍권과의 충돌만이 아니었다. 로마 소속 군대는 같은 기독교 국가인 동로마 비잔틴에서도 약탈과 방화를 저질렀기 때문이다. 십자군들은 콘스탄티노플에서도 일반 약탈뿐 아니라 정교회 성당의 제단 장식, 십자가와 성상, 성인들의 유해 등도 약탈했다. 성당의 청동 지붕을 벗겨내어 무기를 만들기도 했다. 동방정교의 반로마 감정이 이제는 서로 돌아오지 못할 강을 건넌 것이다.

· · ·

아랍권의 공격을 자초한 십자군 원정

십자군 전쟁은 로마 교황의 세력이 가장 위세를 떨치던 때에 일어났다. 중세에는 고생스러운 여행과 위험을 겪으며 예루살렘 성지를 참배하면 영혼의 구원을 얻는다는 엉터리 교리를 가르치면서 순례가 중요시되었다.

그러나 중국 북방에서 이주해 오면서 무슬림으로 개종된 셀주크 투르크(오즈만 투르크와는 또 다른 계통의 돌궐족으로 현 터키민족과 피가 같다)는 11세기에 이라크의 바그다드를 점령하고, 비잔틴을 격파하여 소아시아를 점령했으며, 시리아와 예루살렘을 포함한 팔레스타인 땅을 점령하게 된다. 이 점령자들은 예루살렘을 순례하는 기독교인들을 학대하였다.

　따라서 로마인들이 예루살렘을 셀주크의 손에서 탈환해야 하겠다는 결정을 내렸을 때, 마침 비잔틴 제국이 셀주크의 공격을 받아 서유럽에 도움을 요청한다. 이렇게 시작된 십자군 전쟁은 200여 년이나 계속되면서 동서 로마가 갈라지는 계기가 되고 동로마인 비잔틴과 콘스탄티노플은 결국 셀주크의 후예인 오즈만 투르크에게 점령되어 600년 영화의 오스만투르크 제국이 탄생한 것이다.

PART

13

.
.
.

터키
성경 유적지 👣

. . .

터키 성경 유적지를 돌아볼 절호의 기회

이제는 이번 터키 출장의 공식적 업무가 다 끝나고 집에 돌아가
야 할 시간이다. 그러나 내게는 휴스턴 복귀 일정을 며칠 더 연기
하여 터키 내의 성경 유적지를 돌아보려던 계획을 비로소 실행에
옮기는 시간이다.

사실 이번 성경 유적지 여행은 작년 터키의 첫 방문부터 호시탐
탐 노리던 기회이다. 터키유적지 방문만을 목적으로 일부러 갈 수
는 없지만, 터키에 출장 간 김에 며칠 여유를 부려 성경 유적지를
돌아보는 사치는 부려도 좋으리라 싶었다. 물론 이러한 개인적 추
가 여행비용은 전적으로 나의 부담이었다.

286
걸어서 성경속으로

터키 대리점 사장에게 나의 개인여행 계획을 얘기했더니, 자기 일처럼 기뻐하면서 대신 일정을 짜 주겠단다. 게다가 호텔예약도 거래 여행사를 통해서 해 주겠다고 한다. 저렴한 비용으로 개인여행을 하고 싶어 하는 내 속마음도 모르고……

사업을 하느라 유럽식 자유를 누리고 서구화된 멋을 풍기지만 여전히 종교는 무슬림인 대리점 사장이 신약성경 계시록의 7교회(에베소, 서머나, 버가모, 두아디라, 사데, 빌라델비아, 라오디게아)를 알 턱이 없었다. 그러나 희랍 유적지로 유명한 에베소는 잘 알고 있었다.

대리점 사장은 내가 기독교인인 것을 잘 알고 있다. 또한, 터키 내의 성경의 유적지에 관심이 많다는 것도 잘 알고 있다. 내가 둘러보고 싶다고 언급한 계시록의 7교회를 비서에게 부탁하여 인터넷을 뒤져서 열심히 찾아보더니, 옛 성경지명에서 바뀐 터키의 현재 지명을 찾아서 위치가 있는 지도와 함께 넘겨줬다. 또한, 에베소 유적지에 대한 많은 자료를 출력한 후, 보기 좋게 엮어 준다.

요한 계시록에 나오는 소아시아 7개 교회의 위치

에베소(Ephesus)의 현재 지명은 에페스(Efes), 또는 셀축(Selcuk)이다. 서머나는 이즈미르(Ismir), 버가모는 베르가마(Bergama), 두아디라는 아크히사르(Akhisar), 사데는 사디스(Sardis), 빌라델비아는 알라쉐히르(Alasehir), 그리고 라오디게아는 데니즐리(Denizli)이다. 이 모든 도시들의 중심은 '이즈미르(Izmir, 옛 서머나-Smyrna)'이고, 이 지역을 잇는 공항도 이즈미르 공항밖에는 없다. 따라서 시간이 많이 없는 나는 일단 비행기로 이즈미르에 도착한 후, 제대로 알아보고서 계획을 세우기로 하였다.

· · ·

간편한 짐 꾸리기

이즈미르(Izmir)까지 왕복 비행기로 갔다가 돌아와서 같은 호텔에서 1박을 하고는 다음 날 아침에 휴스턴으로 돌아가야 했기에, 나머지 짐을 호텔에다 맡기고는 백팩 하나에 최소한의 필요한 짐만을 꾸리고 나섰다. 속옷 하나의 무게도 부담되어 줄일 수 있을 만큼 줄였다.

5월 중순의 소아시아(현재의 아나톨리아 반도) 지방은 덥지도 않고 춥지도 않아, 가방에 비옷 대용으로 쓸 수 있는 가벼운 봄 재킷 하나를 추가하면 단벌 여름옷과 야구모자만으로 간편하게 여행하기에 아주 좋다. 땀에 밴 옷은 밤에 빨아 널면 아침이면 말랐다. 마르지 않으면 헤어드라이어로 말리면 되었다.

고민을 거듭하다가 노트북 컴퓨터도 짐에서 제외했다. 혹 급하게 필요한 파일도 있겠지만, 주말이 낀 며칠 간은 그런 일이 없기를 빌었다. 긴급한 업무연락은 스마트폰으로 해결하기로 했다. 개인 여행을 다니면 짐을 전부 들고 다니면서 많이 걸어야 한다. 짐이 많고 무거우면 정말 피곤하다. 때에 따라 하루 종일 걷기도 해야 하므로 가볍게 다니는 것이 몸을 덜 피곤하게 만든다. 하나라도 짐을 줄이는 것이 상책이다.

· · ·

항구도시 이즈미르

비행기가 이륙 후 한 시간도 안 되어 벌써 이즈미르 항구도시가 비행기 창문을 통해서 눈 안 가득 들어온다. 하늘에서 보는 이즈미르는 일률적으로 빨간 지붕들의 집들과 높지 않은 빌딩들이 만(bay)을 둘러싸고 만들어진 도시가 탁 트인 에게해(海)의 푸른 바다와 어울려 한 폭의 아름다운 수채화를 연상케 한다. 고대 도시의 유물과 현대도시가 더불어 멋진 조화를 이룬다.

이즈미르는 C자형의 만으로 되어 있어, 시내의 남과 북 사이에 바다가 있는 아름다운 항구 도시이다.

8시 정각에 떠난 비행기가 이즈미르에 도착한 시간은 오전 9시. 이즈미르 공항에 내리니, 터미널에 바로 메트로 정류장이 붙어 있고 시내까지 가는 기차가 있었다. 이런 행운이 따라주는 바람에, 시내까지 1.5리라(75센트)를 지불하고 저렴한 가격에 편히 갈 수 있었다. 나중에 이즈미르에서 에베소가 있는 셀축(Selcuk)까지도 기차를 타게 되는데, 한 시간이나 걸리는 이 만만찮은 거리의 기차요금이 겨우 5리라(2.5불)였다. 이스탄불에서는 두 개의 공항을 오가면서 택시비로만 100불을 쓴 것을 생각하면, 이즈미르는 교통비가 싸도 너무 싸다.

이즈미르에 가서 또 하나 발견한 것이 물가가 이스탄불에 비해 말할 수 없이 싼 것이었다. 관광객들이 많이 찾는 관광지가 아닌 평범한 도시이기에 보통 터키인을 대상으로 한 가격으로 물품들을 접할 수 있는 것이다. 재래시장에 들어가서 궁금해서 물어본 생필품이나 과일들의 가격도 이스탄불에 비하면 무척이나 저렴했다.

항구도시인 이즈미르는 인구 3백만 명의 현재 터키의 제3대 도시이다. 이스탄불의 남서쪽 에게해(海)에 면한 대도시로, 예전에는 '서머나'라고 불렀다. 바로 계시록의 7개 교회 중 하나인 서머나 교회가 있던 곳이다.

고대 그리스의 식민도시였던 이곳은 그리스 시대에서 로마시대까지 그리스 상인에 의해서 무역이 번영하였다. 주변일대에 곡물, 목화, 올리브, 잎담배, 과일과 견직, 양탄자를 생산하는 배후지를 끼고 있는 데다가 면직물과 염색공업이 활발하여 상공업 중심지다. 게다가 전국으로 연결되는 철도역이 있어, 터키 제1의 수출무역항으로 활기를 띠고 있다.

사실 이즈미르 항구는 고대 그리스시대나 로마시대에는 작은 항구도시에 불과했다. 이즈미르에서 한 50킬로미터 떨어진 옆 동네의 에베소가 더 큰 항구도시였기 때문이다. 그리스와 로마시대에 모든 무역은 에베소로 향했다. 바울이 활동하던 1세기 당시, 에베

소는 그리스의 아테네, 이집트의 알렉산드리아와 함께 3대 항구도
시였다.

그러나 에베소는 강으로 흘러내려 와서 쌓이는 퇴적층으로 인하
여 점점 뱃길이 막히면서 더 이상 항구로서의 역할을 감당하지 못
하고 결국 역사에서 쇠퇴한다. 이 틈을 비집고 이즈미르가 소아시
아의 대표적 항구도시의 역할을 대신 떠맡은 것이다.

· · ·

이즈미르의 친절

이즈미르 공항에서 시내로 가는 종착역인 센트럴 기차역에서 내
려 바다가 보고 싶었다. 그러나 역 주변에는 온통 상점들뿐이어서
어디로 가야 바다가 나오는지 알 수 없었다. 우왕좌왕하다가 우연
히 택시회사 앞을 지나게 되었다.

택시들이 줄지어 서 있는 앞에서 영어를 할 줄 아는 주인이 지나
가는 나에게 어디서 왔느냐면서 택시를 타라며 말을 건넨다. 나는
걸어서 에게해(海)의 바다가 보고 싶어서 바다를 찾아가는 중이라
했더니, 선물이라며 영어로 된 시내 상세지도를 하나 건네어 준다.

계시록의 7교회 도시 지명들을 보여 주면서 앞으로 어떻게 여행해야 할지 자문을 구했더니, 자기 택시를 이용하라고 농담하더니 렌터카를 빌려서 직접 운전하는 것은 터키의 복잡한 길에서 길을 잃을 염려가 있으니 대신 기차를 이용하란다. 기차를 타고 관광 중심지 에베소가 있는 셀축을 가서 그곳 여행사에서 다양한 여행 패키지를 고르는 것이 좋을 것이라는 조언이다. 확실히 이곳 이즈미르 사람들은 이스탄불의 장사치들보다는 여행객들에게 더 친절하다.

　땀도 식힐 겸 메일도 체크할 겸 와이파이가 연결되는 식당에 들어가서 이곳 사람들이 즐겨 마시는 차이(홍차)를 시켰다. 지도를 펼쳐서 자세히 보니 걸어서 한나절 동안 들러 볼 만한 곳이 대충 머릿속에 그려진다. 고대의 아고라(Agora)에서 대리석의 열주가 있는데, 이곳에서 포세이돈과 데메테르의 상 등이 발굴되었다. 파구스의 언덕에는 알렉산드로스 대왕의 무장이 축조한 성채가 있다. 나는 얼른 이곳에 방문해야 할 곳이라는 의미로 동그라미를 쳤다.

　고대 아고라(Agora)는 시장이면서도 정치 이야기를 나누던 곳이었다. '모이다'라는 뜻을 담고 있는 아고라에서는 물건을 사고파는 시장이 생겨났는데, 당시에는 남자들이 시장을 보러 왔으므로 자연스럽게 토론의 장이 형성되었다고 한다. 이처럼 아고라는 고대 그리스 도시의 중심지였다.

고대 아고라의 발굴 현장. 이곳이 고대 시장이 섰던 곳이다.

이즈미르에서 찾은 유대인 회당

사실 서머나 교회가 있던 성경상의 옛 서머나라는 도시라고 알고 왔지만, 고대 아고라(Agora)와 언덕의 성(Fort) 외에 성경의 유적지를 찾아보려면 어디를 가야 할지는 막연했다.

그런데 지도를 자세히 보니, 유대인 회당(Jewish Synagogue)이라는 곳이 보였다. 장소도 고대 아고라가 발굴된 곳에서 큰길 건너이다. 그래, 이곳이야! 신난 나는 무릎을 탁 쳤다. 성경에 보면 바울과 실라가 선교여행을 다니면서 새로운 도시들을 방문하게 되면 반드시 먼저 유대인 회당을 찾았다. 유대인 회당에 들어가서 유대인들에게 먼저 복음을 전하고 유대인 회심자들을 중심으로 교회가 세워지고 이후에 교회에 이방인들이 합류하곤 했다. 이제는 이즈미르로 이름이 바뀐 서머나에서도 유대인 회당을 찾으면 옛 서머나 교회의 흔적을 찾을 수 있겠다는 생각이 들었다.

바울이 옆 동네 에베소에서는 에베소 교회도 세우고, 3년이란 기간 동안에 두란노 서원이란 신학교에서 가르치기도 했다. 하지만 서머나에도 들렀는지, 서머나 교회 설립에도 관여했는지에 대한 기록이 없으니 알 길이 없다. 다만 거리상으로 50킬로미터로 가깝기에 그럴 것이란 추측을 할 뿐이다.

· · ·
초대 서머나 교회

성경을 보면 서머나 교회는 작은 교회였지만, 주님께 칭찬을 듣는 교회였다. 궁핍에 처해 있었으나 사실은 부요한 교회라고 기록되었던 것이다. 일곱 교회 가운데 빌라델비아 교회와 서머나 교회만이 예수님께 칭찬을 받았다. 서머나 교회 성도들은 굳건한 믿음을 지키고 죽도록 충성하면 생명의 면류관을 주신다고 약속을 받은 교회였다.

고대 문헌에 의하면 서머나에는 많은 유다인들이 거주했으며 큰 영향력을 행사했다고 한다. 유다인들은 이 도시를 아름답게 꾸미기 위해 많은 돈을 내놓을 정도였다. 이 도시에서 세력을 얻은 유다인들은 기독교 신자들을 핍박하였다. 따라서 서머나 지역에 살며 신앙생활을 했던 이곳 신자들은 다른 어느 지역보다 더 많은 순교자를 내며, 믿음대로 살아갔다.

그들은 유다인들의 핍박뿐만 아니라 로마제국으로부터도 큰 핍박을 받으며 살아야만 했다. 또 신자들은 궁핍했다. 로마 시대에는 중산층이 거의 없어 가난한 자와 부유한 자로 나뉘었다. 기독교인들은 대부분 가난한 자들이었다. 그러나 생명의 면류관을 약속받았던 신자들이었다.

서머나에서 중요한 인물은 2세기경 서머나의 주교였던 사도 요한의 제자 '폴리캅'이다. 그는 서머나에서 로마군사에게 체포됐고, 배교를 거절해 결국은 순교했다. 그는 교인들에게 복음대로 생활할 것과 왕과 통치자, 적과 박해자들을 위해 기도할 것 등을 권고했다고 한다. 그는 신자들에게 신앙을 포기하지 말고 끝까지 믿음을 지키도록 격려했던 것처럼 자신의 삶을 마감했다.

· · ·

유대인 회당 찾아가기

이곳이 예전에 요한계시록의 서머나 교회가 위치해 있던 곳이 아닐지도 모르지만, 첫 번째 목적지로 이즈미르(서머나) 시내 지도에 명시된 이 유대인 회당을 가기로 결심했다. 센트럴 역에서 걸어서 20여 분이면 닿을 수 있는 거리였다. 고대 아고라 발굴지는 큰길가에 있었지만, 유대인 회당은 큰길 건너편의 미로와 같은 골목길의 끝나는 곳에 있었다. 적어도 지도상의 위치는 그랬다. 그래서 지도를 들고서 걸어서 무작정 걷기 시작했다.

지도상의 유대인 회당 주변 골목길은 전부 재래시장이었다. 미로와 같이 굽고 좁은 골목길은 너무 좁아서 차는 못 들어오고 시장에 물건을 사러 온 사람들로 북적대었다. 길의 좌우를 가득 메우고 있는 상점들의 좌판이 좁은 골목길의 거리까지 침범했다. 옷 가게, 과일가게, 생선 가게 및 쌀과 빵을 파는 가게들로 다양했다.

'Synagogue'라고 이름 붙이는 곳은 유대인 회당이 유일하다. 불행히도 빌딩은 잠겨 있고, 안에는 아무도 없었다. 이곳이 옛 서머나 교회의 모태였는지는 알 길이 없다.

와중에는 다양한 골동품을 파는 가게들도 있어서 나의 발걸음을 멈추게 했다. 가격이 궁금하여 걸음을 멈추고 가격을 물으면, 손가락을 펴서 가격을 알려 주면서 손님을 놓치지 않겠다는 듯이 팔을 잡아끈다. 아무리 팔을 잡아끌어도 이제 여행의 시작이었기 때문에 짐이 되는 물건들은 살 수가 없었다. 물어본 것이 미안했지만 뿌리칠 수밖에 없었다.

그런데 아무리 빙빙 돌아도 찾고 있는 유대인 회당은 나오지 않고 그 가게가 그 가게, 그 길이 그 길인 것 같다. 한 30분은 땀을 뻘뻘 흘려가면서 찾다가 거의 포기한 상태에서 눈높이보다 훨씬 높은 창문들이 달린 베이지색 건물을 발견했다. 그리고 양옆으로 열리는 철문 위에 'Algaze Synagogue(알가제 회당)'이라는 표지판이 있었다. 이 건물은 특징이 없어서 만약 'Synagogue'라는 표지판이 없었다면 그냥 지나칠 뻔했다.

그런데 아무리 자세히 봐도 문지방에 유대인 표식인 두루마리 형상이 없다. 그래도 'Synagogue'라는 표현을 쓰는 곳은 지구상에 유대인 회당이 유일하다. 그러나 문에 굳게 걸린 자물쇠는 안에 들어가 보고 싶어서 지구 반대편에서 달려온 내 바람을 무색하게 만들며 길을 막는다. 무슬림 거주지의 재래시장 한가운데 위치한 평범한 유대인 회당이다 보니, 안전을 생각하여 창문도 높이 달고 철문도 잠겨 있는 것 같다.

혹시나 해서 문을 두드려 보았지만 나오는 사람은 없었다. 찾아 헤맨 것이 억울하여서 한 15분 회당 앞에 서성거리면서 기다려 보았지만, 골목 안의 개들만 시끄럽게 짖어 댈 뿐, 아무도 나오지 않았다. 결국, 건물의 사진만 찍고 철수하고 말았다. 아직도 이즈미르에 남아 있는 유대인들이 금요일 저녁이면 회당에 모이는지는 잘 모르겠다. 또한, 건물만 보고는 유대교 회당인지 아니면 기독교 교회인지, 또 언제 지어진 건물인지도 잘 모르겠다.

우리가 아는 그리고 내가 찾는 2천 년 전 서머나 교회의 흔적은 이즈미르에서 이미 오래전에 사라져 버린 것으로 보인다. 그럴 수밖에 없는 것이 계시록에 언급된 서머나 교회는 건물이 아니라 기독교인들의 공동체이다. 시간이 2천 년이나 지난 후에 서머나 교회의 흔적을 찾아보겠다고 유대인 회당을 두드려 보는 것이 맞는 일인지는 잘 모르겠다. 어쩌면 내가 이번 여행의 테마를 잘못 잡았는지도 모른다. 그래도 시간을 초월하여 2천 년 전 기독교인들이 걸었던 공간을 시간을 초월하여 걸어 본다는 데 의미를 둘까?

· · ·
길을 막는 무슬림들의 기도

다시 큰길로 나가려는데, 대여섯 명의 청년들이 등을 돌린 채 골목길을 막고 있었다. 그러더니 갑자기 나란히 보자기를 펴더니, 신발을 벗어서 보자기 뒤에 놓고는 보자기 위에 느닷없이 엎드려 절을 하는 게 아닌가? 아단의 기도를 촉구하는 노랫소리가 들리는 것을 보니 무슬림의 기도시간이었다. 등을 돌린 것은 아마도 메카의 방향이 등을 돌린 방향이라서 그랬을 것이다. 분명히 공공의 길을 막고 있었지만, 그들을 뚫고 나의 길을 갈 만한 분위기가 아니었다.

이렇게 길 가는 사람들은 아랑곳 없이 길을 막고서 기도를 하고 있다. 꼼짝없이 기도를 마치는 5분을 기다려야 했다.

이러한 모습은 그 이후에도 찾아간 아고라 골목길에서 또다시 발견할 수 있었다. 길을 가던 일반 남자 시민들 30여 명이 길가에 나란히 앞뒤로 빼곡히 앉아서 아단에 맞추어서 기도를 하는 것이다. 자유분방한 분위기의 이스탄불에서는 못 보던 풍경이다.

길거리에서 서로 경쟁적으로 각자의 종교성을 자랑하려는 모습들을 만났다. 시골로 나오니, 종교적 색채가 점점 짙어진다. 이슬람 모스크마다 깎은 연필의 모습을 한 뾰족한 타워에 아단을 알리는 스피커가 붙어 있는데, 골목마다 어김없이 하나씩 보인다. 이곳에서 하루 다섯 번씩 기도시간을 알리는 아단의 노랫소리가 들려온다. 듣기 싫어도 들을 수밖에 없다. 이천 년 전에 예수님에게 믿음에 대한 칭찬을 받으면서 생명의 면류관을 약속받았던 서머나 교회가 있던 자리에서 이제는 이렇게 이방 종교로 가득 찬 모습을 보는 것이 참으로 서글펐다.

· · ·

이즈미르 시계탑(Clock Tower) 광장과 바닷가 식당

큰길 건너서 아고라를 찾아보아야 했지만, 점심때가 넘어서인지 배에서 시계가 울렸다. 꼬르륵 요동치는 배를 안고 식사를 하러 식당을 찾아 나섰다. 여행의 묘미 중 하나는 맛있는 로컬푸드를 찾아서 먹는 것이다.

지도를 보고서 그리 멀지 않은 이즈미르의 명물 클락타워를 찾아갔다. 항구가 멀지 않은 클락타워 주변에 식당들이 있을 것이라 생각되었기 때문이다. 한 20분을 걸으니, 바다가 보이면서 클락타워가 한눈에 들어왔다. 수많은 사람들이 시계탑광장에 모여 있다.

그러나 시계탑을 지나쳐서 바다가 보이는 곳에서 식사를 하기 위해 바닷가까지 나아갔다. 저 멀리 페리 선착장이 보였다. C자형으로 생긴 이즈미르만의 북쪽으로 연결되는 페리였다. 나는 잠시 망설이다가, 선착장 옆에 위치한 쇼핑몰 내의 바다 쪽 끝의 식당을 선택했다. 출렁이는 바다 바로 옆의 플랫폼에 식탁을 놓아서 제법 운치가 있었기 때문이다.

이즈미르의 시계탑 광장. 이곳이 이즈미르의 중심가이다.

나는 에게해(海)의 풍경이 보이는 위치에 지붕을 씌워서 바다냄새와 바닷바람이 불어오는 자리에 앉았다. 고급식당이어서인지 음식 가격이 싸지는 않았지만, 매우 만족스러웠다. 느긋하게 파란 바다를 바라보면서 바닷바람을 맞으면서 와인 한 잔과 더불어 먹는 점심 한 끼. 여행은 바로 이런 맛이 아닐까?

· · ·

옛 서머나의 아고라

이제 아고라(Agora) 발굴터와 산 위의 알렉산더 성채를 가 보는 일

이즈미르의 에게해를 바라보면서 하는 점심식사. 이러한 분위기에서의 점심식사를 하면 여행의 피로가 다 풀린다.

만이 남았다. 나는 왔던 길을 되돌려 아고라로 돌아갔다. 아고라는 먼저도 언급했듯이 예전 희랍시대의 시장이면서 시민들이 모여서 토론도 하고 시국도 논의하는 시민회관이었다. 아고라 발굴터에는 예전에 마을 회당이 있었던 듯 지붕 없는 기둥들을 줄 맞추어 복원해 놓았다.

'서머나(Smyrna)'라는 도시 이름은 희랍시대 이전의 히타이트 시대부터 불리던 것이다. 포세이돈과 게메테르의 부서진 상도 발견된 서머나는 발굴자에 의하면 8,500년이 되었다고 한다. 희랍의 대표적 희곡인 〈일리아드〉와 〈오뎃세이아〉란 작품을 쓴 작가 호머(Homer)가 서머나 출신이라고 한다.

주전 1세기경 무너져 가던 서머나를 다시 일으켜 도시의 형대로 만든 사람은 알렉산더 대왕의 명을 받은 두 장군이라고 한다. 로마시대에 와서는 에베소, 서머나, 버가모의 3개 항구도시가 서로 경쟁적으로 항구로서의 아나톨리아 무역을 담당했었다고 한다. 이 3개 항구도시 모두 요한 계시록에 나오는 7개의 교회에 속한다.

옛 서머나의 건축물들을 복원하는 현장. 헬라식 건축물을 복원하는 작업이 한창이다.

· · ·

파구스의 언덕 성채

아고라 입구에서 나와서 파구스의 언덕에 있는 성채를 올라가 보
기로 했다. 아래서 보니 멀리 옛 성채에 커다란 터키 국기가 펄럭
이는 것이 보였다. 그런데 문제는 어떻게 올라야 하는지 모른다는
것이었다. 산으로 향하는 방향에는 언덕에 세워진 몇백 년은 되어

보이는 조그마한 집들이 우후죽순 생겨났는데, 위로 오르는 정확한 길은 찾을 수 없었다.

어디로 갈까 망설이는데 8~9세쯤 되어 보이는 사내아이들 4명이 쭈뼛쭈뼛 다가와서는 터키어로 내게 뭐라고 한다. 내가 사진기를 꺼내어 찍겠다고 하니, 뻣뻣한 차렷 자세와 어깨동무의 자세를 취해 준다. 대부분 관광지에서의 이 나이 또래의 아이들은 어떻게 하면 이 관광객들의 주머니를 열 수 있을까 궁리하며 산전수전 다 겪은 얼굴들을 드러내곤 하는데, 이곳 서머나에서 만난 이 아이들은 아직은 때 묻지 않고 순진했다.

이 아이들이 나를 파구스의 언덕 성채까지 인도해 주었다. 어린이들의 해맑은 웃음이 귀엽다.

내가 산 위를 손가락으로 가리키며 어떻게 오르느냐는 모션을 취하자, 자기들을 따라오란다. 그러더니 나는 아랑곳하지 않고 앞서거니 뒤서거니 하며 자기들끼리 낄낄대며 열심히 달려간다. 그러다가 갑자기 내가 생각났는지, 뒤돌아서 기다린다. 나도 뒤처질세라 열심히 뛰면서 이 아이들의 꽁무니를 쫓아갔다.

골목길을 구불구불 올라가는데, 아이들의 도움 없이는 오른 길을 다시 되돌아 내려가기는 힘들 정도로 이미 길을 잃었다. 나도 걷기를 좋아하여 기회 있을 때마다 걷지만, 구불구불 힘들게 오르는 오르막길을 아이들의 속도에 맞추려니 숨이 가빠 온다.

앞을 보면 아직도 올라가야 할 길이 더 남았지만, 뒤를 돌아보면 서머나만과 그 건너편에 있는 도시가 파란 바닷물과 어우러지면서 멋진 풍경을 연출한다. 역시 힘들여 산 위로 올라오기를 잘한 것 같다. 탁 트인 바다와 시원한 바람에, 눈 아래 보이는 멋진 이국적인 풍경이 모든 땀을 씻어 준다.

터키 성경 유적지

PART

14

에베소가
있는 셀축으로 !!

. . .
기차를 타고 셀축으로

에베소를 가서 하루를 잡고 충분히 돌아본 후, 다음 날 패키지여행으로 온천으로 유명한 파묵칼레를 가는 길에 빌라델비아와 라오디게아에 들러 보는 것으로 여행일정을 정했다. 온천물이 나오는 파묵칼레는 라오디게아 근교이다. 이곳 온천물이 체온과 비슷한 미지근한 온도이기에 예수님은 라오디게아 교회에게 "차지도 아니하고 덥지도 아니하다."는 비유를 든 것 같다.

에베소는 이제 사람이 살지 않는 옛 도시이고 유적 발굴지이기에 기차를 타고 옆에 붙은 셀축(Selcuk)이란 신도시를 찾아가야 한다. 셀축은 기차를 타면 아까 내렸던 비행장을 거쳐서 남쪽으로 한 시

셀축의 거리 식당. 역 앞의 거리에 좌우로 이런 거리식당들이 펼쳐져 있다.

간을 더 달린다. 기차는 중간에 역이 나올 때마다 서지만, 기차 시
간표대로 시간은 대체로 잘 맞는다. 좌우로 옥수수밭과 올리브 나
무들을 지나치면서 시간표의 역 이름과 시간을 대조하면서 달리다
보니, 어느새 셀축에 도착했다.

　셀축에 내려서는 이즈미르에서 미리 예약한 호텔을 찾았다. 역
에서 불과 5분 거리였다. 호텔 이름은 'Efes Antik Hotel'이다. 호텔
사이트에 호텔을 이용한 사람들의 리뷰, 특히 한국에서도 벌써 여
러 명의 여행자들이 이 호텔을 거쳐 가면서 쓴 리뷰가 매우 인상적

이어서, 이 호텔을 망설임 없이 선택할 수 있었다.

 과연 리뷰대로 주인아저씨의 영어도 수준급에, 매우 친절하고 주변 여행지에 대한 좋은 조언도 받을 수 있었다. 카운터 옆에는 한국 아가씨들이 여행을 마치고 돌아가면서 한글로 감사함을 빼곡하게 적어 놓은 포스터도 붙어 있었다. 그리고 그 옆에는 태극기도 걸려 있었다. 이곳에서 한글 포스터를 볼 줄이야! 주인아저씨의 도움으로 여행지의 많은 정보를 얻었다. 다음 날은 에베소를 가이드 없이 직접 돌아보고, 그다음 날은 셀축에서 버스로 떠나는 관광 패키지로 파묵칼레를 다녀오기로 계획을 수정하였다.

· · ·

셀축 광장에서의 저녁 식사

 날이 이미 늦었기에 에베소(Efes) 유적지는 다음 날 가 보기로 했다. 대신 셀축(Selcuk) 역 앞의 광장 식당가에 가서 느긋하게 식사를 하였다.

 지중해 연안의 식당가에서는 대부분 길거리에 식탁과 의자를 꺼내 놓는다. 이곳 광장도 식당들이 밖에 놓은 테이블과 의자들로 가득 차면서, 야외식당으로 바뀌었다. 식당 외에도 관광품 상점들과

셀축의 거리 식당에 앉아서 보이는 풍경을 담았다.

커피집, 과일상점, 은행, 옷 집, 편의점 등이 몰려 있는 이곳이 셀축의 가장 큰 번화가이다. 광장 앞길에는 차도 못 다니도록 차단을 하였다.

광장의 중앙에 있는 분수 옆의 테이블에 앉았다. 5월 중순의 날씨는 해가 내려가는 시간에도 매우 온화하다. 춥지도 않고 덥지도 않은 데다 바람도 불지 않아 야외에서 식사하기에 아주 좋은 환경이다. 빈자리에 앉아서 노트에 새벽부터 바쁘게 움직였던 오늘 하루를 반추해 본다.

비둘기들이 식탁에서 던져 주는 빵 부스러기에 우르르 몰려들다가 고양이들의 앞발질에 쫓겨 도망간다. 빵 조각을 놓고서 고양이와 비둘기가 싸우는 것을 구경하는 것도 재미있다. 주변에 중국인들인지 젊은 부부들이 쌍쌍이 신혼여행을 온 것 같다. 무슨 얘기들이 재미있는지 꺄르르 넘어간다.

이제 에베소는 세계 각 곳에서 찾아오는 매우 유명한 관광지가 되었나 보다. 나 홀로 여행의 비애가 느껴지는 때는 바로 이렇게 혼자 식사할 때이다. 사진으로 된 메뉴를 들여다보다가 왕 멸치(Anchovy) 튀김과 샐러드가 있어서 시켜 보았다. 손가락보다 더 굵은 멸치가 10여 마리 넘게 수북이 튀김옷을 입고 있었다. 그런데 내가 먹기도 전에 냄새를 맡고 주변에 고양이들이 몰려든다. 그래, 너희들도 배고프겠지. 멸치튀김의 꼬리와 머리를 고양이들과 나누어 먹는 재미도 쏠쏠하였다.

• • •

호텔 옥상에서의 아침 식사

다음 날 호텔에서 제공하는 아침 식사를 하였다. 장소는 호텔 옥상의 테라스였다. 떠오르는 해를 바라보는 테라스 식당은 아침 햇살이 너무 강하여 가림막을 쳐야 했다.

같이 식사를 하는 사람들
끼리 인사를 하고 자기소개
를 하였다. 내 테이블에 같
이 앉은 부부는 아르헨티나
에서 왔다며 인사를 나누었
고, 옆 테이블의 가족은 뉴
욕에서 왔다며 반갑게 인사
했다. B급 호텔이었기에 큰
기대를 하지 않았으나 나오
는 것을 보니 훌륭한 아침
식사였다. 빵과 계란과 샐

멸치 튀김과 샐러드. 밥과 함께 나오는데,
꽤 먹을 만하다.

러드에 과일과 커피까지……. 오늘은 하루 종일 걸어야 하니, 아침
을 든든히 먹어 두었다.

아침 식사 후, 간단한 복장으로 백팩에 물병과 지도를 넣고서 길을
나섰다. 운동화 끈을 꼭 잡아매었다. 셀축에서 에베소까지는 5킬로
미터로, 왕복 10킬로미터이기 때문이다. 오가는 중간에 아데미 신
전이 있다. 오늘은 이 길을 걸어서 갔다 오려고 한다.

셀축 중심가에서 남쪽으로 두 블록 후에 오른쪽으로 길을 바꾸어
그 길만 4킬로미터를 걸어가면 왼편으로 에베소 들어가는 표지판
이 나올 것이라는 호텔 주인아저씨의 말을 명심하며, 지도를 보면
서 길을 익혀 두었다.

에베소 가는 길에 보이는 한국 간판의 식당

오전 8시, 관광지에서는 조금 이른 시간에 길을 나섰다. 에베소
에서 더 많은 시간을 보내고 싶어서이다. 무슬림들의 땅으로 변한
이곳 아나톨리아에서 만나는 고대 유적들은 그리스 · 로마 시대의
것들이다. 2천~3천 년 전의 유적들이다. 히타이트로 시작해서 그
리스에서 로마시대, 비잔틴에서 다시 투르크로, 계속하여 이 땅의
주인들이 바뀌어 온 것이다.

셀축에서 에베소 가는 방향으로 들어서자마자 보이는 한국 식당. 나중에 들러서 김치찌개를
먹었다.

호텔이 있는 셀축에서 에베소 표지판을 보고서 오른쪽 길로 들어서자마자 한글 간판 하나가 눈앞에 크게 들어왔다. 태극마크와 함께 커다란 글씨로 "에베소 Restaurant" 간판, 한국음식점이다. 그러나 한글이 커도 너무 크다. 물론 한국 사람들이 잘 보이라는 의미에서 그랬을 테지만 터키인들을 비롯한 외국인들은 무엇인가 의아해 할 것이었다. 나중에 에베소 유적지에 가서 알았지만, 수많은 한국 단체 관광객들이 이곳을 찾는단다. 한국 사람들이 많이 찾으니, 당연히 한국 식당도 생겼겠지.

그러나 어쨌든 반가웠다. 잘되었다. 집을 떠나 김치를 못 먹은지도 벌써 두 주째. 한국 음식이 없는 상황에서는 별로 먹고 싶다는 생각이 안 들지만, 한국음식점 간판을 보니 갑자기 매콤하고 얼큰한 한국 음식이 먹고 싶어 입에 군침이 돌았다. 오늘 저녁은 되돌아오는 길에 저곳을 들러서 김치찌개나 먹어야겠다.

· · ·

아데미 신전(Artemis Temple)

에베소(Ephesus) 가는 길에 반드시 들려야 하는 곳이 아르테미스 (Artemis Temple) 신전이다. 성경 사도행전 19장에 언급된 '아데미' 신전이 이곳이다.

아데미 신전 자리. 옛 기둥 중 남아 있는 유일한 기둥. 기둥 꼭대기에는 새 한 마리가 앉아 있다.

아데미 신전은 셀축 시내 큰길에서 남쪽으로 두세 블록을 가다가 오른쪽으로 길을 꺾어서 300~400미터 정도 걸어가면 오른쪽으로 나왔다. 작은 분지 안에 자리했는데, 원래 신전자리에는 건물터만 남아서 연못처럼 물이 차고 하나의 큰 기둥만 남아 있는 폐허이다. 이곳 건물터가 옛 아데미 신전자리이다. 연못이라고는 하지만, 물이 괴어 있는 속으로 건물의 기반 흔적들과 주춧돌들이 보인다. 그리고 물속에서는 한창 개구리들이 숨바꼭질을 하고 있었다. 건물터 주변에는 무너진 건물 기둥의 잔해와 부서진 조각들이 놓여 있었다.

그리스 · 로마시대에는 127개의 돌기둥이 세워진 웅장한 아데미 신전이 자리 잡고 있던 이곳이 옛 에베소인들에게는 종교 생활의 중심지였다. 물이 있는 자리에 신전이 있던 것은 신전 안에 목욕시설이 있었기 때문이다. 이제는 다 무너지고 외롭게 남아 있는 하나의 기둥 꼭대기에는 하얀 새 한 마리가 둥지를 틀고서 앉아서 우리를

아데미 신전의 잔해

내려다본다. 사실은 저 기둥이 남아 있는 기둥인지, 아니면 무너진 기둥 조각들로 하나만 다시 세운 것인지는 분명치 않다. 찬란했던 거대 신전의 자리엔 이제 외롭게 과거의 영광을 말해 주고 있다.

· · ·

아데미 여신과 당시 사창가였던 신전

고대 7대 불가사의 중 하나인 이 신전은 현재 발굴된 가장 오래된 건물을 기준으로 볼 때, BC 3세기경 세워진 것으로 추정된다. 하지만 문헌에 의하면, 아르테미스 신전은 BC 6세기 중엽에 지어지기 시작해서 불에 탔다가 다시 복구되어 BC 3세기경에 완성되었다.

아데미 신전 자리. 옛 아데미 신전 내부에 목욕탕이 있었다고 한다. 따라서 물에서 가까운 곳에 지어졌고, 지금은 물만 남아 있다.

　에베소의 풍부한 재정 능력에 의해 그리스 아테네의 파르테논 (Parthenon Temple) 신전보다 4배 이상의 규모로 장대하고 화려하게 건축되었는데, 바닥 면의 넓이가 가로 130미터, 세로 70미터, 높이는 18미터로 기둥은 무려 127개에 달했다. 기둥 높이가 10미터에 불과한 파르테논 신전보다 무려 8미터나 높은 18미터의 하얀색 최고급 대리석을 사용한 127개의 기둥이 사방으로 계단을 만들었다.

　완성된 아데미 신전의 아름다움과 웅장함은 전 세계에 널리 알려졌다. 에베소는 신전으로 인한 특수를 누리며 더욱 번영하게 된다. 하지만 이런 에베소의 영화도 주 후 3세기경 고트인들의 침입으로 막을 내리게 된다. 고트인들은 신전을 모두 불태우고 파괴하였다. 이에 아데미 신전은 훼파되었고, 파괴된 신전에서 대리석을 가져가기 위해 몰려든 사람들에 의해 신전은 완전히 폐허로 변하였다.

현재도 이곳에 없는 것이 아데미 신상인데, 아데미 신상은 셀축의 전시관이나 시내에서도 많이 재현되어 있다. 아데미는 여신이면서 유방이 여러 개 달린 다산(Multi-Reproduction)과 풍요의 신이다. 그 당시의 신전은 사실 사창가였다. 신전에서

아데미 신. 풍요의 신, 다산의 신이라서 유방이 여러 개 달려 있는 모습을 하고 있다. 이런 신의 모형을 에베소 사방에서 볼 수 있다.

일하는 여사제들은 창녀들이었던 것이다. 철저히 남성 위주의 사회였던 고대 그리스에서는 남자들이 종교생활을 핑계 삼아 신전을 찾아서 자기들의 욕구를 해소했던 것으로 추측된다.

. . .

에베소에서 추방된 바울

사도행전 19장을 보자. 바울이 에베소에 머물 당시, '데메드리오'라 하는 은장색이 있었는데, 아데미 신을 은으로 만든 조그만 모형

을 팔았으나 그 벌이가 적지 아니하였다고 기록되었다. 그러나 바울이 에베소뿐 아니라 전 아시아를 다니면서 아데미 신상을 "사람의 손으로 만든 것은 신이 아니고 숭배 대상이 될 수 없다."고 하며 복음을 전하니, 많은 사람들이 바울의 말을 따랐다.

장사길이 막힌 데메드리오는 이 말을 작업장의 장인들에게 전했다. 이에 장인들이 분노하자, 에베소에 큰 소요가 일었다. 아데미 신상을 만들어 팔던 은장색들이 팔을 걷어붙이고 "크도다 에베소의 아데미여!"를 외치면서 떼를 지어 중앙의 원형극장까지 걸었고, 그 소리를 들은 많은 에베소 시민들이 동요하며 같이 시위에 참가하였다. 이를 본 정치인들이 급히 모여 재판을 열었고, 사도바울은 투옥이 되었다가 후에 에베소에서 추방되어 마케도니아로 떠났다는 사건이 행19장에 생생하게 언급되어 있다.

· · ·
두란노 서원에서 2년 3개월을 가르친 바울

에베소는 사도바울이 추방되기 전까지 적어도 2년 3개월을 머무른 곳이다. 제2~3차 전도 여행 때 에베소의 유대인 회당을 방문하여 석 달 동안 하나님 나라를 강론하였으나, 몇몇 유대인들의 마음이 굳어서 바울을 비방하였다. 이에 이후 그들을 떠나 장소를 옮겨

2년 동안 에베소에 머무르며 두란노 서원에서 매일같이 제자들에게 성경을 가르쳤다. 바울에 의해 최초의 신학교 두란노서원이 세워진 곳도 에베소이다(행19:8-10). 바울은 에베소를 아시아 지역의 전도의 중심지로 삼았는데(행 19:10), 여기서 고린도 교회에 보내는 편지들을 썼다(고전16:8). 그러다가 먼저 언급한 아데미 신상으로 인해 소요가 일어나 쫓겨나게 된다.

나의 이번 에베소 방문의 목적도 바울의 손길이 있던 옛 두란노 서원의 흔적과 바울이 걸어 다닌 에베소의 옛 거리를 걸어 보고, 소요가 일어났던 원형극장을 둘러보고자 하는 것이었다.

· · ·

사도요한과 예수의 모친 마리아가 머무른 에베소

에베소는 또한 예수님의 12제자 중 가장 사랑받던 사도요한이 예수님의 모친 마리아와 함께 살면서 말년을 보내기도 한 곳이다. 물론 바울과 주거기간이 겹치지는 않는다.

사도요한은 예수님의 사랑하는 제자로 일컬어지며, 십자가 사건 당시 예수님에게서 직접 그의 모친 마리아를 부탁받은 제자이다. 성령 강림 이후 베드로와 함께 예루살렘(행 3:1)과 사마리아(행 8:14)

에서 선교 활동을 벌였다. 그러한 요한을 바울은 야고보, 베드로와 함께 '교회의 기둥'이라고 불렀다(갈 2:9).

전승에 의하면 44년 로마의 박해를 피해 예수의 모친 마리아와 함께 소아시아로 피신했으며 그곳의 일곱 교회, 즉 에베소, 서머나, 버가모, 두아디라, 사데, 빌라델비아 및 라오디게이아 교회를 지도했다고 한다. 95년 로마 황제 도미티아누스의 기독교 박해 때 요한은 군병들에게 붙잡혀 밧모 섬으로 유배되었는데, 그곳에서 요한계시록을 저술했다. 그러던 중 96년 도미티아누스가 암살되자 사면을 받아 다시 에베소로 귀환하여 요한복음서와 요한 1,2,3 서신을 저술하였다. 사도 요한은 사도들 중에 유일하게 순교하지 않고 자연사를 맞이한 사도이다. 지금은 이곳에 사도요한 교회와 마리아 교회 등이 있다.

. . .

에베소까지 걸어가는 길

아르테미스 신전에서 다시 에베소 가는 길로 나와서 발걸음을 재촉했다. 에베소까지 걸어가는 길은 너무나 멋졌다. 차도의 왼쪽으로 자전거 길과 인도가 따로 크게 만들어져 있는데, 그 좌우로 나무들이 빼곡히 심어져 있었다. 울창한 나무들 사이로 난 길은 끝이 보이지 않을 정도로 이어졌다. 이것이 에베소 입구의 길까지 4킬로 미터나 계속되었다.

이런 길을 콧노래를 흥얼 거리면서 여유롭게 걷는다 는 것은 매우 분위기 있는 일이었다. 그런데 길 위에 떨어진 물컹한 나무열매들 이 계속 걸어가는 발에 밟혀 터졌다. 하얀 꽃망울이 모 인 것처럼 생긴 열매인데, 한 번도 본 적이 없는 열매 이다. 열매를 밟으면 터지 는 느낌이 좋지 않아서 밟지 않으려 피해서 걸었다. 그런

좌우로 나무들이 늘어선 이러한 길은 4킬 로미터를 걸어가는 에베소 입구까지 계속 된다. 같은 길임에도 차를 타고 들어가는 것보다 훨씬 운치가 있다.

데 앞에서 걸어오던 터키 가족들이 눈에 들어왔다. 아버지로 보이는 사람이 나무 위에 올라가서 흔들어 대면, 아래서 가족들이 보자기를 들고서 떨어지는 열매를 받아낸다. 그때서야 이 처음 보는 열매가 터 키 사람들이 먹는다는 사실을 알았다.

한 4킬로미터를 걸어갔을까, 큰길에서 다시 왼편으로 가라는 표 지판이 나온다. 이 길로 들어섰더니 인도 없는 도로만 나 있어, 같

은 도로 위에서 오고 가는 차들이 신경 쓰였다. 에베소 유적지로 걸어가는 사람은 나밖에 없나 보다. 이 길로도 1킬로미터는 더 걸어 들어가야 비로소 매표소가 있는 광장이 나오는데, 버스와 승용차 주차장이 있고 더 안쪽으로 들어가자 식당들과 선물가게들이 나온다.

· · ·

항구도시였던 에베소

매표소에서 표(입장료가 20리라(10불)였는지 잘 기억이 안 난다)를 사서 들어가면, 처음 나오는 거리가 항구거리이다. 이 거리는 대형극장에서 옛 항구로 향하는 20미터의 넓은 대로로, 양쪽에 5미터 높이의 기둥들로 둘러싸인 거리이다. 도시의 한복판인 이 거리는 황제 아카디우스에 의해서 395년에 만들어졌고, 황제가 죽은 후 그의

에베소의 대로. 2천 년 전에 이러한 큰 길에 바닥을 대리석으로 포장했으며, 양초로 가로등까지 밝혀 에베소 시민들은 발에 흙을 묻히지 않고 살아갈 수 있었다고 한다.

고대 에베소 전경. 과연 헬라문화의 대표도시라 할 만했다.

이름을 따서 'Arcadian Road'라고 칭한다.

 길은 대리석으로 덮였으며, 후에 발굴작업을 통해서 이 거리가 양초(Candle)가 들어간 등으로 밤거리를 밝혔다는 사실이 드러났다. 전기가 없던 그 당시에도 가로등이 있었던 것이니, 얼마나 부유했던 도시인가? 거리 밑에는 하수구까지 갖추어져 있으니, 지금의 현대 거리와도 별반 다를 바가 없다.

 이 거리의 끝은 항구이지만, 먼저도 밝혔듯이 에베소는 상류에서 강으로 떠내려 온 흙으로 인해 항구가 메꿔지고, 지진과 화산활동으로 지형이 변하면서 바다에서 10킬로미터나 내륙이 되어 버렸다. 아마도 항구가 항구로서의 역할을 못할 때부터 에베소의 추락이 시작되고, 잊힌 도시가 된 것 같다.

• • •

헬라시대 해상무역의 중심지, 에베소

 이곳 에베소가 로마시대에 소아시아 500여 개의 도시들의 수도였다는 점을 감안하면, 찬란했던 역사를 상상하는 데 그리 큰 어려움이 없다. 당시 에베소는 소아시아에서 모여드는 곡물과 상품들을 수출하고 수입하는 해상무역의 중심지로서 부유한 상인들이 많았다. 당시 인구는 20만 명이 넘는 대도시였다.

매년 4월과 5월에는 아르테미스 여신의 축제가 벌어졌고, 당시에 거의 유일한 문화활동인 연극을 보러 대규모 반원형 극장이 있는 에베소로 주변 도시들뿐 아니라 로마, 아테네와 예루살렘에서도 찾아왔다. 이 지역은 동과 서를 잇는 중요한 지리적 요충지에 세워졌을 뿐만 아니라 자연적으로 온화한 기후를 가지고 있다. 수십 킬로미터 밖에서 물을 끌어오고 대리석 포장도로로 인해 흙을 밟지 않고도 살 수 있으며, 목욕문화를 즐기고 책을 읽으며 생활할 정도로 현대의 도시 모습을 창조했던 에베소는 소아시아 최고의 항구도시로, 로마시대에는 로마 다음가는 도시로 번성하였다.

그러나 자연환경으로 인해 급격히 쇄락의 길을 걷는다. 지진과 화산으로 바다 밑 지각이 융기하는가 하면, 지형이 변하면서 항구로서의 역할을 못하게 된다. 10세기부터는 아예 물이 범람해 물웅덩이가 생기고, 그 웅덩이에 서식하던 모기가 말라리아를 창궐시켰다. 소아시아와 에게해(海) 연안의 최대의 항구도시 에베소는 이후로 버려진 도시가 된다. 특히 수차례의 지진과 화산활동은 한때 찬란한 문명을 꽃피웠던 에베소를 천 년이 넘는 세월 동안 잿더미 속에 묻어 버렸다. 그러던 것이 150년 전에야 발굴하기에 이른다.

···

2만 4천 명을 수용한 반원형 극장(Amphi-Theatre)

  그 길의 항구 반대쪽에는 대형 반원형 극장이 나온다. 오른쪽, 왼쪽 그리고 앞쪽에 위치하는 벽으로 둘러싸인 극장은 파나르 산의 서쪽자락에 자리 잡고 있다. 이 극장은 에베소 시대에서 오늘날까지 아주 잘 보존된 건물 중 하나라고 한다. 로마 황제 클라우디우스에 의해서 개조된 이 극장은 2만 4천 명을 수용할 수 있도록 3단의 반원형의 관람석들이 각 단마다 22열로 구성되어 있다. 위에서 아래로 보이는 반원형극장의 직경은 50미터이며, 극장의 핵심시설은 나선형의 공연장에 있었다.

에베소 반원극장. 2만 4천 명이 앉을 수 있는 거대한 극장으로, 헬라시대에 알렉산드리아 및 중동에서도 이곳에 극장을 구경하러 오곤 하였다고 한다.

2만 4천여 명이 둥글게 모여 공연을 지켜볼 때 공연하는 사람이 작은 목소리로 말해도 수많은 사람이 그 말을 들을 수 있도록 자연 에코시설이 돼 있어, 맨 뒤 자석에서도 듣는 데 문제가 없었다고 한다. 시험을 해 보려는지 아래의 공연장에 올라가서 소리를 내는 관광객들이 있었다. 그러나 지금은 옆에 막고 있던 벽들이 무너져 내려 에코 현상이 잘 안 되는지, 제일 꼭대기의 끝자리에 앉아 있는 내게는 잘 들리지 않았다. 그 당시 2만 4천 명의 관람객들이 이 공연에서 한마디로 놓치지 않으려고 집중하여 아래를 내려다보고 있던 모습을 물끄러미 상상해 보았다.

이 거대한 원형경기장은 헬레니즘 시대에 처음 지어졌다가 2세기경에 확장해 2만 4천 명을 수용하는 객석을 갖추게 되었다고 한다. 꼭대기에 올라가 앉으면, 그 엄청난 규모에서 뿜어져 나오는 거대함과 웅장함이 나를 압도한다. 발아래 까마득히 내려다보이는 공연장소의 반원 직경이 50미터인데, 아래까지의 높이도 한 30미터 정도 될까? 공연건물 위로는 항구거리의 기둥들과 항구거리가 보였다. 각이 마모된 대리석 돌의자에 햇볕을 마주하고 앉아서 한 시간 이상을 얼굴이 타는 것도 모르고 넋이 빠진 채로 옛날 로마시대에서 바울이 복음을 외치던 광경을 상상했다.

이곳에서 각종 공연과 집회가 열리고 때론 검투사들끼리의 죽느냐 사느냐의 검투 경기와 죄인들과 맹수들 간의 피의 대결이 펼쳐졌다고 하니, 그때 그 야만의 시대도 연상해 본다. 당시 볼거리와 즐길 거리가 많지 않았던 시민들의 불만을 잠재우고자 로마의 통치자들이 피의 향연을 펼쳤던 것이다.

또한, 이 원형경기장은 사도 바울이 에베소 시민들에게 주 예수를 믿으라고 설교를 했던 곳이자, 아르테미스 신상을 만드는 은장색들이 시민들을 선동하여 아데미를 경배하며 사도바울을 감금한 곳이다. 조그만 몸집의 사도바울이 이곳 에베소 시민들을 모아 놓고서 "시민들이여, 나는 원래 가말리엘의 문하생으로 로마 시민이고 예수를 대적하

반원형 극장의 꼭대기에 선 필자. 멀리 뒤로는 당시의 항구까지 연결되는 대로가 보인다.

던 자였습니다. 주 예수를 믿으십시오. 그리하면 구원을 얻을 것입니다!"라고 담대히 외치던 소리가 지금도 내 귓가에 생생히 들리는 듯하다.

· · ·
셀수스 도서관

원형극장에서 나와서 왼쪽으로 대리석 거리를 따라서 200여 미터를 걸어가면, 대리석 거리의 끝에 오른쪽으로 셀수스 도서관이 나온다. 대리석 거리는 이 도시의 중심 도로이다. 도로에는 눈에 띄는 하수도 시설이 있으며, 도로의 왼쪽에는 8미터의 기둥들이 자리 잡고 있다.

이 길의 중간 부분에 사창가로 가는 길을 표시한 대리석 돌이 바닥에 깔려 있다. 그 위에는 발바닥 모양이 그려져 있는데, 사창가

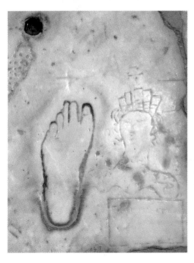

셀수스 도서관으로 가는 길 위에 포장도로에 나 있는 사창가 방향 표시. 이 발보다 사이즈가 작은 남자들은 들어오지 말라는 의미였다고 한다.

셀수수 도서관 입구 – 건물은 무너지고 앞면의 벽만 외롭게 서 있다.

의 방향을 가리키기도 하지만 그 발 크기보다도 작은 발을 가진 남자들은 들어오지 말라는 의미라고 한다. 사창가는 제법 위생적인 시설로 지어졌는데, 건물 안에 들어가기 전에 남자들에게 손과 발을 씻고 들어올 것을 요구했다고 한다.

마차가 지나다닌 길인 중앙로의 대리석은 닳고 닳아 반질반질하나 2천 년이 지난 지금도 여전히 포장도로 구실을 하고 있을 정도여서 세월의 풍상을 무색케 한다. 이 도시가 가장 번성했을 당시인 3~4세기엔 얼마나 웅장하고 화려했을까를 상상하면, 입이 다물어지질 않는다. 특히 현재의 건축 기술로 볼 때도 버금가는 기술력을 자랑한다고 한다.

드디어 사진으로도 호기심을 자극했던 에베소 유적지의 하이라이트, 셀수스 도서관이 나타난다. 디벨리우스 셀수스가 로마시대 소아시아의 총독이었던 아버지 셀수스를 기념하기 위해 AD 110년쯤에 지어 소장 도서만도 12,000권이었단다. 종이가 로마에 전해지기 이전이어서 양가죽을 두루마리처럼 말아 책을 제작했다고 하니, 로마가 대제국을 그냥 건설한 게 아님을 알 수 있다.

셀수스 도서관 건물 대리석 기둥 사이사이에는 '지혜', '지식', '우정', '이해'의 여신상이 조각돼 있으나 눈에 보이는 것은 사실 전부 모조품이다. 진품은 오스트리아 비엔나 박물관에 소장돼 있다. 오스트리아가 발굴 도중 빼앗아 간 것이다. 영국 대영제국 박물관이나 프랑스 루브르 박물관의 소장품 상당 부분도 약탈품이다. 강대국들에 의해 무력으로 유적들을 빼앗기는 것은 어찌할 수 없나 보다.

셀수스 도서관은 1층은 이오니아식이고, 2층은 코린트 양식 건물로 웅장, 화려, 섬세함, 아름다움의 극치라고 평해도 손색이 없을 정도여서 가히 '고대 건축물의 최고봉'이란 찬사를 받을 만하다. 셀수스의 묘는 뒤쪽에 자리하고 있다. 셀수스 도서관 옆으로는 메제우스와 미트리아테스 문이 있는데, 이 문을 지나면 아고라가 나온다. 두 개의 문 위로 보이는 대리석에는 라틴어와 헬라어가 적혀 있는데, 자신들을 용서하고 자유를 선사한 아구스도 황제와 아그립바에게 감사의 뜻이 담겨 있다고 한다.

· · · ·
시민들의 쉼터 아고라 광장

셀수스 도서관을 벗어나자, 뒤쪽에 아고라 광장이 펼쳐진다. 아고라 광장은 그리스·로마시대에 남자들이 장을 보러 오면서 시국을 논하고 잡담하던 시민회관이다. 이 아고라 광장 우측에는 각종 물품을 파는 시장이 있었다고 한다. 수천 년 동안 와자지껄했던 시장골목이 이제는 세계 각지에서 찾아오는 관광객들이 지나간 발자취와 그들이 흘리고 가는 음식물을 차지하려는 까마귀와 고양이들의 보금자리가 됐다.

시민들의 쉼터이자 시장터였던 고대 아고라

　그 어떤 로마의 황제도 그들이 세운 국가 조직도, 그리스 제국이나 로마제국이나 비잔틴 제국이나 한때의 흥망성쇠가 한갓 스쳐 지나가는 바람 같다는 것이 틀린 말이 아님을 되새겨 본다. 에베소의 유적들은 이러한 몇 천 년의 역사 속에서 그렇게 말없이 유유히 흘러왔을 것이다. 현세를 사는 사람들에게 관광의 즐거움과 역사를 회상하는 숙연함을 느끼게 하면서 말이다.

크라테스 거리

크레테스 거리는 셀수스 도서관에서 헤라클레스의 개선문이 있는 언덕까지 이어지는 거리로, 에베소 유적지의 최고봉이라 할 수 있다. 이곳 어귀에 한꺼번에 50명이 앉아서 생리적 현상을 해결했다는 수세식 유료화장실이 있다. 옆이 트인 커다란 방에서 함께 앉아서 생리현상을 해소했던 것이다. 그중 목욕한 물이 가장 먼저 흘러나오는 위치에 있는 앞쪽의 변소가 가장 비쌌다고 한다.

유료 화장실 바로 옆에 공중목욕탕이 있다. 이 목욕탕은 2천 년 전에 이미 중앙의 보일러에서 물을 데워서 각 방으로 뜨거운 물을 보내는 중앙 난방시설을 갖추었고, 냉수와 온수 그리고 미지근한 물의 세 개의 탕과 탕 옆에는 탈의실도 갖추었다. 수백 명이 한꺼번에 이용할 수 있는 이 목욕탕에는 공공의 탕도 있지만 귀족을 위한 개인 탕들도 있었다. 오늘날에는 3층만 남아 있다.

거기서 나오면 크레테스 거리를 따라서 언덕을 올라가게 되어 있다. 크레테스 거리 역시 바닥이 대리석 돌로 깔린 도로이고 양옆에 상점, 귀족들의 집터, 모자이크 바닥 등 당시의 삶의 흔적과 생활상이 생생히 녹아 있었다. 이제는 기둥들과 건물의 흔적들만이 남아 번성했던 그 날을 추억하고 있다. 왼편에 보이는 신전이 테오도시우스 황제가 무고로 사형을 당한 아버지 테오도시우스 장군을 기념하여 지은 것이다. 이 주변의 유적들과 집들은 당시 부자촌이었다.

크라테스 거리의 언덕을 올라가는 길. 옛 에베소는 좌우로 건물들이 즐비했으나 이제는 무너진 폐허를 복구하고 있다.

언덕을 다 올라서 뒤를 돌아보며 셀수스 도서관 뒤로 보이는 경치는 유적들과 어우러져서 참으로 아름답고 평화롭다. 그리스·로마 시대의 건축물들은 기하학적으로나 예술적·구조적으로 이토록 자연과 조화를 이루도록 아름다웠다. 어떻게 이러한 건축물들을 창조했는지, 그 시대의 사람들에게 저절로 경의를 표하게 된다.

니케의 여신상(Nike)

크레테스 거리의 언덕 끝부분에 이르면 그 유명한 니케의 여신상을 만나 볼 수 있다. 날개 달린 승리의 여신상이다. 왼손에는 승리의 상징인 월계관이, 오른손에는 밀 다발을 들고 있다. 세계적인 스포츠사의 나이키(NIKE) 로고가 니케 여신상의 구부러진 오른쪽 다리 모양을 형상화했으며, 이 형상을 새긴 운동화들이 이제는 명품 운동화로 지구상을 뒤덮고 있다.

니케 여신상의 가슴을 만지면 행운이 온다 해서 가슴 부분만 엄청 닳아 있었다. 가슴을 만지면 복을 받는다는 믿을 수 없는 낭설로 인해 수많은 관광객들이 여신상의 가슴을 만져 원래 D컵이었던 가슴 크기가 B컵으로 작아졌다는 말도 있다고 한다. 니케의 여신상 앞에 한 10분 서 있던 것 같은데, 수많은 지나가는 여행객들이 남녀 할 것 없이 이 여신상을 배경으로 사진을 찍은 후 어김없이 가슴을 만지고 지나갔다. 나도 누가 볼세라 조심스럽게 니케의 돌 가슴을 쓸어 보았다.

니케의 여신상과 메두사를 비롯한 다양한 아치형 신전, 로마 황제에게 바쳐진 신전 터 등 극히 일부만 복원됐는데도 여전히 거대한 위용을 자랑한다. 눈을 아주 바쁘게 움직여 로마시대의 흔적을 더듬어 둘러보다 헤라클레스가 조각된 개선문 앞에 이르렀다. 헤

니케의 여신상. 오른쪽 다리 위의 말린 옷을 형상화해서 나이키 운동화의 로고가 만들어졌다고 한다.

라클레스문은 지중해 부근 각지에서 운반해 온 여섯 개의 대리석 기둥으로 만들어졌으나 지진과 화산폭발로 붕괴돼 현재는 두 개만 복원해 놓은 상태다.

· · · ·

셀축 성채와 사도 요한의 묘지

에베소의 또 다른 유적지는 성 요한 교회와 성모 마리아 교회이다. 에베소에서 살았던 사도 요한은 바로 이곳에서 요한복음을 썼다. 말년에 로마에 의한 밧모섬의 유배에서 풀려나서 요한 계시록과 요한 1·2·3서도 여기서 쓰고서, 이곳 에베소에서 종말을 맞이하였다. 또한, 예수님에게 의탁받은 친모 마리아도 요한이 이곳 에베소로 모시고 와서 살았다.

그들을 기념하여 그들의 사후도 몇백 년이 한참 지나 기독교가 로마의 공인된 종교가 된 이후에야 성모 마리아 기념교회가 생긴 것 같다. 그러나 나는 이처럼 나중에 지어진 기념교회에 별로 감흥이 없어, 일부러 들러 볼 필요를 느끼지 못했다. 이미 예루살렘이나 나사렛에서도 후세들이 세운 성모 마리아 기념교회들을 숱하게 보아 왔기 때문이다.

그러나 오후에 셀축의 호텔에 돌아온 이후에 호텔 옆의 공터 위로 큰 성채가 하나 보였다. 이 성채가 바로 셀축 성이다. 셀축 성은 내성과 외성으로 이루어져 있는데, 5세기경에 이르러 에베소가 항구와 경제적인 중심지로서의 의미를 상실하자 이 성은 주변 사람들의 피난처가 되었다.

이 성은 셀축 투르크로 대변되는 침략군인 아랍군들에게 대항하기 위해서 비잔틴에서 7~8세기경에 세워졌다. 언덕의 정상을 둘러싸는 내벽과 함께 지금까지도 굳건하게 서 있다. 그러나 성채 위로는 누가 지금의 주인인가를 상징하듯 셀축의 현재 점령국인 터키의 국

셀축 성채. 이 성채 안에 사도요한의 묘와 사도요한 교회가 있다고 하는데, 내가 갔던 시간
에는 성채 문이 잠겨서 못 들어갔다.

기가 힘차게 나부끼고 있다(셀축은 천 년 전 투르크인의 또 다른 이름이다).

　동쪽, 서쪽, 그리고 남쪽을 향하여 세 개의 문이 있으며, 4세기
에 문들 사이에 바실리카(Basilica- 예배당)가 하나 세워졌으나 나중에
줄리엔 황제의 명령으로 그 자리에 사도 요한 교회와 요한의 묘가
만들어졌다. 이 성채와 무덤은 아데미 신전을 내려다보고 있다. 많
은 사람들이 이 성을 '셀축 성'보다는 '사도 요한 성'이라고 부른다.

　셀축 성으로 들어가는 입구가 타킵 성문이다. 아치형인 이 문은
함정에 빠진 적들을 집단 참수한 작은 마당으로 이어진다는데, 내
가 갔을 때는 문이 굳게 잠겨 있어 성안으로 들어가지는 못했다.
안타까운 마음에 주변을 돌면서 열심히 사진에 담았다.

PART

15

.
.
.

파묵칼레를
향한 버스여행 👣

· · ·
세 시간의 버스 여정

다음 날 셀축에서 오전 8시에 떠난 버스는 파묵칼레까지 세 시간은 넘게 달린 것 같다. 가는 길에 성경 지명인 빌라델비아(알라세히르)를 그대로 가로질렀다. 버스가 그곳을 지나치면서 가이드가 "이곳이 성경의 빌라델비아"라고 언급했지만, 버스 안에서 관심을 보이는 사람은 나밖에 없는 것 같았다.

목적지인 파묵칼레 바로 옆 동네가 '데니즐리'라고 불리는 옛 라오디게아(또는 골로새)이다. 중간에 관광 상품점이 붙어 있는 rest area에서 한 30분 쉰 것을 빼면 멀리도 달려왔다. 그 오랜 시간을 가이드는 거의 쉬지도 않고 설명과 질문에 대한 답변을 한다.

많은 얘기를 들었지만, 기록해 놓지 않아서 중요한 몇 가지 말고는 기억이 나지 않는다. 먼저, 우리가 소아시아로 알고 있는 아나둘로 반도를 보면 북쪽으로는 흑해 바다이다. 남쪽으로는 지중해 바다이며, 동쪽으로는 아라랏산이 가로막고 있다. 아라랏산은 노아 홍수 때 세상이 멸망하고 방주가 드디어 땅에 닿은 곳으로, 매우 높고 험한 산악지대이다.

그런데 동쪽에만 산맥이 있는 것이 아니다. 북쪽에도 동서로 큰 산맥이 가로막고 있고, 남쪽에도 동서로 큰 산맥이 가로 막고 있다. 따라서 북쪽 흑해나 남쪽 지중해에서 물기를 머금은 바람이 반도 쪽으로 불어올 때 이 산맥을 넘지 못한다. 이 때문에 카파도키아가 있는 아나둘로의 내륙지방은 매우 건조한 황야지대이다. 강우량이 많지 않아 농사를 짓기도 힘들 지경이라고 한다.

・ ・ ・

요한 계시록의 7개 교회 주변 환경

그런데 이 아나톨리아 반도에서 유난히 기후조건과 농업조건이 좋은 곳이 서쪽의 해안지대이다. 즉, 소아시아의 계시록에 기록된 7개 교회가 있는 이 지역은 사시사철 에게해(海)에서 불어오는 바람으로 인해서 적당한 강우량에 온화한 기후로, 참 살기 좋은 곳이다. 우리가 흔히 얘기하는 지중해 기후(Mediterranean climate)가 바로 이곳의 기후이다.

아나폴리아 에게해 연안지역은 온화한 지중해 기후로, 이곳에 사는 터키 사람들의 평균수명
이 다른 지역보다 20년 더 길다고 한다.

　다른 지중해 연안 지역과 마찬가지로 이곳에도 감람나무(Olive tree)
가 많다. 이 감람나무 열매는 버릴 것이 하나도 없는 열매이다. 특
히나 올리브기름이 몸에 좋다는 것은 이제 많이 알려졌다. 이곳,
특히 파묵칼레에 가는 길에 있는 조그만 마을에 농사지으며 사는
사람들이 몸에 좋은 음식과 깨끗한 물을 먹으며 온화한 기후에서
살아가기에 평균 연령이 95세라고 한다. 95세면 터키의 평균연령
보다 20년이 많으며, 세계적으로 손꼽히는 장수 마을이라고 한다.
열심히 몸을 써 가면서 농사를 짓고, 오염되지 않은 직접 농사지은
식품을 먹으며, 온화한 기후에서 스트레스 받지 않으면서 살아가
니 충분히 가능한 일이다.

그런데 예로부터 이곳 소아시아 지방은 자연재해가 심심치 않게 일어났었다. 지금까지 돌아본 유적지들이 모두 자연재해로 인해서 파괴되거나 무너져 내린 것이다. 에베소, 서머나, 히레라폴리스, 라오디게아 등 지진으로 인해 땅에 묻힌 옛 도시들을 최근 150여 년에 걸쳐서 발굴해 내는 것이다. 이처럼 자연재해가 일어나는 것에는 이곳에 속한 소아시아 대륙판의 움직임에 있다.

그런데 그것뿐 아니라 이곳에서는 수많은 온천이 발견된다. 터키는 아랍국이지만 석유는 한 방울도 나오지 않는다. 따라서 정부에서 석유를 수입해야 하니 에너지가 비싼 곳이다. 그런데 차로 지나가는 곳에 지열을 이용

파묵칼레 가는 길에 있던 지열을 이용한 발전소. 땅속의 더워진 지하수의 열을 이용하여 발전을 일으킨다.

하여 대규모 발전을 하는 곳이 나왔다. 파이프를 땅속에 몇백 미터 깊숙이 묻어서 물을 순환시켜 끓는 물을 이용하여 발전을 하는 것이다. 몇백 미터만 파고 내려가면 물이 끓을 정도까지의 지열을 얻을 수 있다고 한다. 따라서 향후에 이러한 지열 발전소를 몇 개 더 지을 예정이라고 한다.

천연 온천 파묵칼레(히에라폴리스)

드디어 파묵칼레에 도착하였다. 그러나 기대했던 옆 동네 라오디게아에는 들르지 않고 바로 파묵칼레까지 오게 되었다. 파묵칼레에서 라오디게아 투어 패키지도 있었지만, 하루를 더 시간을 내어 돌아볼 만한 상황은 아니었다. 라오디게아 대신 파묵칼레에 히에라폴리스의 유적을 보는 것으로 만족해야 했다.

파묵칼레의 옛 희랍식 이름은 히에라폴리스(Hierapolis)이다. 히에라폴리스는 성경에도 언급되어 있다. 1세기에 라오디게아와 히에라폴리스 두 곳 모두에 교회가 있었다는 것이 바울 서신에 기록되어 있다. 바울은 골로새서 4장 13절에 "에바브라가 '라오디게아'와 '히에라폴리스'에 있는 자들에게 많이 수고를 한다."라고 언급되었다. 히레라폴리스 옆에 데니즐리의 옛 이름은 '골로새'이다.

성경에서 "브루기아"라고 한 지역으로(사도행전 16:6), 고대의 3대 도시로 불렸던, 골로새, 라오디게아, 히에라폴리스 유적지가 이곳이다. 바울이 에베소에 있을 당시에 이곳 골로새 교회, 라오디게아 교회와 히에라폴리스 교회도 돌보았다는 것을 이 편지로 미루어 짐작할 수 있다.

파묵칼레(히에라폴리스)의 전경. 언덕 위에 위치한 고대도시 절벽 밑으로 석회석이 응고되어 '목화의 성'이라 불리는 하얀 언덕을 이룬다.

또한, 히에라폴리스에는 빌립 사도의 묘지도 있다. 빌립 사도가 예루살렘을 떠나 이곳 히에라폴리스 교회의 목회라도 했던 것일까? 교회의 잔해라도 찾아보고 싶었다.

· · ·

100여 가지 지중해식 점심

시간은 12시가 가까워져 온다. 어떻게 시간을 알았는지, 배에서도 꼬로록 소리가 났다. 금강산 구경도 식후경이라고 버스가 식당을 향하여 간다. 솔직히 점심식사는 샌드위치 정도로 큰 기대는 하지 않았다. 그러나 데려간 곳은 대규모 뷔페식당이었다. 우리 같은 12인승 버스는 거의 없고, 수많은 35인승 관광버스들이 연이어 들어왔다. 이 30대는 되어 보이는 버스들이 수많은 관광객들을 풀어놓는다. 중국인들은 많이 눈에 뜨였지만, 아쉽게도 한국인 투어버스는 없었다.

커다란 천막을 잇대어 놓은 야외식당에 들어가니, 식당의 수용 인원도 700~800석은 족히 되어 보였다. 음식의 종류도 엄청 많았다. 온갖 지중해식 식단에서 터키식 음식까지, 수많은 음식이 차려져 있었으며, 샐러드 종류만도 열댓 가지가 넘었다. 한 시간 동안 천천히 조금씩 모든 종류의 음식을 맛보듯이 먹었다. 이미 많이 친해진 우리 투어 그룹의 사람들과 서로의 투어 경험들을 나누느라 분위기가 좋았다. 소화제 노릇을 하는 물 섞은 요구르트인 '아이란'과 함께 처음 보는 음식들을 넘겼다. 식후에 진한 커피까지 한잔 하니 세상 부러울 것이 없었다.

· · ·

파묵칼레의 로마 유적지

일생에 꼭 한 번 가 볼 만한 세계 100대 휴양지로 선정된 파묵칼레(Pamukkale)는 유네스코 세계 유산으로도 선정된 곳이다. 파묵칼레는 터키어로 '목화의 성'이다. 온천수에 포함된 탄산수인 광천수가 공기와 만나서 하얀 석회층을 만든 모양이 마치 목화 꽃이 하얗게 피었을 때처럼 아름다워서 붙여진 이름이 다 터키어로 '파묵(Pamuk)'은 목화라는 뜻이고, '칼레(Kale)'는 성이라는 뜻이다. 이 지역은 고대로부터 루커스 계곡의 넓고 기름진 땅에서 목화 재배와 양을 기르는 일이 활발하였다.

그런데 이 파묵칼레의 옛 희랍식 이름은 '히에라폴리스(Hierapolis)'이다. '성스러운 도시'라는 뜻이다. 원래는 그리스제국의 도시였다가 고대 로마에 복속되어 로마의 지배를 받으면서 번창하던 중 60년 대

몇 천 년을 두고서 석회가 포함된 온천수가 흘러내리면서 석회가 응고되어 만들어진 하얀 바위들. 석회의 결정체가 쉽게 부스러져서 정해진 자리로만 걸어 다녀야 한다.

지진으로 크게 파괴되었다. 그때 네로 황제가 지진으로 파괴된 도시의 재건 비용을 지원해 주겠다는 제의를 거절한 채 자신들의 재원으로 재건할 만큼 부유한 도시였다. 양모산업, 구리세공, 말발굽 제작 등의 산업이 번창하였다고 한다.

'히에라폴리스'는 2~3세기에 이르러 도시의 황금기를 맞이했다고 한다. 지금 히에라폴리스에는 비잔틴 문, 로마 목욕탕, 야외극장, 신전 터, 사도 빌립의 기념교회 등의 도시 유적이 고스란히 남아 있다.

・ ・ ・

차지도 않고 덥지도 않은 파묵칼레 온천

이 온천수는 섭씨 35도로 우리의 체온과 아주 비슷하다. 뜨겁지
도 않고 차지도 않은 기분 묘한 미지근함 그 자체이다. 라오디게아
교회는 일곱 교회 가운데 가장 책망을 많이 받은 교회였다. 이 교
회의 믿음은 히에라폴리스 · 라오디게아의 온천물처럼 뜨겁지도 차
지도 않은 미지근한 상태였기에 책망을 받았다.

그러나 이 온천물은 류머티즘, 피부병, 심장병 등에 효과가 있다
고 전해진다. 이 때문에 치료와 휴식을 위해 그리스, 로마, 메소포

온천물이 발목에 차는 곳을 사람들이 맨발로 걸어 다니는 모습이다.

타미아 등에서 많은 사람들이 몰려들었다. 특히 로마 시대에는 여러 황제와 고관들이 이곳을 찾았는데, 하얀 결정체가 대지의 경사면을 온통 뒤덮은 장관을 감상하면서 심신의 치료를 겸할 수 있는 최고의 휴양지였기 때문이란다. 로마 황제들과 클레오파트라까지 이곳을 찾아서 온천욕을 즐겼다고 한다.

이곳에는 '네크로폴리스'라고 불리는 헬레니즘~비잔틴 시대까지의 석관묘 1,200기가 펼쳐져 있다. 서아시아에서 가장 큰 공동묘지 유적 중의 하나인 이곳에는 지금도 수많은 석관들이 뚜껑이 열리거나 파손된 채 여기저기 널려 있다. 이 지역에서 나오는 온천수가 갖

온천물을 흘러 보내도록 만든 고대 아쿠아덕트. 물 파이프.

가지 병 치료에 효험이 있다고 전해지면서 많은 사람들이 이곳에 병을 고치러 왔다가 병이 나은 사람들을 고향으로 돌아갔지만, 그렇지 못하고 생을 마감한 사람들은 이곳에서 묻힌 무덤들이 그렇게 많은 것이다. 이곳에는 로마 시대의 원형극장, 신전, 공동묘지, 온천욕장, 아쿠아덕트(aqua duct) 수로 등 귀중한 문화유적이 남아 있다.

파묵칼레 온천 체험

드디어 파묵칼레에 입장했다. 버스를 대고서 매표소를 지나 가이드가 몇 가지 주의사항을 알려 주고서 세 시간의 자유시간이 주어졌다. 파묵칼레에 사람이 들어가지 못하게 막아 놓은 곳은 유네스코 보호구역으로 지정된 장소이기 때문에 처벌을 받을 수 있으므로 절대 들어가지 말라고 당부한다. 그리고 칼슘과 석회로 만들어진 석회층은 약하여 발로 밟으면 깨지기 때문에 입장이 허용된 곳도 반드시 맨발로 들어가라는 주의도 잊지 않는다. 매표소 뒤쪽으로 멀리 보이는 눈 덮인 산을 가리키며, 파묵칼레가 너무 넓어서 안에서 길을 잃었을 경우에 그 산 방향으로 약속한 시간까지 다시 매표소로 찾아오라고 당부한다.

5월이라 주변은 여름인데도 놀랍게도 그 산 위 정상에는 눈이 쌓여 있었다. 대체 얼마나 높길래 눈이 아직도 녹지 않은 걸까? 온천장까지 가는 길의 오른편에는 언덕 위의 옛 도시인 히에라폴리스의 유적지들이 보였다. 일부를 복원하고 있는 원형극장도 보이고, 아고라와 기둥만 남은 사원과 부서진 기둥, 대리석으로 포장된 옛 도로들이 마치 에베소의 작은 복사판 같다.

이것을 지나면 온천물을 모아서 풀장을 만들어 놓고 탈의실까지 제공하는 빌딩이 나온다. 이곳은 별도의 비용을 내야만 한다. 그러나 유적지에 와서 현대식 풀장시설에 들어가는 것이 별로 내키지 않은 나는 옛 로마인들의 손길이 머문 역사의 현장에 내 발을 담그기로 했다.

온천물이 흘러내려서 침전된 물의 석회층으로 하나의 커다란 풀을 만들었다가 다시 넘쳐흘러 그 밑으로 또 다른 풀을 만들고를 반복하면서 몇 천 년이 흘러서 이러한 장관을 만들었다. 세상이 온통 겨울눈이 녹아서 얼음이 된 것처럼 하얀색으로 눈이 부신 파묵칼레는 바라보는 것만으로도 황홀했다.

주변 화장실에 들어가 수영복으로 갈아입은 후, 맨발로 나섰다. 석회층이 돌출한 부분으로 울퉁불퉁한 바닥을 맨발로 걷기 힘들었지만, 몇 발자국 걷다 보니 그런대로 견딜 만했다. 개중에는 신음을 지르며 맨발로 걷기를 포기하고 되돌아가는 사람들도 있었다. 길을 잘 골라서 걷지 않으면 이끼가 낀 바닥을 밟고서 미끄러질 수도 있으니 주의해야 한다. 석회층을 보호하려면 관광청에서 나무로 보드워크를 만들어 놓으면 좋겠다는 생각이 들었다.

내려다보이는 경치가 좋은 곳을 골라잡고 앉으니, 온천물이 허리춤에도 안 찼다. 느긋하게 반신욕을 하면서 언덕 아래 경치를 즐겼다. 물은 미지근한 것이, 그리 기분 좋은 온도는 아니었다. 5월 중

이런 곳에서 온천물에 반신욕을 할 수 있다. 온천물은 석회질이 많아서 우유 빛을 띤다.

순의 뜨거운 햇볕 아래 야구모자만 쓰고 있으려니 드러난 피부가 뜨겁고 쓰려 부담스러웠지만, 그 자리에 그대로 앉아 있었다.

· · ·

히에라폴리스 원형극장

한 30분을 앉아 있으려니 좀이 쑤셔 물을 털고 나와서 다시 옷을 갈아입고 히에라폴리스 유적지를 향해 걸었다. 우선 옛 모습이 거의 그대로 남아 있는 언덕 위의 반원형극장에 갔다. 올라가는 길에 수원을 찾아서 물을 모아 내린 아쿠아덕트(Aqua Duct)가 여러 개 보였다.

옛 그리스·로마식의 원형극장은 반원형으로, 산의 언덕을 이용하여 지었다. 로마의 콜로세움처럼 시내의 평평한 곳에 지은 원형극장은 기둥으로 돌아가면서 골조공사를 해야 했겠지만, 반원형 극장은 산기슭의 언덕을 이용하여 산을 파고서 만든다. 이렇게 산의 언덕을 이용하면 골조 공사를 안 하고도 멋있는 반원형 극장을 만들 수 있다.

히에라폴리스 원형극장은 1만 5천 석의 규모로, 에베소에 있는 2만 4천 석의 원형극장보다는 그 규모가 작지만, 로마시대 반원형 극장으로는 가장 잘 보존된 것 중의 하나에 속할 정도로, 보존 상태가 굉장히 좋다. 게다가 이곳이 현대 어쿠스틱(Acoustic) 엔지니어도 이곳 에코사운드(Echo Sound)의 우수성에 놀랄 만큼 무대의 자연 음향 소리 전달은 최고라 한다. 실제로 들어가 본 원형극장은 에베소보다 더 깊고 아늑하였다. 아마 무대 앞부분을 벽으로 잘 막아 놓아서 모든 관중들에게 소리가 더 잘 전달되는 것 같다. 소리 높여 독창이라고 한 곡 뽑고 싶은 심정이었다.

이곳 히에라폴리스의 꼭대기에는 빌립 사도의 묘가 있다. 빌립 사도가 예루살렘을 떠나 히에라폴리스 교회의 목회를 하였을까? 사방에 보이는 모든 것이 유적지에 예술품들이다. 발길 닿는 데로,

1만 5천 석의 규모로 잘 보존이 되어 있어, 아직도 현대 음향 전문가가 놀랄 정도로 에코 사운드가 우수하다.

눈길 끌리는 대로 가다 보니 시간 가는 줄 모르겠다. 산꼭대기 빌립 사도의 무덤까지 올라가려 했지만, 되돌아갈 약속시간이 다 되어 가서 아쉽지만 포기할 수밖에 없었다.

히에라폴리스의 유적들. 멀리 보이는 산 정상에는 눈이 쌓여 있다.

• • •

신기루를 좇는 성경유적지 흔적

이번 여행의 목적은 계시록에 언급된 성경 유적지 가운데 7교회를 둘러보는 여행이었다. 그러나 교회는 건물이 아니라 신자들의 모임이자 공동체라는 것을 다시 한 번 깨달았다.

성경에 언급된 주역들은 이미 다 사라진 2천 년이 지난 후에 교회의 흔적을 찾는다는 것은 애초부터 신기루와 같이 불가능을 좇는 여행이었다. 역사 속에 찬란했던 희랍과 로마의 유적 발굴지들을 둘러보았지만, 신전은 있어도 기독교와는 연관이 없었다.

　복음이 왕성하던 2천 년 전의 터키 땅에서 교회들의 흔적은 이제는 전혀 찾아볼 길이 없다. 오히려 복음이 처음 전해졌던 지역이 이제는 회교도로 가득 찬 모습으로 다시 선교지가 된 것만을 확인하였다. 이 지역에 이 터키 민족이 복음으로 변화되는 날이 오기를 진심으로 기대해 본다.

옛 히에라폴리스의 무너지고 남은 유적들

PART

16

.
.
.

그리스
아테네 👣

· · ·

유럽 선교의 물꼬를 튼 철학의 도시 아테네

터키의 이스탄불에 온 김에 이번에는 그리스(Greece)의 아테네 (Athens)를 다녀오기로 했다. 사도 바울이 2차 전도여행 중 아시아의 드로아(Troas)에서 기도 중에 마케도니아(Macedonia-현재의 그리스)사람 이 건너와서 도와 달라는 환상을 보고 에게해(Agean Sea)를 건너서 마케도니아로 넘어가게 된다(행 16:6 이하). 아시아에서 유럽으로 복 음이 서진을 하게 되는 역사적인 사건이다. 이러한 바울의 첫걸음 이 있었기에 바울 사후에 로마와 유럽이 복음화되고 복음은 이후에 계속 아메리카로 서진을 하게 된다. 옛 지명인 마케도니아로 불리 는 그리스는 지금도 유럽연합의 한 국가이다. 아시아에 있는 계시 록의 7개 도시 및 에베소를 돌아보았지만, 유럽 땅인 그리스를 가

보지 못한 것은 무언가 빠진 듯 허전했다.

그리스 아테네 시내의 전경. 아테네가 그리스의 대표 도시이나, 고대 유적들로 인해 고도 제한이 있는지 높은 고층건물이 없다.

바울 당시 아테네는 그리스에서 가장 중요한 상업적 도시였다. 수많은 고대문명의 유적을 간직한 헬라 문화의 중심인 철학의 도시였다. 성경에도 헬라인들은 지혜를 구한다고 쓰인 것처럼 스스로 모든 지혜의 철학을 섭렵한다고 자부했다. 아테네는 철학자 소크라테스와 플라톤의 도시이다. 이곳에서 바울은 헬라 철학자들과 유명한 '아레오바고 언덕' 종교 논쟁을 벌인다. 그리고 2차 전도여행에 그리스 지역에 빌립보, 데살로니가, 뵈뢰아, 고린도 등에 교회가 세워진다. 이 교회들이 유럽에 복음을 퍼트린 전초기지들인 것이다. 그러나 이번 여행은 헬라 문화의 중심지 아테네를 들르는 시간밖에 허락되지 않았다.

아테네는 이스탄불에서 비행기로 한 시간 거리밖에는 되지 않는다. 비행기에서 바라보는 그리스의 수도 아테네는 현대식 고층건물이 전무했다. 그리스가 여전히 국가채무로 인해 타 유럽국가들과 긴장관계에 있다고는 알고 있지만, 적어도 아테네 시내만은 고층건물의 현대식 도시를 상상했다. 그러나 비행기에서 바라보이는 아테네는 하얀 조약돌을 모아 놓은 해변가 같았다. 높아야 2~3층 건물이 대부분인 하얀 건물들이 늘어선 모습이 햇볕에 반짝이는 조약돌 무리를 연상케 했다. 나중에 아테네 시내를 가 보아도 7~8층 이상의 건물은 없었다. 아마도 도처에 퍼져 있는 고대 건축물들과의 조화를 위해서 건물의 고도제한이 있는 것 같았다.

그리스의 인구는 고작 천백만 명이다. 서울 인구 정도와 비슷한 인구이다. 7천5백만 인구의 터키와 비교하면 많이 작다. 그리고 방금 떠나온 이슬람 국가인 터키와는 다르게 대다수가 기독교 교도이다. 그리스 정교회(Greek Orthodox) 소속으로, 다니다 보면 도처에 크고 작은 지붕에 십자가가 달린 교회당이 많이 보였다. 삶의 질은 경제적으로 활기찼던 이스탄불과 비교해 더 나아 보이지 않았으나 통화는 유로(euro)화로, 물가는 더 비싼 것 같았다. 공항에서 아테네 시내까지의 지하철 요금이 8유로인데, 이스탄불의 지하철 요금과 비교하면 4배 이상 비쌌다.

공항에서 지하철로 시내 중심의 샌티크마(Santigma)역까지 오니 역 주변에 걸어서 수많은 호텔들이 있다. 아테네의 가장 유명한 관광지인 아크로폴리스(Acropolis) 언덕이 시내에서 바로 바라보였다. 아크로폴리스 언덕 주변에 아고라(Agora-옛 헬라식 장터) 및 박물관들과 식당과 관광 상품 가게들이 즐비하게 몰려 있었다. 식탁과 의자를 늘어놓은 식당들이 가득 차지한 유럽 특유의 길거리에는 노천 식사를 즐기는 관광객들로 넘쳐났다.

이곳 아테네에서 특이한 점은 1박2일 동안 수많은 중국인 관광객들을 본 것이다. 신혼여행을 온 젊은 부부들은 물론 나이 든 노인들까지 오가는 데마다 중국인 관광객들이 없는 데가 없었다. 상점 주인들은 내게도 중국어로 호객행위를 하였다.

아테네 시내에 위치한 제1회 근대 올림픽이 열렸던 올림픽 경기장

중국에는 호의적이고 터키에는 혐오적인 그리스인

아크로폴리스 언덕에 오르기 전에 노천식당에서 식사를 하였다. 옆자리의 영어가 통하는 그리스인과 대화를 하게 되었다. 나를 중국인으로 착각했었지만, 한국인인 것을 안 후에도 이 그리스인은 중국에 대한 찬사를 멈추지 않는다. 중국은 그리스에 관광수입을 올려줄 뿐 아니라 아시아에서 수에즈운하를 통하여 유럽으로 연결되는 관문인 그리스 항구의 항만시설들을 사들여 그리스인들을 고용한다고 한다. 말이야 50년 임차라지만, 중국이 경제적으로 파산에 처해 있는 그리스에 필요한 자금원이 되어 주는 것이다. 그러니 그리스로서는 중국이 마치 돈 많은 큰 형님처럼 고마울 것이다.

그러나 터키에 대해서 묻자, 말에 작은 분노가 묻어 나온다. 그리스와 터키가 국경을 이웃하면서 서로 관계가 좋지 않은 것은 알고 있었지만, 국민감정조차 짙은 혐오가 배어 있다는 사실을 확인할 수 있었다. 종교도 다르고 유럽과 아시아로 대륙도 다르지만, 국경은 이웃하고 있다. 에게해(海) 아나돌로 반도의 터키 코앞의 섬들은 그리스가 소유하고 있지만 보스포루스 서쪽의 이스탄불을 비롯한 터키의 조그만 땅덩어리조차 원래는 자기들의 땅이었다고 믿고 있다. 그리스는 5천 년의 찬란한 헬라 문화를 자랑하지만, 13세기부터 19세기까지 600년간 이슬람인 오스만투르크의 지배를 받았다.

그러니 서로 감정이 안 좋은 것은 당연하다.

. . .

아크로폴리스 언덕

아크로폴리스 언덕은 해발 120미터의 높이에 꼭대기가 약 3헥타르의 평평한 분지로 되어 있다. 이 언덕의 중심에는 파르테논(Partenon)이 있다. 파르테논 신전은 고대의 수호자로 여겨지던 아테나 여신에게 봉헌된 신전으로, 기원전 5세기에 건설되었다. 그러다 기원후 5세기에는 로마에 점령당해 카톨릭 성당이 되었다가 17세기 오스만 터키의 지배 하에는 탄약고로 이용되던 중 폭발로 인해 심각한 피해를 입는다. 그러나 현존하는 건축물 가운데 가장 중요하며, 고대 헬라 건축물의 정수로 여겨진다. 파르테논 신전은 유네

올려다보이는 아크로폴리스 언덕과 언덕 위의 템플. 복원 공사 중이라 크레인들이 보인다.

스코 세계 문화유산 1호로, 세계적으로 위대한 기념물로 인정받는
다. 입구 동쪽과 파르테논신전 북쪽에는 에렉테니온(Erectenion)이란
또 다른 신전이 있다.

이 언덕은 온 아테네 시내를 발아래로 내려다본다. 아테네 거의
전역에서 아크로폴리스 언덕이 안 보이는 곳이 없을 것이다. 100미
터 높이의 언덕 분지에 다시 30미터 높이의 기둥과 지붕으로 더 올
라가 있는 파르테논 신전은 마치 이 도시를 보호하려는 것처럼 가
장 높은 곳에서 낮이건 밤이건 그 위엄을 뽐낸다. 밤이 되면 파르
테논 신전의 수많은 조명이 이 유명한 건축물을 아래서 위로 비치

파르테논 신전. 남아 있는 그리스 신전 중에서 그래도 가장 상태가 양호한 편이다.

며 더욱 오묘한 건축미를 드러낸다.

좌 | 아크로폴리스 언덕으로 올라가는 길 오른쪽에 이러한 건축물이 나온다.
우 | 파르테논 신전을 배경으로 찍은 필자. 아직도 방문하는 수많은 사람들을 압도하는 위용
　　인데, 제일 높은 언덕 위에서 아래를 내려다보면서 지금껏 수많은 아테네 시민들을 압도
　　해 왔다.

　아크로폴리스 언덕을 오르는 길은 등산을 하는 것처럼 가파른 계
단을 헉헉거리면서 올라야 한다. 100여 미터의 언덕을 걸어서 오
르는 것도 쉽지는 않았지만, 수많은 관광객들이 무리를 지어서 같
은 길로 오르거나 내려가면서 길이 좁아지면 길이 막혀 버린다. 안
내하는 이 없이 서로 알아서 비껴가야 하는 길은 주말에 이루어지
는 서울 북한산의 등산코스와도 같았다. 오르는 길에 바닥의 화강
암 같은 대리석이 오르내리는 수많은 관광객들의 발길로 인해 반들
반들 윤이 나면서 미끄러웠다.

아레오바고 언덕과 바울의 설교

그러나 나의 관심은 이 고대의 도시에서의 바울의 발자취를 따라가 보는 것이었다. 아테네의 고대 아고라(장터)는 아크로폴리스 언덕에서 약 300미터 남쪽에 위치한다. 사도행전 17장에 보면, 바울이 뵈뢰아에서 소동을 피하여 실라와 디모데보다 먼저 떠나서 아테네에 혼자 도착하여 그들을 기다리다가 온 성에 우상이 가득한 것을 보고서 마음에 격분하여 유대인 회당과 헬라인 장터에 나가서 날마다 만나는 사람들과 변론을 하였다고 기록되어 있다.

아레오바고 언덕에서 바라보는 아크로폴리스 언덕. 종교재판이 일어나곤 하던 아레오바고 언덕을 내려다보면서 파르테논 신이 제일이라고 뽐냈던 것 같다.

바울이 아고라 장터에서 만나 토론한 자들은 에피큐레스와 스토아 철학자들인데(Epicurean and Stoic), 이들은 바울이 예수님과 부활에 대해 이야기하자, 바울을 '말장이'라고 칭하며 지대한 관심을 보인다. 그들이 미처 모르는 이방 신을 전하는 자라고 판단하고 아레오바고에 데려가서, 그에게 새 교에 대해 설명할 수 있겠느냐고 묻는다. 성경에는 아테네 사람들과 거기서 나그네 된 외국인들은 가장 새로운 것을 듣는 것 외에는 달리 시간을 쓰지 않는 자들이라고 기록되어 있다. 다시 말하면, 이들은 생산적인 일에는 전혀 도움이 안 되면서 매일 말장난과 토론만을 일삼으며 밥만 축내는 밥버러지들인 것이다.

아레오바고 언덕의 광장. 이곳이 고대 아테네의 재판정으로, 여기서 모든 아테네 시민들의 재판이 열렸다고 한다. 오른 쪽에 사도 바울이 아레오바고에서 외쳤던 설교의 전문이 동판에 헬라어로 새겨져 있다.

아레오바고 언덕은 아크로폴리스 언덕 바로 밑에 위치해 있다. 해발 80미터의 아레오바고는 철학자들의 쉼터로 유명하였다. 그 뒤편으로는 푸른 숲이 펼쳐지는데, 그곳이 바울 당시의 아고라 장터였다고 한다. 지금도 아래오바고 언덕을 오르면 아크로폴리스 언덕과 같은 평평한 분지가 아니라 울퉁불퉁한 바위들이 멋대로 솟구쳐 있고, 아크로폴리스 언덕만큼 제대로 관리를 안 해서 스프레이 페인트로 수많은 낙서들이 그대로 방치되어 있다.

이곳에 오르면, 아레오바고 언덕에 대한 설명을 헬라어와 영어로 적은 동판을 볼 수 있다. 그 설명에 따르면, 언덕 자체보다는 언덕 앞쪽의 광장에서 고대 아테네의 재판이 열렸다고 한다. 철학자들과 원로들이 모여서 역사와 철학 등도 논하고 재판관들이 일반인들의 송사를 받아들여서 재판이 열리는 법정이었다는 것이다. 소크라테스가 재판을 받았던 곳이자, 바울이 헬라 철학자들과 논쟁을 벌였던 광장 앞 바위에는 아레오바고 동판에 사도행전 17장 22절~31절의 말씀이 헬라어로 장식되어 있다.

사도바울이 설교한 내용을 헬라어로 기록한 동판

바울은 여기서 '아레오바고 설교'로 알려진 연설을 한다. "아덴 사람들아, 너희를 보니 범사에 종교심이 많도다. 내가 두루 다니면서 너희를 위하는 것들을 보면서 '알지 못하는 신에게'라고 새긴 단도 보았도다. 내가 그것을 너희에게 알게 하리라." 하면서 우주를 창조하신 하나님을 소개한다. 그리고 예수 그리스도의 부활과 장차 올 심판을 전하면서 회개하라고 요구한다. 그러나 무리들에게서 연이은 조롱과 웃음소리가 들린다. 파르테논 신전이 올려다보이는 곳에서 매일 논쟁으로 소일하는 철학자들에게 사도바울의 심판의 날이 가까웠으니 회개하라는 설교는 미치광이의 치기 어린 궤변으로 들렸는지도 모른다.

그런데 기독교와 헬라문화가 처음으로 마주친 이 사건에서 유럽 선교의 새로운 역사가 시작된다. 성경에는 그들 중 아레오바고 관헌인 디오누시오와 다마리라는 여자를 포함한 몇몇 사람이 바울을 가까이하며 복음을 받아들였다고 기록되어 있다. 이들로 인해 아네테에서도 교회가 시작되었을 것이다. 그리스의 또 다른 도시이고 아테네에서 80킬로

아레오바고 동판을 배경으로 한 필자의 모습

미터 떨어진 고린도(Corinth)로 옮겨 간 바울은 유대인 회당장 그리스보의 가족과 수많은 사람들에게 복음을 전하고, 그들에게 세례를 주고 고린도 교회를 시작한다. 바울은 고린도에 1년 6개월을 유하면서 하나님의 말씀을 가르쳤다고 성경에 기록되어 있다.

지금 와서 되돌아보면, 그리스 철학자들과 시민들이 숭배하던 아네테 여신은 이제 한갓 신화 속 이야기로 역사에서 사라졌고, 아테네신전인 파르테논은 이제 경제적으로 파산한 그리스 국민들을 먹여 살리는 관광지가 되었지만, 당시에 사도바울이 아테네 사람들에게 소리 높여 전하여 비웃음을 받았던 복음으로 인해 이 아테네에도 수많은 교회들이 세워졌다. 사도바울 사후 250년 후에는 복음이 로마제국을 집어삼켜서 기독교 제국이 탄생하고 온 유럽이 기독교화되는 시발점이 되었다. 유럽에서 종교개혁으로 복음은 서쪽으로 아메리카 대륙을 건너서 태평양을 건너 한국과 아시아 및 전 세계 곳곳에 전파된 것이다. 바울의 유럽대륙 복음전파의 시발점이 되었던 아레오바고 언덕의 바위에 걸터앉아서 파르테논을 올려다보며, 바울의 설교를 회상했다.

"이는 사람으로 혹 하나님을 더듬어 찾아 발견하게 하려 하심이로되 그는 우리 각 사람에게서 멀리 계시지 아니하도다. 우리가 그를 힘입어 살며 기동하며 존재하느니라. 알지 못하던 시대에는 하나님이 간과하셨거니와 이제는 사람에게 명하사 회개하라 하셨으니 심판할 날을 작정하시고 이제 예수를 죽은 자 가운데서 다시 살리신 것으로 모든 사람에게 믿을만한 증거를 주셨음이라(행 17:27-31)."

바울이 이천 년 전 소리 높여 외쳤던 이 아레오바고의 설교는 지금도 아테네뿐 아니라 지구촌 구석구석의 모든 사람들에게 여전히 유효하다.

PART
17

.
.
.

사우디아라비아 👣

・・・

사우디아라비아(Saudi Arabia) 방문기

사우디아라비아(이후 '사우디')는 아라비아 반도에 위치한 아랍국가로, 서구 세계로부터 폐쇄된 회교국가이다. 정치적 관계로는 미국과 가까우나 단순히 왕족과의 정치적인 이해관계가 맞아떨어진 것뿐이지, 문화와 종교 등에 있어서는 이질감이 들 정도로 다르다. 아라비아 반도는 동편의 페르시안 걸프(Persian Gulf)와 서편의 홍해(Red Sea) 사이에 있는 반도이다.

몇 년 전, 휴스턴에 소재한 미국 기업의 해외 영업팀에서 근무할 때의 일이다. 홍해에 위치한 가장 큰 항구도시인 제다(Jedda)의 시영 하수처리장에 들어가는 대형 컴프레셔를 공급하기 위해 사우디의 에이젠트로부터 방문해 달라는 요청을 받았다. 그로부터 6개월 동안 사우디만 세 번을 집중적으로 들어간 끝에 계약을 따냈다. 이 글은 세 번에 걸쳐 방문한 사우디 문화 전반에 대해 직접 보고 느낀 것을 정리한 것이다.

이슬람과 기독교는 첨예하게 대립한다. 선교 초기부터 기독교는 복음의 서진을 해 왔다. 예루살렘에서 유럽으로, 대서양을 건너 아메리카로 그리고 태평양을 건너 아시아로……. 이제 그 서진하는 복음이 중앙아시아와 동남아시아에서 동진하려는 이슬람 세력과 마주한다. 모든 이슬람 세력의 본산이 바로 사우디아라비아이다.

이 글은 사우디에 직접 들어가서 경험한 주관적인 글이기 때문에 정확하지 않은 부분도 있을 수 있으니, 독자들은 그 부분을 염두에 두고 읽어 내려가길 바란다.

· · ·

타 문화와 차단된 사회

사우디는 아주 독특한 나라이다. 우선은 관광객의 입국을 허용하지 않는 나라이다. 이는 무슬림이 아니면 일반인으로서는 관광 목적으로 사우디 입국이 불가능하다는 의미다. 무슬림들에게는 평생에 한 번은 꼭 가 보아야 하는 이슬람 최고 성지 메카(Mecca)와 메디나(Medina) 방문을 허용한다.

사우디 아라비아 메카에 순례 온 무슬림 순례객들에게 둘러싸인 모습. 무슬림들의 평생의 소원이 메카를 순례하는 것이라고 한다.

일반인의 경우에는 사우디 업체의 초청장과 정당한 방문 목적이 있어야 비자를 내 준다. 그러나 일반인은 사우디를 방문하더라도 그들이 성지로 여기는 메카나 메디나에는 근처에도 못 간다. 사우디는 경제적으로 부유하여 해외 관광객들이 들어와 현지에서 뿌리는 돈을 전혀 아쉬워하지 않기 때문이다.

오히려 서구사회를 극도로 타락한 문화로 여기기에 타 문화와 차단된 사회로 남고 싶은 사우디이다. 아니, 관광객들의 대다수가 서구권의 기독교인들인 것을 감안하면 기독교 문화 차단정책에 더 가깝다고 할 수 있다. 아랍 국가들이 종교적으로 가장 보수적이라는 자부심에, 자신들의 회교관습에 나쁜 영향을 줄 수 있는 타락한 서구문화와 서구종교를 최대한 차단하겠다는 의도가 짙게 깔려 있는 셈이다.

- - -

사우디 국적의 에이전시를 통해야만 하는 사업

사우디만의 또 다른 특징은 중간에 사우디 에이전시가 없으면 해외 사업이 성사되지 않는다는 점이다. 이것도 상업 문화라기보는 사우디의 정부 정책이다.

모든 해외업체는 자국 내의 에이전시를 통해야 상업계약을 성사할 수 있다. 혹 발주처가 외국 업체와 다른 방법으로 직거래를 했더라도 계약 시에는 뒤늦게라도 사우디 업체를 반드시 중간 에이전시로 넣어야 한다. 사우디에서 발주되는 모든 정부 프로젝트에서 자국 시민들에게도 떡고물을 주겠다는 정부의 의도이다.

그래서 사우디에는 영어만 되면 에이전시 간판을 내걸고 있는 사람들이 많다. 특별한 재능 없이도 이름만 빌려 주고 돈을 버는 것이다. 따라서 정부 프로젝트가 있는 곳에는 영어가 되는 현지인들이 개미처럼 꼬인다. 노력 없이도 갑자기 땅에서 석유가 쏟아져 나오니, 자국민에게도 불로소득을 조장하려는 것인가?

그래서 그런지 사우디에는 일반 상식으로는 이해가 안 되는 일들이 많다. 노력해서 얻는 정직한 땀의 대가보다는 알라의 뜻으로 축복을 받았다는 의식 때문인지, 중간중간 벌어지는 뻔뻔하고 비논리적인 일들이 마음을 어지럽힌다.

• • •

사우디 입국비자 취득하기

사우디 업체의 초청장을 가지고 휴스턴의 사우디 영사관을 찾았다. 그러나 영사관을 방문하여 비자신청서류와 수수료를 제출한다고 다 되는 것이 아니었다. 영사관에서 휴스턴 내 아랍인이 운영하는 특정 여행사를 비자신청 대행사로 지정해 놓고, 그곳을 거쳐야만 신청을 받아 주도록 해 놓았기 때문이었다. 힘들게 시간을 내어 영사관을 찾아갔더니, 오히려 여행사를 알려 주며 그리로 접수하란다.

그래서 다시 여행사를 찾아갔더니 비자수수료 이외에 50불의 대행 수수료가 추가적으로 붙는단다. 참 쉽게 돈을 번다. 번듯한 길을 돌아가게 만들고 거기다 돈까지 내라 하니, 칼만 안 들었지 강도가 따로 없다.

비상식적인 태도에 화가 난 나는 여행사 사장에게 입바른 소리를 해 버렸다. "이것이 방문객을 향한 사우디라는 나라의 서비스 정신이냐?" 그랬더니 이 아랍인이 "너의 신청서는 기분 나빠서 안 받겠다."며 휙 던져 버린다. 하지만 여기서 같이 화를 내고 싸우면 입국비자는 영영 날아간다. 곰곰이 생각해 보니 달리 방법이 없었다. 방구 뀐 놈이 성질을 내는데 오히려 내가 말실수를 했다며 극진히 사과를 하고서야 접수가 완료되었다. 비실비실 웃는 여행사 사장 앞에서 부글부글 끓는 속과 벌레 씹은 얼굴을 들키지 않으려니, 여간 힘든 게 아니었다. 이런 비리는 타 국가에서는 신고 대상이다. 그러나 아랍은 이런 비정상이 용납되는 세계였다. 휴스턴에서 떠나기도 전에 먼저 맛본 아랍세계였다.

· · ·

사우디 헌법인 이슬람 율법

사우디는 왕국이다. 국가원수는 국왕이고, 정치체제는 절대군주제이다. 별도의 국가 헌법 없이 이슬람 율법과 이슬람 관습법으로 국가가 다스려진다. 따라서 입법기구인 의회도 없다.

대신 종교 지도자들인 이맘(imam)이 사법권한을 대신하고, 사회질서를 위해서 종교경찰이 존재한다. 사실상 경찰국가이다. 종교경찰의 임무는 국민들이 회교 율법을 잘 따르는지 감시하는 것이다. 그러나 사실은 왕정체제를 공고히 하기 위한 눈가림이다.

외국인들의 선교행위도 감시 대상이다. 타 이슬람 국가처럼 일단 어떻게든 다른 방법으로 입국하여 음성적으로 선교하는 방법도 이곳에선 통하지 않는다. 현지인의 초청이 없으면 비자를 내주지 않기 때문이다. 사우디에 입국한 외국인은 행동의 제약을 받고, 즉시 감시 대상이 된다.

인구는 우리나라의 반 정도인 2천4백만 명이며, 석유산업이 국가 산업의 큰 비중을 차지한다. 그리고 석유 수입의 10%가 왕과 왕의 친족들에게 귀속되며, 왕국이기에 권력은 왕족 내에서 대물림된다.

사우디 국기에는 뱀이 기어가는 듯한 아랍어가 녹색 바탕에 새겨져 있다. 그 뜻은 '알라 이외의 신은 없으며, 무함마드는 그 예언자

사우디 아라비아 국기. 아랍어로 "알라 외에는 신이 없으며 무하마드는 그 예언자이다."라고 읽힌다고 한다.

이다'라고 한다. 알라의 이름이 국기에 새겨져 있기에 사우디는 조기(half staff)를 허용하지 않는다. 그러나 실상은 종교의 이름을 내세워 왕족이 마음 내키는 대로 다스리는 절대 왕정국가이다.

. . .
사우디 3D 일터를 채우는 외국인 근로자들

사우디에서는 현장에서 일할 근로자들을 내국인들보다는 해외에서 충당을 한다. 사우디에는 인도, 파키스탄, 필리핀, 인도네시아 등지에서 오는 근로자들이 꽤 많이 입국한다. 대규모 인력이 필요한 프로젝트의 경우, 해외 인력이 아니고는 제한된 국내 인력으로 충당할 수 없을 것이다.

아니, 더 정확히 말하면 사우디인들이 3D 직종에 직접 종사하는 일은 거의 없다. 내국인들은 3D 직종을 기피하는 경향이 있어, 더럽고 힘들고 어려운 일은 전부 해외 근로자들을 시킨다. 지금 사우디에 들어가는 한국인들을 자세히 살펴보면, 1970~1980년대의 수준에서는 벗어난 것 같다. 뜨거운 햇볕아래 하루 열댓 시간씩 일하면서 한국 경제를 일으킨 지독한 근면성으로 사우디인들을 깜짝 놀라게 했던 그 빈자리를, 이제는 외화가 필요한 동남아 근로자들이 채우고 있는 것이다.

옆자리의 미국인 고등학교 선생

두바이에서 제다로 가는 비행기에서 마침 옆자리에 중년의 미국인 여인이 앉아서, 같이 두어 시간을 나란히 갔다. 여자가 사우디에는 무슨 일일까 궁금하여 이런저런 얘기를 나누다 보니, 미국 보스턴에 있는 프렙(Prep)* 스쿨의 선생이란다(*명문대학을 준비시키는 사립고등학교).

고등학교에서 사우디 왕족의 자녀를 가르쳤는데, 자기가 가르치던 학생이 이번에 사우디에서 결혼식을 하는 데 초청을 받았다고 한다. 예상치 않은 왕복 비행기 표까지 보내 주어서 몇 년 만에 제자를 보러 가는 길이라 한다.

비행기가 제다공항에 도착했다. 제다공항은 비행기에서 터미널까지 바로 연결되지는 않고, 계단을 내려서 버스를 타고 터미널까지 이동해야 한다. 그런데 제복을 입은 군인들이 비행기 안까지 들어오더니, 이 여선생을 불러내어 가장 먼저 데리고 나간다.

비행기 창문으로 바라보니, 공항 내에 들어온 리무진으로 군인들과 함께 저 멀리 사라지고 있었다. 왕족이라는 연줄이 사우디에서는 큰 힘을 발휘하는 장면을 직접 눈앞에서 목격한 것이다.

####

짜증나는 입국심사

사우디에 입국하기 위해 비행기에서 내리면, 처음 내리는 공항에서 입국심사를 받는다. 외국인 심사는 내국인보다 서너 배는 긴 줄로, 꿩장히 오랜 시간을 기다리게 만든다. 매번 사우디에 입국할 때마다 느끼는 것이지만, 입국심사원들의 태도는 대체적으로 불쾌하다. 입국심사가 그 나라의 얼굴인 점을 감안하면, 사우디의 얼굴은 무척 도도하다. 방문객을 대하는 태도에 대한 교육을 안 하는 것인지, 아니면 신경을 안 쓰는 것인지, 서비스정신이라고는 눈곱만큼도 찾아볼 수 없다.

사우디 정부에서 요구하는 적법한 비자를 받고서 입국하는 것이었지만, 입국 심사원의 행동은 하나같이 무례하다. 손가락 하나로 오라 가라 하며, 행여 말이라도 하려고 하면 손을 들어 조용히 하

사우디 제다 공항의 입국장

라는 시늉을 한다. 오른손과 왼손의 모든 손가락의 지문을 스캔한
다. 얼굴 사진도 앞과 옆으로 찍는다. 국내에 들어오는 모든 외국인
들의 범죄 가능성 데이터베이스를 갖추겠다는 것이다. 갑자기 왕족
의 초청을 받은 여선생도 이런 절차를 거쳤는지 사뭇 궁금해진다.

• • •

사우디 입국의 금지품목

사우디에서는 이슬람 이외의 선교 행위에 대해 범죄로 다스린다.
특히 기독교에 대해서는 아주 민감하다. 그래서인지 개인적으로
성경이나 십자가 등을 가지고 입국할 수 없다. 성경은 불온서적으
로 지정되어 있으며, 술 또한 금지품목이다.

포노그래피 등도 금지품목이어서, 심한 때는 들고 가는 컴퓨터
도 검색당한다. 인터넷도 통제를 하여 많은 야동 사이트나 타 종교
사이트는 자동으로 차단해 놓았다. 이것을 꾸준히 업데이트하느라
여기에 많은 정부 예산이 들어간다고 한다. 이런 금지품목들이 짐
검사 중 발견되면 빼앗기고 블랙리스트에 올라가거나 심한 경우 추
방당한다.

금지품목 리스트에 성경과 포노그래피 등 어울리지 않는 조합이

같은 레벨로 취급되는 것이 무척 낯설었다. 나는 매번 작은 성경을 가방 깊숙이 넣고서 가방 검문을 당하지 않기만을 기도했는데, 다행히 한 번도 검색당하는 일은 없었다. 이 나라는 비즈니스가 아니라면, 정말 방문하고 싶지 않은 나라 1순위이다.

· · ·

운전을 못 하는 여자들

사우디에는 대중교통이 없다. 뜨거운 사막기후로 인해 걸어 다니는 사람들로 없다. 그러니 시내에 차가 밀리는 것은 당연하고, 밀리는 차들 가운데서 앞으로 나아가려면 난폭운전을 해야 했다.

제다의 거리 모양. 거리에 다니는 차들은 대형 미국 차가 압도적으로 많다.

사우디 여자들은 법으로 운전을 못 하게 되어 있다. 율법으로 여자들이 남편이나 아버지 등 보호자 없이는 혼자서 어디로 다니지 못하게 막아 놓았기 때문에 혼자 운전할 일도 없고 운전을 할 수도 없다. 여행자라도 여자는 운전을 금하고 있기 때문에 사우디에서는 여자 운전자를 볼 수가 없다.

해가 지고 남편이 퇴근할 저녁 시간 무렵에 쇼핑몰을 가면, 남자 혼자서 여자들 서너 명을 거느리고 다니는 장면을 심심치 않게 목격할 수 있다. 일부다처제이기에 저녁에 남편이 퇴근하면, 모든 아내들을 이끌고 같이 외출을 하는 것이다. 이처럼 사우디에서 여자들은 식재료 구입조차도 남자 도움 없이는 혼자서 할 수가 없다.

· · ·

기본 인권조차 없는 여자들

아랍 국가들에서 정도의 차이는 있겠지만, 여자들에게 인권이 주어지지 않는다. 그중 사우디는 가장 심하게 여자의 인권을 박탈한 나라 중 하나일 것이다. 여자는 8세부터 차도르라는 까만 옷으로 온몸을 감싼 채, 눈만 제외하고 얼굴을 가려야 한다. 눈은 내놔도 된다지만, 많은 여자들은 얼굴에 까만 베일을 내려 눈마저도 가린다. 얇은 베일 천 사이로 세상을 보는 것이다. 그 더운데 손에 까만 장갑까지 끼고 있어, 위에서부터 아래까지 피부가 밖으로 드러난 곳이 없다. 해외에서 방문하는 여자들은 정숙한 복장을 하지 않으면 입국이 거부되거나 심하게는 추방을 당할 수도 있다.

아내들을 몰고 다니는 사우디 남자들. 아내를 네 명까지 둘 수 있다.

　　그런데 뜨거운 사막의 나라에서 남자들은 보기에도 시원한 하얀
옷을 입고 여자들은 까만 옷을 뒤집어씌운 것은 어떤 이유에서일
까? 아마도 여자를 소유물로 생각하는 남자들이 뜨거운 사막기후
에서 밖으로 도망하지 못하도록 한 게 아닐까 싶다. 까만 옷을 뒤
집어쓰고서 뜨거운 태양이 작열하는 한낮에 밖으로 나가면 옷 안의
온도는 섭씨 6도나 더 상승한다고 한다. 머리카락은 더운 지방에서
는 열을 식히는 역할을 하고 추운 지방에서는 열을 보호하는 역할
을 하는 하나님이 우리에게 주신 자연적 보호망이다. 따라서 사우
디 같은 뜨거운 지역에서는 머리카락을 꽁꽁 감싸지 말고 드러내고
풀어서 머리를 식혀 주어야만 한다. 그런데 까만 천으로 온몸을 꽁
꽁 싸매고 까만 히잡으로 머리마저 싸맨 여자들은 얼마나 더울까?

• • •

사우디 여자에게 행한 엄청난 실수

호텔서 아침 식사를 하고 있을 때였다. 차도르를 입은 여인이 남편과 함께 식사를 하기 위해 식당에 들어왔다. 주섬주섬 먹을 것을 접시에 담아 가기에, 얼굴을 가린 여자들은 음식을 먹을 때는 어떻게 먹을까 하는 단순한 호기심에 쳐다보았다. 얼굴도 안 보이는데 무슨 흑심을 품겠는가? 그랬더니 나의 시선을 눈치챈 여인이 남편에게 뭐라고 말을 건넸다. 그러더니 남편이 식당 매니저를 불러서 불평을 했고, 그 여인이 앉은 테이블 주변은 곧 병풍으로 빙 둘러쳐졌다.

그날 에이젠트를 만나서 아침에 일어난 일을 얘기했더니, 나보고 운이 좋단다. 사우디에서는 외간남자가 남의 여자를 쳐다보면, 그 여자의 남편이 그 외간남자에게 폭력을 행사하는 것이 당연하다고 한다. 그리고 여행객들의 경우, 추방을 당할 수도 있단다. 사진을 찍을 때도 조심해야 한단다. 여인을 대상으로 사진을 찍었다고 의심되면 종교경찰을 부르고, 사진기 검사를 해서 필름은 빼앗기고 추방을 당한다. 그렇다면 외국 여행객들이 많은 호텔이라서 이해심 많은 남편과 매니저가 나의 행동을 그냥 넘어가 준 것일까? 운이 좋은 것이라 생각해야겠다.

공공장소에 있는 두 개의 공간

　일반 식당에서도 실내를 두 개의 공간으로 나누어 놓은 것을 심심치 않게 볼 수 있다. 일반실은 남자들이 앉아서 식사하며, 가족실은 따로 마련되어 있다. 만일 따로 만들기 힘들다면, 중간에 병풍으로 넘겨다보지 못하도록 막아 놓는다.

　여자들과 동행하면 무조건 가족석에 앉아야 한다. 여자들은 절대로 외간남자와 합석을 못 하도록 해 놓았다. 사우디에서는 식당이건 호텔이건 술은 어떤 종류라도 전혀 찾아볼 수 없다. 매춘행위도 엄격히 다스리기에 아마도 표면적으로는 전 세계에서 가장 윤리적인 나라일 것이다.

　길이나 몰을 다니다 자세히 보면, 주변에 종교경찰들이 시민들과 외국인들을 감시하는 광경이 목격된다. 남녀가 공공장소에서 같이 어울리는 것이 금지되어 있기 때문에 더더욱 감시가 삼엄하다. 제다(Jedda)에서 리야드(Riyadh)를 다녀오느라 비행기를 타도 여자 옆에 보호자가 아니면 외간남자들과 나란히 앉게 하는 일은 전혀 없다. 그나마도 여자들이 여행을 많이 하지 않기에 비행기 안에서도 여자들을 보기 힘들다.

조혼과 명예살인으로 죽어 가는 여인들

여자들은 13~14세부터 결혼이 가능하다. 결혼 전에는 여성할례도 행한다. 여자는 성의 즐거움을 느껴서는 안 된다는 것이다. 비위생적인 여성 할례의 부작용으로 죽어 가는 여인들도 많다. 결혼은 딸의 아버지가 사위에게 지참금을 받고 딸을 내어주는 순서로 진행된다. 이 때문에 남자들은 경제력이 없으면 결혼도 하기 힘들며, 경제력이 있는 남자들은 최대 네 명의 아내까지 둘 수 있다. 결국, 경제력이 있으려면 나이가 들 수밖에 없고, 어린 처녀들이 나이 많은 남자들에게 팔려 가는 것이나 다름없다.

여자의 의견은 전혀 고려하지 않는다. 아버지가 결정하면, 딸은 그대로 따라야 한다. 만일 아버지의 결정을 따르지 않을 경우, 죽음이 따른다. 이슬람 율법에는 남자 보호자가 여자의 생사여탈권을 쥐고 있다. 여자가 그 집안의 명예를 더럽혔다고 판단되면, 아버지나 남편 또는 오빠가 여자를 죽여도 살인죄가 성립되지 않는다.

그런데 여기에서 명예를 더럽혔다고 판단하는 기준은 지극히 주관적이다. 아버지가 결정을 내린 결혼을 거부하는 것도 그중 하나이다. 사우디에서 여자들이 살아남기 위해서는 남자들과 같은 인권을 가지려는 노력을 버려야 한다. 언제 명예살인이라는 이름으

396

로 아버지나 남편 손에 죽을지 모르기 때문이다. 사우디에는 연간 몇만 명의 여자들이 '명예살인'이라는 이름으로 죽어 간다. 이 회교도들은 율법이라는 이름으로 이리도 무서운 죄를 짓고 있다.

• • •

자유를 옭아매는 이슬람 율법

무슬림들은 일생 동안 마음속에 저울을 매달고 살아간다. 한쪽에는 죄의 무게를, 그리고 다른 쪽에는 기도와 선행의 무게를 말이다. 이들은 죽을 때 저울의 어느 쪽이 더 무거운가에 따라서 천국과 지옥이 정해진다고 믿는다. 따라서 기도나 선행을 통해 자신들의 죄의 무게를 가볍게 해서 천국을 가기 위해 기도에 그리도 목숨을 거는 것이다.

하루 다섯 번씩 기도시간을 알리는 아단(adhan)은 도시 곳곳에서 스피커를 통해서 노래처럼 울려 퍼진다. 이슬람의 사원 주변에 세워진 깎은 연필 같은 타워에 설치된 스피커에서 온 사방에 아단을 외우며 기도시간을 알린다. 그러면 무슬림들은 각자 하던 일을 멈추고 기도에 들어간다. 사우디에는 메카의 방향을 알려 주는 표시도 있다. 호텔방에서 서랍을 열면 메카의 방향에 화살표가 있으며, 심지어 해외에 나가는 무슬림들은 나침반을 가지고 다닌다. 메카를 향해 꿇어 엎드린 채로 기도해야 하기 때문에 방향을 제대로 맞추기 위함이다.

듀셀돌프에서 한방을 쓴 무슬림

몇 년 전 독일의 듀셀돌프 전시회에 참가했을 때, 무슬림과 같은 방을 쓴 경험이 있다. 전시회 참가신청을 너무 늦게 하는 바람에 시내에 호텔방이 동이나, 주최 측에 룸세어링을 신청하여 사우디에서 참가하는 무슬림과 2박 3일간 호텔방을 같이 쓰게 된 것이다.

무슬림과는 처음으로 방을 같이 쓰는 것이어서 떠나기 전부터 은근히 새로운 친구가 기대되기도 하였다. 그래서 룸메이트로 만나면 식사도 같이 하면서 새롭게 무슬림 친구를 만들어 보자고 생각했던 나의 기대는 첫 만남에서 무참히 틀어졌다.

우선은 이 중년의 친구가 독일에 오면서 모든 먹거리를 마른 음식들로 한 가방 싸 온 것이었다. 그리고 과일과 물 이외에는 나흘 동안 현지에서 사 먹는 것이 없었다. 독일 현지에서 파는 음료와 음식이 대부분 무슬림들에게는 율법으로 금지된 맥주와 돼지고기가 들어간 소시지였기 때문이다. 할렐 절차로 준비된 것이 아니면 먹고 마시는 음식을 금지하는 까다로운 율법에 충실한 무슬림들에게는 독일에서 먹을 수 있는 음식이나 들어갈 수 있는 음식점이 거의 없었다. 같이 밥이라도 먹어야 가까워지고 친해질 텐데 종교적 율법에는 철저하면서 필요 이상으로는 자신을 열지 않으니, 한방을 쓰면서도 계속 데면데면할 수밖에 없었다.

그런데 그것은 시작에 불과했다. 미국에서 유럽으로 출장을 가면, 밤에 잠자기 매우 힘들다. 시차가 적응 안 된 몸의 시간은 여전히 오후 3~4시. 하지만 이 시간은 현지에서 잠자는 시간이다. 첫날 룸메이트의 코고는 소리에 잠을 못 이루고 한참을 뒤척이다가 새벽에 겨우 억지로 잠에 들었는데, 갑자기 무슨 소리가 들리는 것이다. 힘겹게 든 잠에서 깨니, 이 친구가 화장실 앞의 공간에 엎드려 알아듣지 못하는 무슬림식 기도를 웅얼거리는 것이었다. 룸메이트가 잠에서 깨는 것은 전혀 아랑곳없이 매일 무슬림 율법으로 새벽 다섯 시에 일어나서 메카를 향해 엎드렸다.

첫날 침대 위에서 이 친구의 무례함에 어이없어하던 나는 다음 날부터는 그가 일어나 기도하는 새벽 시간에 같이 일어나 불을 켜고서 질세라 성경을 소리 내어 읽기 시작하였다. 내가 성경을 소리 내어 읽자 그 친구의 웅얼거리던 기도소리는 더 커지고, 나도 그에 맞추어 목소리를 더 키우면서 호텔방에서는 사우디인 무슬림과 한국인 기독교인이 전혀 기대치 않았던 영적 싸움을 벌였었다. 그리고 기도가 끝나면 나를 의아하게 쳐다보는 그에게 싱긋 웃으면서 다가가서 나도 기도시간이라고 악수를 청하던 기억이 새롭다.

· · ·

일생의 소원인 메카순례

그러나 율법에 의하면, 메카에 한 번 다녀오는 것이 하루 다섯 번씩 하는 기도보다 천 배는 더 무거운 종교 활동이다. 단번에 저울의 추를 선행 쪽으로 기울여 놓을 수 있기 때문이다. 그래서 늘 메카순례를 꿈꾸는 무슬림들은 메카순례를 하고 오면 집밖에 메카순례를 표시하고 동네에서 잔치를 벌인다.

그러나 압권은 인피델(Infidel- 이슬람의 적)과의 성스러운 전쟁을 하다가 순교를 하면, 바로 죽는 순간에 미녀들이 기다리는 천국으로 직행한다고 가르친다는 점이다. 9·11등 이슬람 주도 테러 도중 죽은 테러리스트들은 모두 인피델과의 전쟁 중 죽은 순교자들이기 때문에 사후 미녀들이 기다리는 천국을 기다리며 그러한 용기를 내는 것이란다. 그러나 여기에서 재미있는 것은 여자들은 절대 천국에 갈 수 없다는 점이다. 천국은 남자들만이 가는 곳이다. 그래서 천국에는 남자들을 기다리는 미녀들만이 존재한다. 이러한 억지 교리가 무슬림들에게 아무 의심 없이 그대로 받아들여지는 것이 신기할 따름이다.

. . .

급속도로 성장하는 이슬람교

그러한 이슬람교는 현재 전 세계에서 가장 빠른 속도로 급격하게 성장하고 있다. 한 통계에 따르면, 지난 50여 년간 기독교는 45%의 성장을 보인 반면, 이슬람교는 500%의 급성장세를 보이고 있다고 한다.

그리고 Operation World 21세기판의 자료에 의하면, 이슬람은 20세기 초 세계 인구의 12%를 차지했으나 20세기 말에는 세계 인구의 22%로 뛰어올랐다. 선교전문가들은 이 같은 추세가 계속된다면, 2025년에는 전 세계 인구의 30%가 이슬람화될 것이라는 전망이다. 이는 계속해서 감소하는 기독교와 대조적으로, 21세기에는 기독교 세기에서 이슬람 세기로 변화될 수도 있다고 전망했다. 이것도 돈의 힘인가?

한국에서조차 이슬람교가 교세를 확장하고 있다고 한다. 미국도 예외가 아니다. 유럽의 거리에는 히잡을 쓰고 다니는 여인들이 꽤 많이 눈에 띈다. 이슬람 문화를 사우디에서 직접 겪은 나로서는 왜 사람들이 이슬람교에 빠지는지 잘 알 수 없었다. 이슬람 인구가 폐쇄된 사우디 같은 나라에서만이 아니라 개방된 사회에서도 이슬람교를 믿는 사람들이 늘어나는 것은 돈의 힘이 아닐 수 없다.

기독교의 역사가 선교의 역사라지만, 이슬람 역시 엄청난 돈을 이슬람 선교에 쏟아붓는다. 마지막 때에 기독교가 깨어서 기도하며 대적해야 할 대상은 이슬람이 아닐까 싶다.

. . .

사우디는 선교의 문이 막혔을까?

이처럼 사우디는 겉으로 보기에 선교의 문이 막혀 있다. 이 나라에는 선교사도 들어가지 못하며, 당연히 교회도 없다. 해외 근로자들에게도 종교의 자유는 주어지지 않는다. 해외 근로자들이 모여 생활하는 곳에도 어김없이 교회나 기독교식 예배가 금지되어 있어, 종교 경찰이 눈을 번득이면서 감시한다.

하지만 우리 눈에 선교의 길이 막혀 있기에 많은 사람들이 이 나라를 위해서 기도하여 왔다. 그 와중에 하나님은 여전히 일하신다는 것을 깨닫는다. 우리의 힘으로 안 되는 일을 하시는 하나님이시다.

최근에 들은 얘기인데, 사우디의 부유층에서는 여자들이 자녀들을 직접 키우지 않고, 보모들을 고용하여 자녀들을 키운다고 한다. 이들에게도 보모를 찾는 기준에 언어가 중요하여 영어가 되는 보모들을 찾다 보니, 영어권 필리핀의 교육받은 여자들이 보모로 가장 적합했다. 그리고 필리핀 여자들에게는 짧은 시간에 큰 외화를 버는 수단으로 사우디의 보모 직업이 좋은 대안이었던 것이다.

그래서 십여 년 전부터 사우디에 필리핀의 대도시에서 기독교 교육을 받은 여자들이 몇십만 명이나 사우디의 보모로 들어가 있다. 이들이 사우디 자녀들을 어려서부터 시간을 보내며 영어로 가르치는 일을 담당할 때, 자연스럽게 사우디 부유층 자녀들에게 복음이 흘러들어 갔다는 것이다. 어려서 받은 신앙교육은 그 힘이 실로 대단하다. 몇십만 명의 사우디 자녀들에게 이렇게 복음을 전하는 하나님의 섭리가 놀랍다.

하나님이 아니고서는 이러한 선교전략을 감히 누가 생각해 내겠는가? 마지막 때에 이렇게 놀랍게 일하시는 하나님이 선교에 막혀 있는 사우디에서 어떠한 역사를 하실는지 자못 궁금해진다.

PART

18

.
.
.

중국교회의
동남아 선교 👣

- - - -

서진하는 기독교와 동진하는 이슬람 사이의 중국교회

지난 2014년 3월에 수처리 전시회를 위해서 말레이시아 쿠알라
룸프르를 갔을 때다. 마침 필자가 다니는 교회(휴스턴 한빛장로교회)
단기 선교팀이 인도네시아 수마트라(Sumatra)의 메단(Medan)에서 사
역하시는 김모세 선교사님의 사역을 돕고자 메단을 방문한단다.

그 방문과 겹치는 기간에 나는 말라카 해협 건너 말레이시아 쿠
알라룸프르에 있었기에, 해협을 건너 선교팀에 며칠간 합류하기로
하였다. 수마트라는 말레이시아 반도와 말라카 해협으로 갈라져
있다. 국가는 달라도 매우 가까운 거리이다. 쿠알라룸프르에서 메
단까지 비행 거리는 불과 45분밖에 안 된다.

주말을 맞아 이미 도착해 있는 본 교회 선교팀과 메단에서 합류하였다. 지난 2004년 쓰나미로 엄청난 피해를 본 수마트라섬 서쪽 해안 아체(Ache) 지역의 반대쪽 동쪽 해안에 있는 메단은 인도네시아의 3대 도시 가운데 하나다.

. . .

말레이시아와 인도네시아의 영적 상황

메단에 계신 김모세 선교사님은 이미 메단에서 20년 가까이 사역을 하셨기에 현지어에 아주 능통하시다. 인도네시아에 현지교회를 개척하여 유창한 인니어로 사역을 하시는데, 인도네시아 현지인 교회 예배는 빈자리가 없을 정도로 매우 활기가 넘쳤다.

찬양을 하는 현지인 찬양팀들과 교인들의 얼굴에도 기쁨이 넘치고, 예배에 생명력이 넘쳐나 예배에 목마른 나를 기쁘게 해 주었다. 예배 후에는 같이 현지음식으로 식사를 나누면서 반갑다고 계속 음식을 가져다주고 말을 붙여 주는 인도네시아 현지교인들이 매우 살가웠다. 이것은 해협 건너 말레이시아에서는 어림도 없는 광경이었다.

두 나라의 인구 다수는 원래 영국과 네덜란드의 식민지로 나누어지기 전까지는 같은 민족으로 같은 언어를 쓰고 종교도 두 나라 모두 다수가 무슬림이다. 그러나 말레이시아는 인도네시아에 비해 경제성장도 빨랐고 훨씬 더 부유하다. 두 나라의 독립 이후, 말레이시아는 마하티르 총리의 지도력으로 급성장했고 인도네시아는 부패한 지도자들로 부패했기 때문이다.

그러나 안타까운 것은 외적인 성장을 이룬 말레이시아에서는 말레이인들에게는 이슬람 이외의 종교는 허용되지 않는다는 점이다. 이 때문에 말레이인을 대상으로는 선교활동도 할 수 없다. 다만 말레이시아에 거주하는 중국계나 인도계 시민들에게는 정부가 종교의 자유를 허용하고 있으며, 화교교회들은 교세도 크고 무척이나 활발하다. 그러나 정부가 유독 말레이인들에게는 이슬람 이외의 종교를 허락하지 않는 것이다.

말레이시아의 대형 화교교회에서 예배하는 모습. 말레이시아는 정부가 말레이인들에게는 기독교 포교를 강력히 규제한다. 말레이인 기독교인은 은밀히 숨기지 않으면 정부로부터 핍박받는다.

말레이인들에게만 '부미퓨트라'라고 불리는 사회적 우대의 혜택을 주는 만큼, 종교에서는 자유를 허용하지 않겠다는 말레이 정부의 확고한 의지이다. 그런 의미에서 경제적으로 잘사는 말레이시아보다는 가난하지만 종교의 자유가 허용되어 기독교 선교사가 자유롭게 활동할 수 있고 현지인을 위한 교회들이 세워지는 인도네시아의 영적 상황이 훨씬 더 바람직해 보였다.

· · ·

메단의 빡 다르만 장로

이번에 인도네시아 수마트라의 메단을 방문하였을 때 김모세 선교사님의 소개로, 인도네시아에서 물탱크 사업을 하고 있으며 인도네시아 중국교회 연합회 회장이라는 빡 다르만 장로님과 부인인 이브 류숙의 집에서 1박을 하게 되었다. 주말이 지나고 단기 선교팀은 사역을 위해 다른 지역으로 떠나고, 나는 혼자 다음 날 오전 비행기로 말레이시아로 돌아가야 했기 때문이다.

이분들은 개인 주택의 지붕이나 옥상 등에 설치하는 물탱크 사업을 하면서 돈을 벌어 경제적으로 여유가 있는 화교 부부였다. 그러나 그분의 큰 집은 메단을 거쳐 가는 수많은 기독교인들을 위해서 개방된 집이었다. 안내된 게스트 룸에는 손님을 위한 정성이 엿

인도네시아 교회의 예배 모습. 앞에 나온 사람들이 인도네시아 교회의 찬양대이다.

보였고, 거쳐 가는 수많은 사람들이 적어 놓은 방명록을 읽는 것도 매우 흥미로웠다. 그 집을 거쳐 간 수많은 기독교인들이 빡빡한 방명록에 써 놓은 글들이 대부분 인니어와 중국어였지만, 영어로 적힌 것만 골라도 열댓 개는 되었다.

부인인 이브 류숙과 빡 다르만 장로 부부는 매우 신실한 하나님의 종들이었다. 온화한 인상의 다르만 장로는 영어는 유창하지 않아도 소통은 할 수 있었기에 밤늦도록 얘기를 나누었다. 사실 알고 싶은 것이 많은 내가 붙잡고 놓아 주지를 않은 것이다.

베풀기를 좋아하는 중국계 크리스천

내가 지난 20여 년간 동남아 여러 나라를 숱하게 다녀 보면서 현지 교회들도 많이 방문해 보았지만, 베풀기를 원하고 사용되기를 원하는 현지 기독교인을 찾기란 하늘의 별 따기였다. 동남아 교회들은 외국인 선교사들을 통해 도움받는 것이 습관이 되어서인지 베풀기에는 무척 인색하다고 느껴졌다. 그러나 베풀기를 즐겨 하는 이들 부부는 참으로 귀한 분들이다.

화교 교회에도 새벽기도가 있다는 것을, 그 집에서 일박을 머무르면서 처음 알았다. 새벽에 일어나서 아래층에 내려가니, 일하는 가정부 외에는 아무도 없었다. 가정부가 나와 말이 안 통하니 손을 모으고 기도하는 흉내를 내서, 그제야 기도하러 간 줄 알았다. 나와 대화하느라 늦게 잠을 청했을 텐데……. 말뿐만이 아니라 실제로 기도하는 신실한 종이다. 그 집의 응접실에서 발견한 중국인 예수와 열두(12)제자들의 흥미로운 그림이 있어 조심스레 카메라를 꺼내 사진에 담았다.

화교의 인적 네트워크

동남아에서는 화교의 위력을 실감한다. 화교들은 이들이 정착해서 살고 있는 나라가 다르더라도 자기들끼리는 사업상 '꽌시(관계)'를 중요시하여, 동남아 내에서 화교 인적 네트워크로 서로를 도와서 동반 성장을 도모한다고 한다.

화교는 원래 중국의 국적을 가지고 다른 나라에 정착하여 활동하는 사람을 일컫는 말인데, 이제는 100~200년 전 중국에서 타 국가로 이주한 중국 출신의 모든 현지인들도 화교라고 부른다. 공산 중국 이전 시대에 이주한 구화교의 경우 주로 광동성과 복건성 출신자들이고, 신화교의 경우에는 중국의 개방개혁 이후 여행금지가 풀리면서 상하이와 베이징계 화교가 증가하는 추세다.

화교들은 이곳 휴스턴에서도 마찬가지이지만, 이민 몇 세대가 지나도 중국식 문화에 대한 집착이 강하여 거주지에서 모여 살면서 자국어를 사용하는 차이나타운을 만들어 생활한다. 반드시 차이나타운에 살지는 않더라도 생활권이 차이나타운 중심이고, 언어도 자신들의 언어를 잊지 않은 사람들을 화교라고 한다. 이렇게 자기 문화와 언어에 대한 자부심과 집착은 2천 년 만에 잃어버린 나라를 되찾은 유대인들과 맞먹는 수준이다.

내게는 이민 2세대만 되어도 대부분이 자신들의 문화와 언어를 잃어버리는 한국인 교포들이 몇 세대가 지나도 언어를 잃지 않는 중국인들에게 가지는 쓸데없는 우월감이 잘 이해되지 않는다. 아마 화교들의 실제 경제력과 응집력을 잘 몰라서 가지는 잘못된 우월감일 것이다. 이민자 한국인들은 화교들에게서 생존법과 유대감을 배워야 한다.

· · · ·

전 세계의 화교 세력

전 세계에 현존하는 화교의 수는 대한민국의 인구와 비슷한 약 4천5백만 명으로 추산된다. 이 중 동남아에만 3천5백만 명 이상이 거주 중이다. 이들은 특히 동남아시아 경제 분야에서 강한 영향력을 행사하고 있다. 이미 수백 년 전부터 이민을 오고, 교육수준이 현지인들보다 높고, 돈 버는 데에 특별한 기술을 발휘하기에 그 나라의 국가 경제 주도권을 잡는 경우가 많다.

필리핀에서는 5~6%에 불과한 화교가 국가 경제 주도권을 쥐고 있으며, 태국에서는 인구의 10%가 화교로 역시 태국의 30개 대기업 중 28개 기업이 화교 기업이며 경제권을 쥐고 있다. 태국의 최상위 10대 재벌 중 9개 재벌이 화교이며, 인도네시아에서는 상위 10개

재벌 모두를 화교자본이 차지하고 있다. 인도네시아 화교의 경우는 인구 4%에 불과한 화교가 국가 경제의 70%를 차지하고 있다.

나도 동남아 국가들에 대리점 구축을 한다고 사람들을 만나고 다니지만, 국가만 다를 뿐 만나는 업체 사장들은 모두 화교이다. 화교는 동남아 인구의 5%도 안 되면서 동남아 무역의 3분의 2를 차지하고 있고, 동남아 부호의 90%를 차지하고 있다.

싱가포르·대만·홍콩·마카오 등 화교국가 인구를 포함한 화교는 약 6천만 명으로, 이들이 보유하고 있는 유동자산은 약 3조 달러, 외환보유액은 약 3,000억 달러의 거금이다(참고로 유동자산 3조 달러는 일본GDP의 75%에 상당하다). 본토 중국까지 포함한 화교는 2011년 기준으로 인구는 14억 명(세계의 20%), 국내총생산(GDP) 규모는 10조 달러(세계의 15%)에 달한다.

현재 중국을 중심으로 한 중화경제권의 부상은 동남아 지역 경제의 통합에도 크게 기여할 것으로 기대된다. 아시아에서 가까운 호주에 가 보면 화교와 중국자본이 대도시의 부동산을 잠식한 것을 볼 수 있다. 실제로 남아프리카 공화국 요하네스버그나 케이프타운을 가서도 화교자본이 대규모로 부동산을 사들이는 것을 목격했다. 이러한 일은 미국이나 캐나다도 마찬가지이다. 중국자본이 세계를 삼키고 있다고 해도 과언이 아닐 만큼 세계 각처에 엄청난 부동산을 가지고 있다.

중국의 바뀐 지하교회 정책

빡 다르만 장로님에게서도 들은 얘기이다. 시진핑 정부가 들어서면서, 중국의 지하교회에 대해서 다시 검토했다고 한다. 중국에는 정부에서 인정하는 표면적인 삼자교회와 핍박을 받고 음지로 숨은 지하교회가 있다. 물론 삼자교회는 정부가 주도하기에 "중국에도 기독교 교회가 있다"라며 보여 주기식 교회에 불과하다.

중국은 지금까지 양지의 삼자교회로 나오라며, 음지의 지하교회를 핍박하였었다. 무시 못 할 숫자의 지하교회가 계속 성장하면서 형성될 교회끼리의 네트워크가 공산당 정권에 위협이 된다고 판단했기 때문이다. 지하교회 교인들의 정치 세력화가 은근히 두려웠던 모양이다.

그러나 그동안 숱하게 지하교회를 삼자교회로 이끌어 내어 지배하려는 중국정부의 노력은 실패로 돌아갔다. 신실한 기독교인들이 복음이 없는 형식적인 삼자교회와는 엮이고 싶지 않아 한 것이다. 정권의 후원을 받는 삼자교회는 도태되고, 오히려 강력하게 핍박받은 지하교회는 끈질기게 성장하여 이제는 일억 명이 넘는 성도의 거대한 세력을 형성하였다.

이제 정권을 잡은 시진핑 주도의 중국 공산당은 지난 몇십 년간 지하교회를 두고 보아도 정치세력화되지 않고, 당에 위협도 되지 않고, 오히려 사회에 긍정적 효과를 끼친다는 판단을 내렸다고 한다. 사실 대부분 중국 지하교회는 진리를 추구하면서 매우 소박하고 단순한 삶을 살아간다. 이러한 중국 지하교회를, 현 시진핑 정권이 더 이상 핍박하지 않는다는 것이다. 오랜 핍박을 이기고 성장한 풍부한 영성의 중국 교회에 이제 봄이 다가왔다.

· · ·

중국에서 추방되는 한국 선교사들

그동안 중국의 개혁개방 및 1990년 북경 아시안게임을 계기로 중국에 들어갔던 한국 선교사들은 기독교가 핍박받는 환경에서 드러내지 않고 꾸준히 활동을 이어 왔다. 중국정부는 이들의 정체와 동향을 파악만 하고 한국과의 관계를 중시하여 그냥 두고 보았는데, 교회 핍박을 중단한 지금 외국세력이 더 이상 중국교회에 영향력을 미치는 것을 막기 위해 추방하기로 결정하였다고 한다.

추방보다는 선교사들이 중간에 한국을 방문하기 위해 출국을 하면, 이후 입국거부로 자동적으로 입국을 막는 것이다. 모든 한국 출신 중국 선교사들이 갑자기 하루아침에 사역지를 잃은 셈이다.

이들 선교사들은 대부분 10년 이상 15년 정도의 사역을 한 선교사들로, 중국 문화와 중국 언어에 능통한 선교사들이고 숫자는 500명 전후로 파악되고 있다.

대부분 선교사들이 한곳에서 10년 넘게 사역을 하면서 그 사역과 관련된 현지인들에게 막강한 영향력을 행사한다. 그리고 현지인들은 재정권을 가진 선교사들에게 매우 의존적으로 변한다. 지속적으로 선교사를 통해서 들어오는 후원금도 개별 교회의 재정자립 노력을 방해한다.

이러한 관계가 건강한 교회로서 자립하려는 노력을 막는 요소가 된다. 아마도 하나님은 이제 중국에서 순풍을 부르는 중국교회가 더 이상 의존적이지 않게 하기 위해 선교사들을 추방하나 보다.

· · ·

그것도 하나님의 섭리

그런데 내 생각에는 이것도 하나님의 섭리인 것 같다. 오랜 기간 한곳에서 현지인들에게 크나큰 영향력을 발휘하는 것에 익숙하던 사람들을 갑자기 사역지에서 쫓아내심으로 선교의 주역은 사람이 아니라 하나님이라는 것을 우리 모두에게 다시 한 번 상기시키신다.

1945년 중국이 공산화되었을 때도 마찬가지였다. 당시에 중국에서 사역하던 수많은 서구 선교사들이 모택동의 선교사 추방정책 때문에 눈물을 머금고 중국을 떠나면서 중국에 남겨놓은 100만여 명의 기독교인들이 공산정권 하에서는 자생력을 잃고 기독교는 더 이상 살아남지 못할 것이라며 슬퍼했다. 선교사 없는 중국의 복음화는 이제 종말을 고한 셈이라고 생각했다.

그러나 50년 후, 경제 개방을 하면서 외국에 열린 중국을 들어가 보니 핍박을 피해 지하로 숨어 들은 기독교는 80배의 큰 부흥을 하여 8천만 교인의 지하교인들이 만들어진 것을 목격하였다. 이제는 중국의 지하교회 교인이 1억 명이 넘는 것으로 추산된다. 인간적인 우려와는 반대로, 선교의 주역은 사람이 아니라 하나님인 것이 중국 땅에서 증명된 것이다.

중국의 지하교회는 세속에 때 묻지 않고 순수하다. 그리고 오직 진리를 추구하는 소박한 삶을 살아간다. 그만큼 선교에 대한 열정도 대단하다. 이제 중국교회에 대한 핍박의 빗장이 풀리면서 또 한 번 선교사의 도움에 의지하지 않고 중국교회 스스로 서게 하려는 하나님의 섭리인 것이라고 생각된다.

중국 출신 한국 선교사를 청빙하는 인도네시아 화교교회
때마침 빡 다르만 장로님이 회장으로 계시는 인도네시아 중국교회 연합회에서 한국 선교사의 추방 소식을 듣고서 사역지를 잃은 이 한국인 선교사들을 어떻게 도울까 고민하던 중, 만다린 언어에도 능통하고 만다린어로 설교를 할 수 있는 이들을 인도네시아 중국교회 설교사역자로 초빙하는 방안을 생각했다.

400여 명이나 되는 이들을 인도네시아 중국교회에서 다 초빙할 수 있을지는 잘 모르지만, 현재로는 인도네시아 내의 200여 개 중국교회에서 200여 명의 선교사들을 3년간 설교자로의 초빙계획을 위해 기도하고 있다고 한다. 이러한 기회는 한국 선교사들이 인도네시아 중국교회에 선교의 열정을 일으키고 비전을 제시하는 기회가 되지 않을까 생각해 본다.

인도네시아 중국교회는 인도네시아 외환위기(IMF) 당시, 중국계들을 공격하고 화교 집을 불사르던 인도네시아 현지인들에게 심한 트라우마를 간직하고 있다. 따라서 상처가 있는 중국인 교회는 현지인들에게 마음을 열어서 전도와 선교를 하고 인도네시아 현지교회와 교류하려는 마음이 굳게 닫혀 있는 상태다. 서로가 한 공간에서 살아가면서도 불신하고 힘들어하는 아픔과 상처가 아물지 않은 것이다.

이러한 상처는 양쪽을 다 사랑하고 포용할 수 있는 능력을 가진 3자가 들어가서 치유를 해야 하는데, 화교교회로 초빙받는 한국인 선교사들이 이런 일에 쓰임을 받았으면 좋겠다. 그리고 실제로 닫힌 마음을 가지고 있는 인도네시아 중국교회에 선교의 불씨를 붙이고 전도의 불꽃을 태우는 일을 한국 설교자들이 시작하지 않을까 기대해 본다.

인도네시아 교회는 주변의 회교권과, 인도 이민자들인 힌두 문화권, 그리고 불교권에 다가가기 위한 교두보 역할을 한다. 인도네시아는 지리적으로도 아주 중요한 위치를 차지한다. 복음으로 인도네시아 교회와 인도네시아의 화교 교회들의 뜻이 하나로 합쳐지면 이러한 엄청난 일을 시작할 수 있고, 할 수 있는 인력과 능력이 인도네시아 안에 있다. 이런 일에 한국인 선교사들이 불쏘시개가 되었으면 좋겠다.

· · ·

서진하는 복음과 동진하는 이슬람의 만남

복음은 예루살렘의 성령강림 이후부터 2천 년 동안 계속하여 서진(WEST-Ward)을 해 왔다. 1세기에 예루살렘에 핍박이 일어나서 그리스도인들이 흩어지고, 시리아의 안디옥 교회를 설립하여 바울을 초기 선교사로 소아시아 지역(지금의 터키)으로 파송하면서 이후 복음은 그리스와 로마 그리고 온 유럽을 정복하고 로마가톨릭이 정치와 종교를 장악한다.

중세 이후 부패한 가톨릭에 대항하여 루터와 칼빈의 종교개혁이 일어나고, 소수의 청교도들이 종교의 자유를 위해서 서쪽 미주 땅으로 대서양을 넘었다. 이후 미국에서 복음은 꽃을 피우고, 미국은 기독교 국가를 이룬다. 이후 복음은 미국 선교사들을 통해서 태평양을 건너서 서쪽으로 한국 땅과 공산권인 중국 땅으로 계속하여 꾸준히 서진을 해 온 것이다.

120년 전에 한국에 소개된 기독교는 한국 사회를 변화시키고, 한국 교회는 지금 2만 명의 선교사를 전 세계에 파송하는 선교 강국이 되었다. 중국과 동남아에도 수많은 한국 선교사들이 사역하고 있다. 그러나 역사 속에서 계속 서진을 해온 복음은 지금 중국과 동남아에서 동진하는 거대한 세력인 이슬람권에 가로막혀 있다.

3천 년 전 팔레스타인 땅에서 거주하던 아브라함의 배다른 아들인 이스마엘과 이삭으로 인해 인류 최대의 종교인 이슬람과 기독교가 시작되고, 아랍권 이스마엘의 자손들의 종교인 이슬람은 아시아를 향해 동진(EAST-ward) 선교를 한다. 서진하는 기독교와 동진하는 이슬람이 만나는 동남아와 중국은 이 거대한 두 개의 종교 세력이 맞닥뜨리는 곳이다. 이곳은 두 개의 가장 거대한 종교들의 영적 전쟁이 일어나는 곳이기도 하다. 이 전쟁터의 일선은 경도 100도선이다.

내 생각에는 이러한 싸움에 앞으로 크게 쓰임을 받을 국가는 준비된 중국교회가 아닐까 생각된다. 지난 20~30년간 불타올랐던 선교 한국의 횃불이 이제는 중국으로, 그리고 인도네시아로 옮겨

가는 것 같다. 선교 한국의 사명은 거대한 중국교회와 동남아 교회를 깨우는 불쏘시개였던 것이다.

· · · ·

중국교회와 화교교회를 동력화하시는 하나님

하나님께서는 이제 선교를 위해 중국과 인도네시아 교회의 동력화를 계획 중이시다. 2천 년간 서진해 온 복음은 여전히 서진하고 있다. 그리고 앞으로도 계속 서진해야 한다. 그러나 현재는 중앙아시아와 동남아시아에서 동진하는 이슬람권과의 대항으로 서진이 멈춰 있다. 경도 100도는 현재 아랍에서부터 동진하려는 이슬람권과 예루살렘에서 시작되어 지구 한 바퀴를 돌아서 서진하려는 기독교가 서로 대항하여 만나는 일선이다.

경도 100도는 중국 땅에서는 중국 서부의 신장 위구르 등의 이슬람권과 지하교회가 만나지는 선이고, 중앙아시아에서는 중앙아시아의 이슬람 국가들 위로 지나가는 선이다. 또한, 동남아에서는 말레이시아와 인도네시아의 위로 지나가는 선이다. 말레이시아 반도와 인도네시아 자바와 수마트라는 다수의 현지인 이슬람권과 이제 성장하는 기독교 교회가 만나는 일선이기도 하다.

태국, 미얀마, 베트남 등의 불교국가들이 있지만, 불교국가들은 기독교에 크게 반감이 없고 선교활동에도 제약이 없다. 그러나 나라 이름 뒤에 '스탄'이 붙은 중앙아시아 이슬람권 국가들과 말레이시아, 인도네시아의 무슬림 세력이 서진하려는 기독교의 진로를 막고는 버티고 있다. 이것을 어떻게 뚫는 것이 가장 효과적일까?

• • •

초원길, 비단길 그리고 바닷길

이러한 일선에서 서와 동이 통하는 역사적인 세 가지 통로가 있다. 가장 대표적인 길이 몽골과 중앙아시아를 통한 초원길(Pasture Road), 중국과 티베트를 통한 비단길(Silk Road), 그리고 인도네시아와 말레이시아 사이의 바다를 통과하는 바닷길(Marine Road)이다.

이 모든 길에 이제는 경제적으로 성장한 중국 정부가 중국의 팽창주의, 확장주의를 표방하면서 엄청난 인프라(Infrastructure)를 구축하고 있다. 경제적으로 성장하여 아시아에 영향력을 행사하려는 중국 정부가 예전에는 상상도 못했던 엄청난 규모의 고속도로를 역사적인 초원길과 비단길에 새로 깔고 있는 것이다.

중국이 이제는 거대한 경제권력과 군사권력을 쥐고 아시아에 영향력을 발휘하고 있다. 아시아에서 이제 모든 길은 중국으로 통한다. G2로 성장한 중국이 해외로 자원외교, 개발외교를 꿈꾸면서 엄청난 기세로 확장하고 있다. 중앙아시아 및 아프리카 등에 엄청난 자원투자를 하면서 이곳에 수많은 중국인들이 들어가서 자리를 잡았다. 이러한 엄청난 규모의 투자는 한국이 엄두도 못 낼 만큼 크다.

또한 말레이시아, 싱가포르, 인도네시아를 통과하는 바닷길의 모든 항만과 배와 인프라들은 화교들이 장악하고 있다. 동남아 화교의 경제권은 일본의 경제규모도 추월할 정도이다. 여기에 중국 정부까지 합세한다. 물론 중국 정부의 팽창주의는 미국을 견제하고 세계의 패권을 잡기 위한 중국을 위한 팽창이다.

그러나 이것이 어찌 역사를 주관하시는 하나님의 섭리가 아닐 수 있으랴? 이제 G2로 성장하여 세계의 패권을 노리는 중국과 이미 100년 전부터 동남아 경제를 석권한 화교 세력을 통해서 선교 환경을 조성하시고 향후 선교에 사용하시려는 하나님의 계획이 느껴진다.

. . .

중국의 성장이 선교에 쓰임 받을까?

모든 것을 미리 준비하시는 하나님의 계획에 당연히 중국의 성장과 패권주의가 들어가 있지 않을 리 없다. 당연히 동남아의 화교와 화교교회도 하나님의 계획에 들어가 있다.

동남아 화교 후세들이 아버지 세대가 쓰지 않는 만다린어를 뒤늦게 배우려는 열풍이 일어난 배후에는 세계 속에서 높아진 중국의 위상이 있다. 동남아 유통과 경제를 장악한 이들 화교그룹이 복음의 통로 역할을 할 때, 이 지역 복음화에 미치는 영향이 지대할 것이다.

또한, 중국교회의 선교 동력이 대단하다. 타민족과 다르게 중국교회는 아끼지 않고 베푼다. 중국교회와 화교교회에는 선교를 위한 재정도 마련되어 있으며, 돈을 쓸 줄도 안다. 중국교회는 현재 10만 명의 선교사를 중국 서부 지역으로 파송한다. 그리고 중국교회는 이제 십만 선교사를 넘어서서 백만 선교사를 위해서 기도하고 있다. 중국교회가 세계선교의 장자 역할을 하려는 것이다. 중국의 달라진 위상이 중국교회의 사역까지 바꿀 것이다.

이제는 모든 아시아가 중국의 세상이 된다. 아시아의 모든 나라가 중국의 경제적·외교적 영향력 안에 들어갈 것이라는 얘기이다. 모든 길이 중국으로 통하는 세대가 곧 다가올 때, 핍박에서 고삐가 풀린 중국교회와 동남아의 화교교회가 선교를 위해 쓰임을 받을 것이다. 이것을 위해서 미리 준비하시는 하나님의 계획이 느껴진다.

물 위에
던지는 떡

　내가 처음으로 인도에 들어간 것은 1994년도의 일이다. 발전 프로젝트 개발을 위해서 네 번을 방문하고서 진도가 지지부진하자, 더 이상 출장이 허락되지 않았다.

　그리고 2011년부터 지금은 연간 서너 번씩은 다시 인도를 들어간다. 그때나 지금이나 험하고 지저분한 환경의 인도출장은 별로 내키지 않는다. 그러나 인도는 하나님이 내게 주신 선교지이자, 나와의 인연이라는 생각이 든다. 인도의 인구는 13억 명이다. 그러나 이렇게 많은 인구가 쓰고 내버리는 생활하수가 제대로 처리가 되어서 안전하게 강에 버려지는 부분은 15%에 불과하다. 이렇게 처리되지 아니하고 버려지는 생활하수는 온갖 질병을 유발한다. 따라서 아직도 인도에는 무궁무진한 하수처리시설이 지어져야 하고, 하수처리시설에 들어가는 기계를 파는 내게는 기회의 땅인 셈이다.

　1994년, 처음 인도에 다닐 때는 솔직히 문화충격이었다. 공항에서 호텔로 들어가는 길에 하늘을 지붕 삼아 누워 자는 수많은 노숙자와 도처의 수많은 판자촌의 풍경이 펼쳐졌다. 호텔을 벗어나면 냄새나고 더러운 환경. 포장되지 않은 거리에서 입안으로 텁텁한 먼지가 밀려들어오고, 외국인들을 보면 돈 달라며 어린아이들이 쫓아다니기 일쑤였다. 오물덩어리 물속에서 수영하는 사람들과 떡진 머리와 인도인 특유의 코를 찌르는 암내를 풍기는 사람들까지······.

　특히나 방치되어 아무 데나 어슬렁거리는 일 안 하는 소들과 그러한 소들을 신으로 취급하는 힌두교, 그리고 그 신들을 섬기는 풍습이 이질적으로 다가왔다. 오른손만을 사용하여 게걸스럽게 음식을 먹는 사람들과 틈만 나면 속이려 드는 택시 운전사들과 전혀 지켜지지 않는 교통질서, 역시 속이려 드는 호텔과 여행자 상대의 상인들. 그리고 불법화된 카스트 제도가 여전히 살아서 인간의 운명을 가르는 모습에서 어디서건 맨발로 다니는 불가촉천민들을 만나볼 수 있었다.

행여나 상대적으로 느끼는 문화적 우월감이 이들을 대할 때 내게 은연중에 나타났는지도 모른다. 우리 한국도 이러한 미개함에서 깨어난 지 이제 불과 100년이 넘었을 뿐인데 말이다. 인도를 다니면서 내가 속으로 힘들어했던 것이 수많은 인도의 영혼들을 보면서 그들을 멸시하는 마음이 앞서는 것이었다. 이들도 하나님의 형상을 입고 창조된 인간들인데, 나는 근거 없는 문화적 우월감으로 인해 여전히 힘들어한다.

문화는 다르고 종교도 다를는지 몰라도 인도에는 대단한 사상과 신념을 가진 사람들도 많다. 선다싱, 타고르, 간디 등 정신으로 세계를 움직인 사람들이 바로 그들이다. 그동안 인도 복음화를 막았던 백인 우월사상의 식민정책과 선교정책을 같이했던 실패한 미국·영국과 무엇이 다른가? 우리보다 앞서 찬란한 문화를 꽃피우고 엄청난 건축물인 타지마할을 지은 인도는 알면 알수록 껍질이 벗겨지는 양파 같았다. 그리고 그 안에 속으로 대단한 자부심과 자존감을 숨기고 있는 사람들이 있다. 이들도 사랑받을 자격이 충분한 하나님의 창조물들이다. 복음이 들어가야 할 13억 명의 대상들이다.

자주 묵상하는 말씀이 전도서 11장이다. 묵상할수록 재미있는 말씀이다. "너는 네 떡을 물 위에 던져라. 여러 날 후에 도로 찾으리라. 일곱이나 여덟에게 나누어 줄지어다. 풍세를 살펴보는 자는 파종하지 못할 것이요 구름만 바라보는 자는 거두지 못하리니, 만사를 성취하시는 하나님을 네가 알지 못하리라. 너는 아침에 씨를 뿌리고 저녁에도 손을 놓지 말라. 혹 이것이 잘될는지, 저것이 잘될는지, 혹 둘 다 잘될는지 우리가 알지 못하느니라."

처음에는 그냥 선행을 하라는 말씀으로 읽어 버리고 지나쳤다. 그런데 우리 삶의 모든 부분에 적용해야 하는 진리로서는 설득력이 떨어졌다. 장사꾼의 시각에서 본다면 솔직히 전혀 세상 이치에 맞지 않는 말씀이다. 사업에는 시장조사가 있고, 사업계획이 있고, 전략이 있으며, 포지셔닝이라는 실행방법이 있다. 앞뒤 좌우를 살피지 않고 사업을 하는 것은 자살행위이다. 자연히 풍세를 살피고 구름을 바라보아야 한다. 집중하여 남들보다 먼저 미래 먹거리를 선점해야 한다. 이것이 잘될는지 저것이 잘될는지 생각 없이 다 손대지 않고, 성공 가능성을 보면서 움직인다. 일단 손대는 것에는 기회비용이 들어가기 때문이다. 그런데 사업적 시각에서 본다면, 무조건 떡을 물 위에 던지는 것처럼 바보 같은 일이 어디에 있겠는가? 풍세를 살피지 말고 구름을 바라보지 말라니, 이것 또한 얼마나 억지소리인가?

이해하기 힘든 수수께끼 같은 내용으로 인해 꽤(나) 오래 씨름했다. 전혀 이치에 맞지 않기에 오히려 더 내 관심을 끌었다. 이해가 되지 않아도 분명히 시간과 공간을 뛰어넘는 진리의 말씀이다. 또한, 분명한 하나님의 명령이다. 사업은 이익을 보려는 것이다. 투자는 수익을 기대하는 행위이다. 사업이나 투자는 떡을 물 위에 던지라 하는 억지 소리를 하지는 않는다. 풍세를 바라보고 구름을 쳐다보면서 이익의 극대화를 추구한다. 그리고 이것이나 저것에 다 손대지 않는다. 잘될 것을 예상하고 그것에 집중한다.

당연히 떡을 물 위에 던지는 행위는 이익을 바라보는 행위는 아니다. 머릿속에서 따지고 계산하고 던지는 떡은 땅 위에 던지지, 떠내려가는 물 위에 던지지 아니한다. 물 위에 던지는 떡은 던짐과 동시에 이미 내 것이 아니다. 물길 따라 떠내려가 버리는데, 어디로 떠내려가는지 누가 받아먹을지 도통 알 길이 없다. 이익을 기대할 수 없으니, 던져 버리는 떡이 아깝다.

아직도 이 말씀이 완전히 이해되지는 않는다. 그러나 어렴풋이는 안다. 이 말씀이 믿음이 있어야 이해되는 말씀이라는 것을……. 물 위에 던져 버리는 행위는 땅에 던지는 것과 대비해 대단한 믿음을 요구한다. 땅에 던지는 것은 어디에 떨어질지, 또 누가 집어갈지 예상할 수 있다. 그러니 던지는 행위가 계산적이고 불순한 의도일 수 있다. 그러나 물 위에 던지는 것은 어디로 흘러갈지 전혀 예측할 수 없다. 그냥 버려질는지도 모른다. 아깝다는 생각이 든다. 그러니 이것은 대단한 희생적 행위이다. 떡이 손을 떠나는 동시에 돌이킬 수 없기 때문이다. 따라서 하나님이 던져진 이후까지 주관하신다는 믿음이 없이는 떡을 물 위에 던지기 힘들다.

마찬가지로 풍세를 살피지 않고 파종을 하고, 구름을 보지 않고 수확을 꾀하는 것도 믿음의 행위이다. 어차피 풍세를 살펴도, 구름을 보아도 하나님이 함께하지 않으면 파수꾼의 경성함이 허사인 것과 같이 모든 사업적 수고가 헛일일 테니까. 그동안 사업을 한다면서 하나님을 의지하지 않고 세상의 이치로 풍세를 살피고 나의 생각대로 구름을 보고 나름대로 전략이라 생각했던 계산적인 행위가, 계획과는 다르게 얼마나 허망한 결과를 가져왔는지는 경험적으로 너무도 잘 안다.

그러나 말씀을 다시 묵상하다 보니, 이 말씀이 일반적 사업이나 선행보다는 복음전파에 관한 말씀인 것 같다. 복음전파에 대한 명령으로 이해하니, 오히려 더 잘 설명되었다. 몇 달 동안 포인트를 잘못 잡았던 것이다. 그렇다. 복음전파는 떡을 물 위에 던지는 행위이다. 누군가 받아먹건 그냥 흘려버려지건 여전히 떡은 물 위에 던져야 한다. 이렇게 물 위에 던지듯이 하나님의 말씀은 만방에 선포되어야 한다. 선교의 효과가 있든지 없든지, 회개하는 백성이 있든지 없든지 상관없이 복음은 단순히 떡을 던지듯이 전파되어야 한다고 명령하시는 말인 것 같다.

요즘은 많은 선교기관들과 선교에 관한 책들이 선교의 전략에 대해서 얘기한다. 더 나은 효과적인 선교전략을 주장한다. 나도 그러한 선교전략 과정을 몇 개는 수료했었다. 많은 서구교회들이 인도에 맞춤 선교전략을 가지고 몇백 년 동안 선교를 해 왔었다.

그런데 전도서는 우리에게 복음전파를 위해서 풍세를 살피지도 말고 구름의 방향을 보지도 말라고 한다. 단순히 그냥 떡을 물 위에 던지라는 명령만 하신다. 일곱이나 여덟에게 나누어 주라고 한다. 아침에 씨를 뿌리고도 저녁에도 손을 놓지 말라고 한다. 결국은 영혼을 구원하시는 주체는 하나님이고 판단자도 하나님이니, 우리는 단순히 복음을 물에 던지는 도구일 뿐이라는 것이다. 우리보고 복음전파의 실행자가 되라는 것이지, 하나님의 자리에서 판단자가 되지 말라는 것이다.

전혀 우리가 예상하지 못했던 사람들이 복음으로 변화되는 것을 보기도 한다. 우리 예상과는 반대로 되는 하나님의 역사들도 목격한다. 그렇다. 내가 인도와 인도인들과 그곳에서 일어나는 선교사역들을 판단하려는 모습을 보인 적이 참으로 많다.

인도만 보아도 난공불락과 같이 생각된다. 도마사도가 2천 년 전에 이미 시작한 인도선교이니, 도마가 복음을 전한 남쪽 일부의 도시들은 복음화가 되었다. 그러나 복음이 불가촉천민들에게 들어갔고, 인도를 움직이는 대다수 카스트의 상위 클래스인 중상류층이

걸어서 성경속으로

복음을 거부하고 있다. 그들은 복음대신 세상의 형통함을 가져다 준다는 온갖 힌두신들에게 목숨을 걸고 있다.

  그들은 기회만 있으면 남을 속이려 들고, 속여서 얻은 이익도 신의 축복이라 믿는다. 이 사람들의 모습에서 속상해 하고 포기할 필요가 없다고 생각한다. 속이려 들면 알고도 속아도 주고, 교활한 인간성이 드러나도 그러려니 하면서 포기하지 아니하고 여전히 이모양 저 모양의 떡을 던져야 한다고 생각한다. 하나님이 이 던져진 떡으로 어떻게 역사하실는지 우리는 모르니 나는 그저 단순히 던지라는 떡을 던질 수밖에……

  매번 인도에 들어갈 때마다 보게 되는 카운터파트 담당자에게 아직도 복음에 초대하지 못했다. 계속 기회만 노리고 있다. 매번 비행기를 탈 때마다 옆에 앉아서 열댓 시간 같이 가는 처음 만나는 사람에게 복음을 전해야 하겠다고 다짐만 하고는, 막상 말이 입안에서만 뱅뱅 돈다. 여전히 몇 년째 준비만 하고 있는 내게 준비가 되었건 안 되었건 단순하게 떡을 던지라는 이 하나님의 명령은 참으로 무겁게 다가온다.

우리 모두가 공범이다!

(2014. 04. 휴스턴 코리아월드에 실린 필자의 글)

세월호 사건으로 마음 졸이며 기도하던 답답한 시간 동안 뉴스 미디아를 통해 매일 새롭게 드러나는 한국 내의 치부들은 그리 놀랍지도 않다. 한국 사회는 세월호 사건으로 인해 이제 서로 간의 불신을 드러내 놓고 얘기한다. 이 사건으로 한국 사회의 불만 수치가 위험수위에 달해 있다. 그러나 생각해 보면 이러한 편법, 불법에 눈감고 무감각해 왔던 우리 기성세대 모두가 이번 사건의 공범이다.

요즈음 지면에 넘쳐나는 비판과 조소의 수많은 글들에 일조를 하자고 이 글을 쓰는 것이 아니다. 그냥 이번 사건으로 나 자신과 우리 자신을 돌아보고자 함이다. 한국 사회에는 편법과 불법이 아직도 판을 친다. 미국에 와 있는 교포들도 마찬가지이다.

글을 쓰는 나 자신도 이런 부끄러운 사회적 분위기에 분명 일조를 하였다. 나도 이런 류의 비판에서 절대 자유롭지 못하다. 사회에 만연한 불법에 일조한 어른의 한 사람으로, 아이들에게 상당히 부끄러움을 느낀다. 그리고 나름대로 이번 사건은 진리대로 삶을 살아내지 못하는 못난 한국 기독교인들을 향한 하나님의 경종이라고 느낀다.

내 자신이 기독교인이다 보니 미국과 한국 그리고 세계 곳곳을 출장 다니면서 혹 만나게 되는 한국 사람들 중 많은 사람들이 기독교인들이다. 그러나 대화를 나누다 보면, 서로의 윤리의식이 어느 정도 드러난다. 사회를 진리로 변화해야 하는 책임을 받은 기독교인들 사이에서도 세상과 다를 바 없는 대충 대충과 편법 및 불법에서 자유로운 사람이 얼마나 있을까? 부패한 한국 사회에서 교회는 구별되었다고 감히 세상에 대고 말할 수 있을까?

이번 사건에 가해자인 선사 측과 선원들은 이단이라는 구원파라 하지만, 해경과 정부 및 정치인 등 지도자적 위치에 있는 사람들의 종교를 조사해 보면 현재 한국 사회의 20%에 육박하는 기독교 분포와 별반 다르지 않을 것이다. 자신의 자리에서 소금 역할로 사회를 부패로부터 구해야 할 한국교회가 부패에 동화되어 살아가고 있다고 해도 과히 틀린 말이 아닐 것이다.

요즘 한국의 기독교는 사회로부터 '개독교'라며 조롱당한다. 가슴 아픈 현실이나 그 조롱에도 사회가 교회에 기대했고 또한 그 기대가 충족되지 않아 실망한다는 메시지가 들어 있다고 생각한다.

우리가 사는 미국에는 'Christian work ethics'라는 말이 있다. 말 그대로 진리를 삶으로 살아내는 사람들에게 붙여진 칭찬과 같은 말이다. 사회의 일원으로 직장에서 어떠한 일을 맡든지 진리대로 자기가 해야 할 일들을 묵묵히 그리고 성실히 해내는 사람들을 일컬었다.

미국 건국 초기에 영적 대각성 운동이 일어났고, 이후에 누가 보든지 안 보든지 삶의 일터에서 자기 자리를 지키고 성실하게 자기 소임을 다하자는 진리 운동으로 이런 훈장과 같은 말이 생겼다. 이제는 많이 퇴색되었지만, 그러한 일터의 분위기가 사회로 파급되어 초기 미국 사회를 변화시켰다.

이러한 정직하고 성실한 기독교적인 윤리의식을 가진 구성원이 많은 국가를 우리는 '선진국'이라고 부른다. 상식이 통하는 사회이다. 그러나 한국에서는 기독교가 크게 부흥하였지만, 기독교인의 윤리의식을 사회가 전혀 인정해 주지 않는다. 기독교인들도 별로 윤리적이지 않기 때문이다. 오히려 사회적으로 물의를 일으키는 많은 수가 교회의 지도자들임이 드러나서 교회가 창피를 당하곤 한다.

나는 한국의 기계 제작업체에서 해외영업 대행을 하고 있고, 휴스턴의 제작업체에서도 일을 해 보았기에 양쪽 사회를 다 경험하였다. 한국이건 미국이건 공장에는 안전규정 매뉴얼이 있다. 미국에서는 이 안전규정을 잘 숙지해야 하고 실제로도 꼼꼼하게 지켜지는데 반해 한국에서는 대부분 거의 무시해도 된다는 사회적 분위기가 조성되어 있다.

미국업체는 정기적으로 모여서 안전에 대해서 교육받고 토론하고 서로 감시한다. 안전규정은 누구나 예외 없이 반드시 지켜야 하는 절대 법이다. 따라서 안전사고도 거의 일어나지 않는다. 그러나 한국에서의 안전규정은 거의 문서로만 존재하는 장식품이다. 성실하게 지키려 하는 사람은 융통성 없다고 거꾸로 조롱받는다.

작년엔가 한국에서 트럭운전수가 DMB로 TV를 시청하면서 운전하다가 길옆의 사이클 선수들을 덮쳐 죽인 일이 있다. 그 이후 한국에서 운전 중 DMB 시청은 불법이 되었지만, 지금도 한국에 가면 일부 택시운전수들이 DMB TV를 운전대 눈앞에 틀어놓고 운전한다. 운전수에게 정색하고 꺼 달라고 요구하면 마지못해 끈다. 안전

불감증이자, 법을 우습게 아는 사회 풍토가 만연해 있는 것이다.

우리는 이웃 일본에 대해서 심한 적개심을 가지고 있다. 실지로 일본정부는 매우 편협한 면을 보여 준다. 그러나 기독교인이 한국의 10%에도 못 미치는 일본이 더 바른 윤리의식과 근로의식을 가진 것에 대해서는 어떻게 설명하겠는가? 일본 국민들의 준법정신은 선진국 수준이다. 누가 보든 안 보든 일터에서 자신에게 맡겨진 일을 성실하고 정직하게 하는 근로의식은 기독교 국가들의 윤리의식 못지않다. 재작년 교토와 오사카에 갔을 때, 수많은 시민들이 타고 다니는 자전거들을 자물쇠로 잠그지 않는 것을 실제로 확인하고는 놀랐던 적이 있다. 자전거를 잠그지 않아도 도둑맞지 않는다는 믿음이 없이는 그렇게 못할 것이다.

나는 기계를 팔러 세계 각국으로 다닌다. 각 나라 기계의 품질은 노동자의 윤리의식에 비례한다. 한중일 삼국의 기계 품질에 대한 구매자의 평가는 그 나라의 윤리의식을 그대로 나타내 준다. 일본 기계의 품질을 독일만큼이나 높게 쳐 주는 것이 결코 우연이 아니다. 그래서 세계는 일본을 선진국이라 부르는데 주저하지 않는다. 이제는 선교의 리더국가라고 자부하는 한국에서 선교대상국으로 분류하는 일본이 정작 정직과 윤리에서는 우리보다 앞선 평가를 받고 있다. 이것이 오늘날 한국 기독교의 씁쓸한 현실이다.

나는 감히 한국의 교회에서 언어가 변해야 한다고 생각한다. 내가 이것을 오랫동안 묵상하며 생각해 왔다. 혹 이 글로 인해서 교계에서 야단맞는 것은 아닌지 모르겠다. 습관화된 언어는 우리의 행동을 무의식적으로 지배한다. 따라서 올바른 언어를 사용하는 것이 우리의 의식세계에도 매우 중요하다.

지금까지 예배는 '보는' 것이 아니라 '드리는' 것이라고 배워 왔다. 또는 극존칭으로 '올린다.' 또는 '올려드린다'라는 표현도 사용하는 것을 보았다. 그러나 요즈음 많이 드는 생각이 '드린다' 또는 '올린다'는 표현들이 정말 예배하는 자세의 올바른 표현인지 잘 모르겠다. 내 생각에는 예배는 삶으로 진리를 살아가겠다는 의미의 '예배한다'가 더 바른 표현이 아닌가 싶다.

원어는 잘 모르지만, 영어로 '예배하자'라는 'worship'은 행동을 뜻하는 동사이다. 드려지는 명사가 아니다. 예배는 물질로 '드리는' 것뿐 아니라 몸으로도 살아내야 하는 행동인 것이다. 교회에 와서 예배를 드린다는 행위 자체는 사실 매우 쉽다. 예배도 습관이 되면 매너리즘에 빠진다. 교회라는 테두리 안에 숨어서 신앙이 같은 사람들끼리 서로 익숙한 것만 잘하려는 기독교인들이 많다. 그러나 세상에 나가서 세상과 다른 가치관을 추구하며 삶에서 진리를 몸으로 표현하는 것은 정말 대단히 고독하고 어려운 싸움이다. 우리는 쉬운 것은 잘하면서 어려운 것은 되도록 피하려 한다.

'드린다' 또는 '올린다'라는 표현에는 드린 것으로 내가 할 바를 다 했다는 의미를 은연중에 내포한다. 하나님께 '드리는' 것이 우선이 되다 보니, 물질을 많이 드리는 것으로 예배의 질을 평가한다. 그러나 '삶에서 어떻게 치열하게 진리를 살아 내는가? 세상과 다른 가치관으로 삶 속에서 어떤 싸움을 싸워 내는가?'로 예배의 질이 평가되어야 하지 않을까?

한국교회의 드리는 예배는 물질과 정성을 많이 드리고는 만족해서 돌아서서는 진리에 대한 고민 없이 세상 순리대로 행동하는 것이 우리의 실상이 아닌지? 한국의 교회처럼 물질을 잘 드리는 교회는 찾아보기 힘들다. 많이 드리는 한국 교인들로 인해서 한국교회는 물질이 넘쳐난다. 그래서 한국에는 부자교회들이 참 많다. 교회에 돈이 많으니 동기가 의심되는 사람들도 끌어든다. 교회 내에도 비리가 끊이질 않는다. 그러나 진리를 몸으로 살아내는 면에서는 한국교회처럼 연약한 교회가 없다. 참으로 아이러니한 일이 아닐 수 없다.

그런데 성경을 자세히 보면, 하나님은 이러한 드리기만 하는 예배를 식상하다고 그만두라고 하신다. 그리고 삶에서 진리를 살아 내는 것이 우선이라고 말씀하신다. 심지어는 하나님은 헛되이 불사르는 예배를 위해 성전 뜰을 드나드는 사람들이 싫다며, 너희 중에 누가 제발 성전 문을 좀 닫았으면 좋겠다고까지 표현하신다.

여호와의 기뻐하는 제사는 풍부한 제물이 아니라 마음의 정직함이라 하신다. 번제나 소제를 받지 않으시겠다며 귀에 거슬리는 노랫소리도 그치라 하신다. 오직 정의를 물같이 공의를 하수같이 이 세상에 흐르게 하는 것이 먼저라 하신다.

내 얘기가 아니라 성경 말씀이다. 교회가 그동안 잘못된 메시지를 전해 온 것이다. 하나님은 우리에게 성전에서 '드리는 예배'보다는 세상에서 진리와 공의를 몸으로 실천하는 '행하는 예배'를 먼저 요구하시는 것이다.

이제는 우리 기독교인들부터 작은 일부터 정직하고 성실하게 진리대로 살아내는 일에 힘써야 하지 않을까 생각한다. 누가 보건 안 보건 해야 하는 업무는 성실하고 정직하게 행하고, 법으로 정해진 것은 내게 손해가 되어도 지켜 내고, 규정에서 돌아가라 하면 이유를 묻지 말고 돌아가고, 올바른 추를 가지고 정확하게 무게를 재고, 내야 하는 세금은 정확하게 내고, 허용이 안 되는 것은 안된다고 외치는 쉽지 않은 싸움을 이제는 우리 모두 치열하게 싸워 내야 한다. 이것이 우리 한국 기독교인들이 해야 할 예배이다.

기독교인들끼리 교회에 모여서 감격스럽게 예배하는 것도 물론 필요하지만, 흩어져서 삶 속에서 치열하게 진리대로 각각 올바르게 삶을 살아내며 공의를 강물같이 흐르게 하는 것이 사회를 변화시킨다. 물론 이렇게 글을 쓰는 나도 이러한 지적에서 자유롭지 못하다. 따라서 내게도 다짐하듯이 이 글을 쓴다.

이러한 기본을 지키는 싸움이 세월호 안에서 죽어 간 어린 영혼들에게 무한한 빚을 진 우리 기성세대 모두가 우선적으로 힘써야 할 일이 아닌가 생각된다.